国际结算

International Settlement

实务、前沿与案例

交通银行国际结算中心 编著

上海三联书店

序

改革开放40多年来，我国坚持走开放融通、互利共赢的道路，对外贸易高速增长，带动银行国际业务蓬勃发展。但近年来，全球经济一体化遇到阻力，新冠肺炎疫情加剧了世界经济的不确定性，国际贸易环境发生了深刻变化，也深刻影响了银行的国际业务创新和风险管理。

交通银行始建于1908年，是中国历史最悠久的银行之一，也是最早开办国际业务的银行之一，在国际业务领域积累了丰富的经验。国际结算中心，作为交通银行集中处理全行国际结算单证业务的部门，多年来以专业化建设为核心深耕国际业务专业领域，致力于结算相关的行业、产品、惯例、风险等实务研究，在实践中不断探索总结，逐步打造出一支具备较高理论水平和丰富实操经验的专业团队，研究成果丰硕。

《国际结算：实务、前沿与案例》一书汇集交通银行国际结算中心十余年的国际结算单证处理经验，全书分为单证结算实务、运单风险探讨、单证审核释疑、典型案例分析、制裁合规风险、独立保函研究及前沿探索发现七个主题，呈现三大特点：一是题材广泛。书中讨论的问题不仅涵盖了信用证、托收、保函等传统国际结算产品的探讨，还覆盖了对单证结算密切相关的领域，如大宗商品、制裁合规、跨境结算与电子交单等热点的研究和讨论。二是贴合实务。本书收录的文章是各位作者多年单证一线工作经验的总结，无论是单证实务操作、条款审核抑或是制裁合规的风险讨论、保函业务分析，均来自实际的业务案例，内容接地气，切实反映了一线人员的业务痛点与思考。三是紧跟前沿。书中文章紧跟时事热点，无论是对新冠疫情下贸易风险分析及应对的讨论，还是对供应链、铁路提单、电子交单的思考，均凸显了时代特色，具有一定的启发性。本书既可作为商业银行国际结算从业人士的参考读物，亦可为进出口外贸企业提供结算业务指导。

扬帆起航凌云志，中流击水正当时。面对风起云涌的国际贸易新环境，我们呼吁所有从事国际结算业务的银行界朋友们抓住新时代的新机遇，紧跟金融科技创新和贸易业态创新，为国际结算注入新的活力，共同推动国际结算业务在服务新发展格局中发挥积极促进作用。

交通银行股份有限公司副行长

2021 年 11 月

目　录

3 单证审核释疑

4 典型案例分析

5 制裁合规风险

术语说明

简称	英文名称	中文名称
UCP 600	ICC Uniform Customs and Practice for Documentary Credits (2007 Revision)	国际商会第 600 号出版物《ICC 跟单信用证统一惯例(2007 年修订本)》
eUCP	Uniform Customs and Practice for Documentary Credits for Electronic Presentation (eUCP) Version 2.0	《跟单信用证统一惯例关于电子交单的附则(第 2 版)》
ISBP 745	International Standard Banking Practice for the Examination of Documents under UCP 600	国际商会第 745 号出版物《关于审核 UCP 600 下单据的国际标准银行实务(ISBP)》
URC 522	ICC Uniform Rules for Collections	国际商会第 522 号出版物《国际商会托收统一规则》
URDG 758	ICC Uniform Rules for Demand Guarantees (2010 REVISION)	国际商会第 758 号出版物《国际商会见索即付保函统一规则(2010 年修订本)》
SWIFT	Society for Worldwide Interbank Financial Telecommunication	环球同业银行金融电讯协会
DOCDEX	ICC Rules for Documentary Instruments Dispute Resolution Expertise	国际商会跟单金融产品争议专家解决机制
OFAC	The Office of Foreign Assets Control of the US Department of the Treasury	美国财政部海外资产控制办公室

1
单证结算实务

单证业务作为商业银行的传统国际业务，相比其他国际结算工具，具有更高的专业性与复杂性。以信用证结算生命周期为例，从信用证开立、进口来单到开证行付款，从信用证通知、出口商交单到出口收汇，每个细分环节都暗藏意想不到的风险和玄机。

本部分精选10篇与单证实务操作相关的文章，从参与国际结算单证业务的不同角色和立场出发，以信用证条款拟定、通知/转通知的风险梳理、拒付反驳、转让证交单等诸多问题为切入点，分析信用证及托收业务在实务操作中可能遇到的问题，更结合疫情这个大背景，为银行及企业提供风险防范和争议解决的思路。

开证的内在逻辑[1]

在开证实务中，信用证中常常出现模糊不清、混淆和矛盾的地方，给受益人制单、银行审单带来困扰，甚至因条款设置不当带来敞口、无法拒付等风险。本文试图从国际惯例的要求出发，从逻辑角度分析信用证重要要素之间的关联关系，指出常见问题，厘清开证的内在逻辑，解决诸多困惑。

一、信用证与基础贸易合同的关系

买卖双方先签订贸易合同，然后按照约定的结算方式，买方通过银行开立信用证来完成交易，所以，信用证是源于合同而开立的。正是由于信用证与合同之间存在这种千丝万缕的联系，在开证条款拟定时我们常常会见到以合同思维定势设定的措辞和条款，可谓剪不断理还乱。下面试举几例信用证常见问题，以理顺其关系。

(1) 46A单据条款要求"提交一份由买方(BUYER)代表签署的可接受证明正本"。在这里BUYER指代不清，其他类似的还有SELLER、BOTH PARTIES等。信用证是开证行应申请人的要求开给受益人的，故应将买方(BUYER)改为申请人(APPLICANT)。

(2) 信用证规定"70%的合同金额(CONTRACT VALUE)依据下列单据支付"。但信用证中并没有注明合同金额(CONTRACT VALUE)，这种条款就是受到了合同思维定势的影响，应在45A中另行表明合同金额。

1　本文发表于2017年10月15日《中国外汇》2017年第20期。

(3) 信用证规定“如果铁含量低于50%申请人有拒收货物的权利”。信用证的履行只凭单据是否相符，与基础交易的执行无关，为表明开证行在信用证下拒付立场，应在其后加具“开证行有拒付单据的权利(THE ISSUING BANK HAS THE RIGHT TO REFUSE THE DOCUMENTS)”。

在信用证与合同的关系中，首先，需要认清信用证的独立性。信用证作为以相符交单为条件的开证行第一性付款承诺，与作为其开立基础的合同是相互独立的，即使信用证中含有对此类合同的任何援引，银行也与该合同无关，且不受其约束，这就是信用证独立性原则。相应地，银行处理的是单据，而不是合同买卖中涉及的货物、服务或履约行为。所以在开证中，申请人和开证行应考虑如何顺利地将合同中的条款转化为信用证条款，将合同中要求付款的条件转化为单据，将合同中的关系人转化为信用证的当事人。其次，信用证可以对合同进行援引，如在货描里规定货物AS PER CONTRACT NO.123(按123号合同)。但是，银行在审核单据时并不关心货物是否实际和合同相符，只关心发票表面是否对此进行了表明，信用证虽可援引合同但仍保持独立。ISBP 745先期事项第Ⅳ段给出在信用证中进行单据化的具体措施：“如果对开证或修改申请和信用证开立或有关的任何修改的细节予以谨慎注意，审单阶段出现的许多问题都能够得以避免或解决。申请人和受益人应审慎考虑所要求提交的单据、单据的出具人、单据的数据内容和单据的交单期限。”言下之意，买卖双方在签订合同时就需要对信用证单据条款进行先期考虑，并且在开证过程中，开证行应帮助申请人谨慎地把握条款细节，以避免后续问题的出现。

二、开证金额和效期的确定性

开证行在一定时间内承担的承付责任应是确定的，否则就会造成金额和期限敞口风险。

(一) 信用证最高付款金额

UCP 600第七条规定：“只要规定的单据提交给指定银行或开证行，

并且构成相符交单,则开证行必须承付。”那么这个承付的金额是多少呢?在以标准 SWIFT 报文开立的信用证中承付金额就是 32B 栏列明的金额,如果信用证还同时规定了 39A,即金额浮动范围,则 32B 和 39A 的金额上浮共同构成开证行承付的最高金额。

金额是开证行有条件付款承诺的最高限额,在开证时应予严格审核,并且被保证金和授信所覆盖。开证实务中可能出现虽在 47A 里规定了金额浮动的比率却没有同时列明 39A 的情况,这就造成了金额是否浮动的矛盾,而且倘若 47A 里的浮动金额没有被保证金和授信条件所覆盖,也会造成信用证金额敞口和风险暴露。

大宗商品价格波动频繁,买卖双方以浮动价签订合同时常常无法确定几个月后交货商品的固定价值。但作为开证行来说,付款金额必须固定上限,这部分波动需要被考虑进去,否则也会造成金额敞口。此类开证一般会在 39A 规定一个浮动范围,但为了避免因价格剧烈波动出现的敞口风险,开证行在附加条款中应明确“即使货物价值最终超过开证金额,信用证下最终支款金额也不得超过开证金额”,至于因价格浮动超出信用证开证金额的部分,则可以由买卖双方在证外解决。

(二) 信用证效期

信用证是以相符交单为条件的付款承诺。所谓信用证效期就是交单的截止日。UCP 600 第六条规定:“信用证必须规定一个交单的截止日。规定的承付或议付的截止日将被视为交单的截止日。”以 SWIFT 开出的信用证,31D 栏位“DATE AND PLACE OF EXPIRY(到期日期和地点)”中的日期即为信用证效期,过了这个日期,开证行就无需对任何交单承担承付责任。除了效期,交单期也是约束交单截止日的日期。除 UCP 600 第六条对交单截止日的规定,为防止装运后受益人迟迟不交单从而导致货物滞港,第十四条 c 款还规定了一个装运日之后必须交单的期限,受益人的交单必须同时满足这两个时间,但任何时候也不得迟于信用证所规定的效期。信用证对效期、交单期的规定须是明确的,以方便受益人在确定的时间内将单据提交到指定银行。

三、失效地和兑用地点的匹配性

信用证31D栏位“DATE AND PLACE OF EXPIRY(到期日期和地点)”规定了信用证的交单截止日期和地点,此地点即失效地,单据必须在规定的时间提交到规定的地点。41a栏“AVAILABLE WITH ... BY ...”则规定了兑用方式和指定银行。所谓指定银行即“指信用证可在其处兑用的银行,如信用证可在任一银行兑用,则任何银行均为指定银行”。根据UCP 600第六条“可在其处兑用信用证的银行所在地即为交单地点。可在任一银行兑用的信用证其交单地点为任一银行所在地”。既然信用证在此处交单,则失效地也应该是在其处,否则将使受益人的交单无所适从。

例如,国内某银行开证,受益人地址在德国,信用证规定:

31D: 170601 CHINA

41D: AVAILABLE WITH ANY BANK BY NEGOTIATION(指定任何银行议付)

这里失效地CHINA就不是一个清晰明确的选择,因为受益人在德国,通常会选择德国的银行进行交单和议付。正确的做法是将31D改为“170601 GERMANY(德国)”或“170601 NEGOTIATING BANK'S COUNTER(议付银行柜台)”。

开证时要综合考虑失效地、指定银行及兑用方式的对应关系,并结合考虑受益人交单地点。一般来说,失效地应为兑用银行柜台或兑用银行所在国/地区。对此国际商会也有明确的意见。在国际商会意见R 719中,咨询者试图用失效地和兑用地点矛盾的场景请求国际商会给出指导,国际商会认为这些场景不是对标准银行实务的正确反映,并指出基于UCP 600第六条,标准银行实务是失效地和兑用地点应保持一致,这样受益人知道他能在效期和交单期内将单据提交到信用证可以兑用的银行。

四、价格术语、费用、单据的关联性

价格术语或称贸易术语以缩略语的形式表示商品的价格构成、费用与风险划分，价格术语不同，买卖双方所承担的责任与费用不同。国际贸易常用的价格术语中，FOB、CFR 和 CIF 仅适用于海运和内河运输，在装货港船上交货。而与此相对应的 FCA、CPT 和 CIP 为满足国际集装箱多式联运而制定，适用于各种运输方式，货交承运人完成交货。其中 CFR/CPT 由卖方安排运输，价格中包含了运费，CIF/CIP 则卖方不仅安排运输还办理保险。在开证中常见的问题是价格术语、费用、单据之间的关联性考虑不足，导致价格术语与运输方式不匹配、与费用安排矛盾或是与单据要求不相符。例如：

(1) 要求提交空运单，但开证申请书选用的是适用于海运和内河运输的价格术语 CIF，而不是适用各种运输方式的 CIP。开证行应向客户提示价格术语使用不当。

(2) 开证申请书价格条款为 FOB，同时要求提单注明"FREIGHT PREPAID(运费已付)"。正常情况下 FOB 对应"FREIGHT COLLECT(运费到付)"。特殊情况下也会存在 FOB 情况下运费已付的情况，比如中间商转卖所使用的价格术语含运输或者受益人代申请人支付运费的情况，需向申请人进行确认。

(3) 开证申请书价格条款为 CIF，但未要求提交保单。正常情况下，开证应补充保单信息，如无法提交保单，需与客户确认后在信用证中说明保单的去向。

五、 运输路线和运输单据的一致性

SWIFT 手册对 MT 700 中 44 栏位的定义如下：

44A：起运地、发货地、收货地

44E：装货港口/始发航空港

44F：卸货港口/航空目的地

44B：最终目的地/运往……/交货地点

在开证中常常见到 46A 要求海运提单，但运输路线栏位除表明海运的装货港 44E 和卸货港 44F 外，还另外在 44A 收货地或 44B 最终目的地栏位列明了不同于装、卸货港的其他地点信息的情况。如：

44A：HEFEI, CHINA

44E：SHANGHAI, CHINA

44F：HAMBURG, GERMANY

46A：FULL SET OF OCEAN BILL OF LADING ...

提单是只涵盖港至港运输的运输单据，而上述信用证的运输路线是从内陆城市合肥收货，陆运到上海装船，然后海运到汉堡，至少需要陆运和海运两种不同的运输方式来完成，与只要求港至港运输的单一海运提单是矛盾的。根据 ISBP 745 第 D1(c)段"当信用证要求提交多式或联合运输单据以外的运输单据，且信用证规定的货物运输路线清楚地表明将使用一种以上的运输方式，例如，若信用证显示内陆收货地或内陆最终目的地，或者装货港或卸货港栏位的地点实际上是一个内陆地点而非一港口，该单据的审核就要适用 UCP 600 第十九条"。所谓审核适用 UCP 600 第十九条就是按照多式或联合运输单据来审核，因为运输路线清楚地涵盖至少两种不同的运输方式。如果在单据条款里没有另外规定的话，那么受益人提交的运输单据，不论如何命名，都不必显示已装船，只需收妥待运就可以了，除非信用证条款本身明确要求显示装船批注。显然，这样的运输路线设置可能和申请人要求海运提单的初衷相违背。作为开证行应了解申请人的实际运输安排，指导他们在运输路线和运输单据之间做出匹配的选择。

为避免使用中的混淆，国际商会在文件 470/1128rev final 中，对此专门给出了推荐意见：

44E, 44F ONLY 适用提交提单、海运单、租船提单或空运单。

44A and B ONLY 适用提交多式或联合运输单据，公路、铁路或内陆水运单据以及邮政/快递收据。

44A, E, F, B 中三项或者四项都有，则适用提交多式或联合运输单据。

六、 运输单据的抬头和其货权性质不应矛盾

在 UCP 600 第十九条至二十五条规定的运输单据里，有些是货权单

据，有些则不是。所谓货权单据即代表货物所有权凭证的单据。提单是货权单据，谁持有提单，谁就有权要求承运人交付货物，并且享有占有和处理货物的权力。租船合同提单虽然受制于租船合同，但其同样具有货权凭证的功能和作用。多式运输单据分为可转让的和不可转让的两种类型，UCP 600 第十九条虽没有明确其规定的条款适用于哪种情况，但从其对签发人的有关规定、要求的正本份数，以及 ISBP 745 对单据收货人、指示方、托运人和背书等的规定几乎与提单一致来看，UCP 600 所指的应该是可转让的多式运输单据。作为货权单据，收货人 CONSIGNEE 可以使用指示抬头以方便转让，即在信用证中规定运输单据收货人凭指示、凭发运人指示、凭(具名实体)指示[TO ORDER, TO ORDER OF THE SHIPPER, TO ORDER OF(NAMED ENTITY)]。但在有关空运单据、不可转让海运单以及公路、铁路或内陆水运单据的条款中就不应含有指示性抬头的要求，期望通过凭指示对单据进行货权转让是徒劳无益的。对于这几类单据，ISBP 745 均规定了当单据收货人"凭(具名实体)指示"时，可以显示该实体为收货人，无需提及"凭……指示"字样；当信用证要求单据表明收货人为"凭指示"而未提及指示方时，该单据须显示开证行或申请人为收货人，无需注明"凭指示"字样。只有一种例外情形，那就是当信用证要求内陆、水路运输单据以提单形式出具时，收货人栏位应当按照信用证要求填写。

一份好的信用证应是符合国际惯例、清晰而明确的信用证。ISBP 745 在先期事项第Ⅴ段明确了开证行应该如何执行申请人不清晰指示的问题，即须在申请人没有明确表示相反意见的情况下，对指示进行补充和细化，以便信用证或其修改可使用。故开证行应从自身专业出发，合理设置条款内容，严格把控开证逻辑，使之符合国际惯例和贸易实务，从而确保其所开立的任何信用证及修改(如有)的条款没有模糊不清或互相矛盾之处。

(作者：江齐，交通银行国际结算中心)

信用证通知风险识别全攻略

2020年新冠疫情席卷全球，各国被疫情打得措手不及，全球经济发展步伐放慢，国际贸易也随之受到了重创，境外有些进口企业和个别银行试图在信用证下通过不公平的手段获得不应得的利益，使得我国国内出口企业暗暗吃亏，钱货两空。在信用证出口结算中，出口通知作为信用证触达银行端的首个环节，尤其需要引起重视。本文试图梳理出四大信用证风险的高危标识，希望帮助银行或出口商在收到信用证时就提高警觉，从源头上堵住风险，不让图谋不轨的企业和银行有机可乘。

高危标识一：迷惑的报文格式和通知路径

现时国际信用证报文的标准格式多为MT 700/MT 710，通过SWIFT（Society for Worldwide Interbank Financial Telecommunication，环球银行金融电信协会）系统来传递。值得注意的是，非银行机构也可以注册SWIFT用户，通过此系统来开立信用证。

在实务中常常会遇到若干非银行机构开出的信用证，其故意利用非标准格式的报文，通过层层传递的手法，意图隐蔽开证人的非银行身份，增加了识别的难度。

其中一个典型的案例如下，国内某通知行收到一份报文格式为MT 798并经过两次转递的信用证，51D栏位显示开证人为位于美国的A非银机构，第一通知方为位于俄罗斯的B非银机构，第二通知行为位于乌克兰的C银行。

通知行在收到报文后，首先发现两个故意布下的"疑阵"：

(1) 此信用证报文格式是 MT 798(Proprietary Message 专用报文),报文格式和结构相比标准的 MT 710 较为混乱。

在规范的 MT 710 转通知中,非银行机构开证有对应的 50B Non-Bank Issuer 栏明确告知开证人身份,但本笔 MT 798 中开证人栏位显示为 51D Applicant Bank,故意掩饰了开证人是非银行机构的身份。

SWIFT 官方文件显示,MT 798 是银企之间进行贸易结算方面信息交换的标准格式。同时 SWIFT 使用手册中关于 MT 710 的定义也十分明确:用于银行间信用证的传递。在实务中,第一通知行转递给第二通知行的规范报文格式会采用 MT 710 而非 MT 798。

因此,即使本案例中第二通知行 C 银行从第一通知方处收到的信用证格式为 MT 798,后续也不应继续采用 MT 798 这种适用于银企间传递信息的"非标"格式进行转通知。

(2) 通知路径曲折复杂[通知路径为:A 非银机构(美)→B 非银机构(俄)→C 银行(乌)→通知行(中)],且多次转递,涉及的通知行与开证人、申请人位于不同国家,后续交涉、沟通的难度较大。

首先,虽然 MT 798 是自动加押报文,看似信用证的表面真实性得到了保证,但经过位于俄罗斯、乌克兰等高风险国家的两层转递,且无法获知第一层转递中原始的信用证格式,此证的真实性还是大大打了折扣。

其次,该业务后续的电文往来、与开证行的交涉等事宜也需要按照通知原路径层层传达,时效性极低。如交单收汇时遇到问题,也很容易追讨无门。

通知行综合考虑上述原因,基于 MT 798 报文的非标准格式、开证人为非银行机构、经过层层转递等要素,提示受益人后,决定不予通知该信用证。

需要注意的是,实务中 N98、N99 这类非标准格式开立的信用证虽然不常见,但并不能说这类非标准格式的信用证就必定会存在风险。通知行需要结合通知路径是否故意被曲折、开证人的资信是否可靠、贸易背景是否真实等因素,准确识别出高危的信用证,从而在源头上堵截风险。

除了上面提到的通知报文"格式迷阵"之外,通知修改有时候也会掀起层层疑云。

通知行收到一份由某城商行转递的 MT 710，开证人为位于法国的非银行机构。十天后，位于马绍尔群岛的 XX HOLDINGS LTD 发来 MT 999 的信用证修改报文，声称受开证人的委托转递此修改。

抛开修改报文是非加押的 MT 999 不说，根据 UCP 600 第九条规定：经由通知行或第二通知行通知信用证的银行必须经由同一银行通知其后的任何修改。这一惯例规定是为了参与到信用证通知环节的所有当事方都能确保自己所处理的信用证的完整性。

开证人如果是一家信誉良好，操作规范的非银机构，就绝不会违背国际惯例，做出指示某城商行转递原证，随后指示另一家非银行机构来转递修改的行径。收到转递修改指示的非银行机构 XX HOLDINGS LTD 没有参与原证通知，也不应该接受指示。

通知行基于上述层层疑云，推断此信用证存在诈骗的嫌疑较大，遂与受益人沟通后，未予办理此通知修改。

因此，在处理通知修改的时候，如果修改的传递路径与原证的传递路径不一致，增加了额外的参与方，通知行要格外小心。此外，如果修改的传递形式也改变了，如原证是电报传递，修改却是以纸质邮件邮寄给通知行，通知行除了需要发报开证行或转通知行证实修改的真实性之外，也要拉响风险的小警报，不排除纸质修改是伪造的可能。

高危标识二：迷雾般的开证人

作为承担信用证第一付款责任的开证人，其良好的国际信誉和资信状况是保障国际贸易结算顺利进行的坚实基础，同时也是通知行和出口商关注的焦点之一。

一些名不见经传的银行和非银行机构除了故意布下复杂报文格式和通知路径的疑阵外，还常常利用“名称易容术”来自抬“身价”。名声不显的银行会用与世界知名银行相近的名称或名称缩写以冒充知名银行；而非银行金融机构由于资信状况不及银行，其所开立信用证的普遍接受度较低，风险较大，因此很多意图不轨的非银行机构倾向于在名称中包含“银行”字样或看似权威的单词（如“CREDIT”“CAPITAL”“TRUST”等）

以掩盖其非银行的身份，迷惑出口方。

如某通知行收到的一笔 MT 710 电文中，开证行名称包含“STANDARD”“COMMERCE”等词，与某跨国银行十分相似，且名称缩写一样，具有一定的迷惑性。但实际上该银行在银行家年鉴[1]中可查询的信息非常少，是一家离岸私人银行，无信用排名，甚至通过网络搜索发现该银行有涉嫌信用证欺诈的前科。

又如某通知行收到一笔 MT 710 电文，开证行栏位显示了开证行名称 UNIBANQUE 以及位于法国的地址，地址下方显示了 SWIFT CODE。乍一看，该银行名称中含有意为“银行”的法语单词“BANQUE”，又有 SWIFT CODE，还显示在 52D ISSUING BANK 栏位中，似乎是一家正常的开证行。但事实上，在银行家年鉴以及 SWIFT 网站中都无法查到该银行及其 SWIFT CODE 信息，属于没有接入 SWIFT 系统的非银行机构。

以上两个例子中的开证人通过“名称易容术”来制造出“信誉优良”的迷雾，将自己伪装成知名可靠的银行，希望以此来避开出口方的资信调查。

遇到上述情况，通知行应该及时提高警惕，仔细审核开证人的身份和资信。尤其是遇到转通知 MT 710 时，由于通知行与开证人极有可能无密押关系，通知行更应该大胆假设，小心求证，结合银行家年鉴和 SWIFT 官方网站 SWIFT.COM，摸清隐藏在迷雾背后的开证人的底细。

目前，银行家年鉴网站可以查询到世界 5 000 多家银行的资料信息，包括地址、联系方式、SWIFT 代码、信用评级、国内外排名等相关信息，但需注意上面的信息并非实时更新。而 SWIFT 系统现已有 200 多个国家和地区的超过 11 000 家银行、证券机构、清算所、中介机构、企业等注册使用。

通知行可以结合这两个权威的网站，再辅以开证人官方网站等渠道，在通知环节拨开迷雾，让那些“皮包银行”“空壳中介”无所遁形，避免了后续出口商钱货两空、无处诉讼的惨剧。

1　银行家年鉴网址：accuity.com。

高危标识三：隐蔽的软条款

何为软条款？简单来说，软条款的表现形式通常为信用证生效、开证行付款的额外条件，或者是需要申请人协助才能提交的单据，这就无形中削弱了开证行仅凭单证相符就必须付款的第一承付承诺，增加了出口商履约、交单、收汇的风险隐患，主动权被牢牢地握在开证行和申请人手中。

当然，根据实务的需要，在信用证中有时也会出现买卖双方一起商定的软条款，比如欧洲一些国家对食品安全的标准非常严格，往往会在信用证中规定，货物运抵卸货港后，由申请人指定的第三方机构检验货物后，出具一份检验证明，方便后续通关。又比如在重型机械设备的交易中，申请人在调试使用后才会出具验收质量证明，然后结清尾款。此类根据实际贸易特点、经过买卖双方同意的软条款，显然是有其合理意图的。但一般而言，成心图谋不轨的开证行或申请人会单方面地将软条款隐藏在信用证中，从而给受益人设限，令其不能独立地完成相符交单，陷入被动。而且软条款又因为极其隐晦，所以银行或出口商常常容易忽略，最终导致开证行以此拒付才幡然醒悟。因此，通知行在处理通知时，更应格外注意识别出软条款陷阱。

一般常见的软条款可以分为以下两大类。

1. 信用证的支款或相符交单有额外的生效条件

根据UCP 600规定，开证行一经开出信用证，就必须对相符交单负不可推脱的第一付款责任。

但是一些信誉欠佳的开证行往往在字里行间埋下了不容易被识别的额外生效条件，如规定交单要得到开证行授权，同时交单时要随附一份开证行发出的允许支款的报文，常见的表述如下。

(1) DOCUMENTS MAY BE SUBMITTED ONLY AFTER RECEIPT BY YOU OF OUR SWIFT MESSAGE ACTIVATING THIS CREDIT FOR DRAWING AND A COPY OF THIS SWIFT MSG SHOULD BE ACCOMPANIED WITH COMPLIANT DOCUMENTS.（只有在你方收到我行发送的激活此信用证的报文后，受益人才可提交单据。该电文副

本须随附在提交的相符单据中。）

（2）UPON RECEIPT OF CLEAN DOCUMENTS WITH OUR ACCEPTANCE OF ENDORSEMENT（MT 799）... WE SHALL EFFECT PAYMENT TO YOU.（在收到清洁单据以及我行接受背书的 MT 799 报文后……我行会向你方进行付款。）

以上两则条款提到的报文掌控权均在开证行手上，如果开证行不发送报文，信用证就永远不会“完全”生效和允许支款，交单也无法做到相符，这明显削弱了开证行“确切付款承诺”的效力，也变相地给信用证设置了额外的生效门槛。

同时，值得注意的是，这两则软条款均出现在 78 栏，通知行业务人员在处理时，稍不留神就容易忽略，从而没有在通知面函上进行提示。而出口商拿到信用证通知时，往往只会关注金额、期限、货描和制单相关的条款，也常常不会留意此类低调隐藏在银行相关指示的 78 栏。

2. 需提交由开证行或申请人协助完成的单据

出口商在贸易实务中的义务是生产采购、备货发运，只有完成了实际交货义务，在信用证项下提交了相符的单据，才能顺利收汇。

但如果发运时，申请人设置了隐蔽的软条款阻碍，要求受益人提交签发、获取、制作等均不在自己掌控范围，而是需要开证行或申请人的“有所为”才能完成的单据，那受益人对单据的独立把控和最终利益就大打折扣了。此类典型的软条款一般会要求提交：

（1）COPY OF AN AUTHENTICATED SWIFT MESSAGE SENT BY THE ISSUING BANK ... STATING THAT AN AUTHORIZED REPRESENTATIVE OF THE APPLICANT HAS ISSUED AN ORIGINAL SHIPPING APPROVAL CERTIFICATE ...（提交一份开证行发给通知行的报文副本，内容声明申请人的授权代表已经签发了一份正本装运许可证明。）

（2）PRE-SHIPMENT INSPECTION CERTIFICATE ISSUED BY THE APPLICANT'S REPRESENTATIVE, THE NOMINATION OF WHOM SHALL BE PROVIDED IN A SWIFT AMENDMENT TO THIS LETTER OF CREDIT ... A COPY OF SUCH AMENDMENT

MUST BE PRESENTED.（提交一份由申请人代表签发的装前检验证，有权签字人会在随后的修改中指定，修改报文副本随单据一起提交。）

此类软条款设下的陷阱可谓一步一个坑，无论是装运许可/装前检验证、修改/证实报文，申请人和开证行通过控制某份必交单据的出具和传递，削弱了受益人制单交单的独立性，从而握住了信用证付款的主动权。

关于第二条软条款，在实务中，开证行由始至终没有发出指定签字人的修改，受益人觉得是对方没有履行规定的义务在先，自己没有提交装前检验证和修改报文也无可厚非，心存侥幸地交单，最后遭到开证行无情地拒付并退单。通知行如果能在通知环节就识别出这些隐蔽的软条款，向受益人提示潜在的风险，或者受益人仔细审证，发现问题，完全可以规避后续被拒付、退单的风险。

高危标识四：错综复杂的贸易背景

信用证服务于基础贸易，而当基础贸易存在可疑之处的时候，往往会在信用证中有所体现。例如信用证中申请人、开证行、转递行、货物运输目的地及开证行指定的收单地涉及多个不同国家，背后的本质是单据流、货物流、资金流的不匹配。

当然，贸易背景的复杂不意味着基础贸易和信用证一定存在风险。比如货物流和资金流不一致可能是由于申请人为其海外工厂采购进口原料或者是转口、转卖贸易，单据流和资金流不一致可能是由于开证行在人力成本较低的国家设立了单据处理中心。此类贸易背景虽然看起来复杂，但却是真实且有理可循的，服务于这类复杂贸易背景的信用证显然是风险较小的。

但是，有的受制裁实体可能会为了逃避监管而故意将贸易背景“复杂化”以掩人耳目。

某通知行收到一笔 MT 700 电文，显示开证位于法国，申请人位于阿联酋，受益人为国内公司，同时规定货物由中国运往俄罗斯，信用证显示实际买方与申请人不是同一家公司。在对信用证要素进行全面筛查后，通知行发现，实际买方是一家位于俄罗斯的进口商，该进口商的母公司被列为受制裁实体。通知行因此决定不予通知该信用证。

本笔业务涉及高风险国家阿联酋。在地理位置上,阿联酋地处中东,周边高风险国家林立,同时其占据了波斯湾的重要港口位置,是石油等产品出口的必经之路。金融环境方面,阿联酋政策宽松,无外汇管制,资金可以自由进出,为涉制裁交易提供了便利。本笔基础贸易项下的实际买方有意复杂化贸易背景,试图利用阿联酋独特的地理和金融环境来掩盖自己的制裁身份并规避银行内部的反洗钱调查。

想要看穿上述复杂贸易背景后的真相,通知行首先需要厘清所有相关方的关系,对涉及高风险地区应引起警觉并对涉及的各当事方一一进行反洗钱筛查,尽可能在信用证通知阶段就发现复杂贸易背景后可能存在的风险,将其造成的损失降至最低。

总结与启示

信用证作为现今国际贸易重要的结算工具,每一个环节中的疏忽大意都有可能给贸易双方和参与其中的银行带来风险。相较于出口商蒙受钱货损失或出口商银行承受风险之后再展开交涉、追讨或诉讼而言,出口方在信用证通知环节就发现风险,能更游刃有余地规避风险。

因此,作为通知行,应不断提高自身风险识别和防范的能力,才能更好地降低潜在欺诈的可能性,维护客户的利益;同时,出口商也须在收到信用证通知时,第一时间审核信用证,确认开证人的资信是否可靠,信用证中的条款是否与基础贸易合同要求一致,是否隐藏软条款或其他不合理的付款限制,衡量自身是否能满足制单要求等,如发现问题,应及时和贸易对手沟通,寻求修改,切忌将自己置于被动不利的局面中。

(作者:张珏怡、施名玙,交通银行国际结算中心)

疫情下银行单证业务处理技巧[1]

2020年1月，新冠肺炎疫情暴发，让所有人都措手不及。疫情之下，银行既要采取措施共抗疫情，又要遵循惯例及时履约。因疫情而产生的春节长假延长、企业复工延迟等情况，对银行国际结算业务的业务受理、单据投递、承兑与付款以及查询查复等各个环节，均产生了重要影响。如何解决好这些问题，不仅是当前银行必须要面对的问题，更是银行完善经营管理和风险控制的必修课。本文将着重对疫情对外贸单证业务的影响以及银行单证部门的应对措施进行分析与总结，并探讨在重大突发事件下银行的责任担当、应急措施的完善与金融科技的运用设想。

一、 疫情对外贸单证的影响评估

(一) 对外贸的总体影响

受前期物流不畅、开工延迟等影响，短期内疫情将对外贸行业带来较大的挑战。根据商务部2020年2月21日举行的网上政策吹风会上透漏的消息，2020年1月至2月的进出口增速预计将大幅回落，但目前所评估的疫情影响将会是阶段性和暂时性的。考虑到各地(除湖北省)已在抓紧复工复产，随着物流运输恢复、外贸企业复产，外贸整体形势将会逐步好转。若疫情能在一季度得到有效控制，则外贸行业将可能迎来恢复性增长，二季度的外贸数据将较为乐观。但同时也应充分看到，疫情正在全球范围，尤其是日本、韩国、欧盟和美国等我国主要贸易对手国家和地区呈进一步扩散趋势。若这些国家无法有效控制疫情，则我国外贸仍将面临

1 本文发表于2020年3月16日《中国外汇》2020年第6期。

较为困难的局面。

(二) 对单证业务的影响

此次疫情对银行单证业务的影响主要有以下几个方面。

一是单证业务量明显下降。受疫情影响,外贸行业复工较晚,产能不足,加上此前世卫组织将本次新冠肺炎疫情定义为突发性公共卫生事件,导致部分国家对中国部分产品实施进出口管控,对经停中国港口的船只实施靠港限制等措施。银行进出口单证业务量较往年同期有较明显的下降。

二是单证业务争议呈上升态势。单证业务中,单据的签收、处理、承兑、付款等各个环节的时效性极强。在全国春节长假临时延长 3 天,且多地政府宣布企业复工时间额外再推迟一周以上的特殊情况下,境外银行无法及时了解当前阶段中国银行业的“银行工作日”现状,信息极不对称,结合春节长假因素,境外银行容易对中国的银行长时间不回应、不承付行为产生质疑,进而引起各类业务纠纷。

二、 破解疫情时期银行单证业务难题

(一) 银行的困境与立场

一是银行面临时效困境。由于假期临时延长且银企复工进度不统一,导致极易产生单证业务纠纷。银行根据监管要求自 2020 年 2 月 3 日起恢复营业,已处于“银行工作日”,单证业务需正常处理,到期的业务需按时承付;而外贸企业以及相关的快递、物流行业尚未复工或尚未完全复工,银行无法与企业及时、充分沟通业务情况。这导致来单承付、拒付等多个单证业务环节面临时效困境。

二是银行能否延迟处理或承付业务的问题。对于上述存在时效困境的业务,银行是否可以“不可抗力”为由,突破时间限制延迟处理?国际商会中国国家委员会在 2020 年 2 月 5 日发出了关于请各金融机构及时处理国际业务的倡议,要求银行严格遵守国际规则和惯例,及时处理国际业务,并在规定期限内履行承诺的义务,即要求按时处理业务、按时承付。

根据国际惯例，银行对信用证下交单享有不超过5个工作日的审单期，且开证行对相符交单的承付义务独立于申请人对开证行的偿付责任。由于在假期结束后等待复工时期和部分复工时期，属于银行的“工作日”，因此开证行不能以“不可抗力”为由拖延至申请人复工再处理各类拒付、承兑和付款业务。

(二) 银行单证业务处理技巧

容易引发争议的银行单证业务处理环节主要集中在进口业务。本文列举几种常见情况的处理技巧。

(1) 进口开证。进口开证下可能遇到较多的情况是，春节前开出的信用证，收到对方要求澄清相关事项的报文，但由于假期延长及企业复工延迟，未能及时发报回复，导致信用证被对方闭卷处理。这种情况下，开证行在恢复上班后需要第一时间发报解释，简要、如实地介绍此次疫情情况，特别是申请人企业受到的影响，以取得对方理解，请求对方正常处理该笔业务。

(2) 进口来单的签收与处理。在疫情期间，银行仍应恪守“5个银行工作日”的审单时限。但因国家统一延长春节假期至2月3日，对春节放假前已签收的信用证来单，因假期中断的工作日可从2月3日继续计算，而非原先的1月31日，亦非当地政府的复工指导日期(如2月10日)。对于存在不符点但由于疫情影响尚未取得申请人反馈的来单，银行可以先行持单拒付，取得主动。如果银行由于政府管控、轮班安排等原因导致无法安排足够人力处理全部来单承付业务，则可以考虑暂缓处理远期来单承兑，优先保证付款和拒付业务，以避免产生迟付利息或丧失拒付权利。

同时，开证行可发报向交单行做出解释，重点强调疫情的突发性与政府宣布假期延长的临时性、假期延长的具体信息以及5个银行工作日的相应计算方式，以及银行的承付/拒付是及时发出的。如有快递公司延误投递的情况，还应强调以下三点：一是当地政府对包括快递公司在内所有企业复工时间的强制性行政规定(如不得早于2月10日，甚至更晚)；二是受此影响，快递公司复工较晚、快件积压、派送延迟；三是银行签收来单的实际时间(或截至发报时仍未收到单据)。

(3) 进口来单到期付款。对于银行已营业但申请人未复工期间到期的进口来单,原则上应在到期日按时付款。如有可能,建议开证行联合申请人及时主动联系交单行和受益人,妥善解释原因以取得谅解,协商延迟付款方案。

开证行在对外解释交涉时,应注意强调以下几点:疫情的突发性;国家宣布假期延长的临时性;法定假期延长、企业复工延迟等是政府强制性规定,银行、企业、物流等所有行业均受影响;对银行所在当地政府的补充行政规定及银企复工不统一的解释等。

三、 对提升银行服务稳定性的思考与设想

当前,国内战“疫”还未取得全面胜利,国外的疫情扩散又再起波澜,疫情对社会生产生活的影响可能比预想得要更加深远。从此前对疫情的防控可以看到,银行的稳定运行能够有效熨平疫情带来的波动;而从疫情发展的不确定性看,银行应进一步思考服务和流程的优化和完善,以更好地应对可能的变局。

一是要加强银行对经济社会的稳定锚作用。此次疫情对国民经济运转和国际贸易产生了较大的负面影响。银行作为金融中介机构和支付结算机构,其稳定运营对支持各界防疫抗疫和恢复社会经济正常运转起着关键作用。鉴此,在后续工作中,银行应在继续落实疫情防控要求的同时,按照银保监会的要求保障金融服务,包括持续推进优质金融服务,通过绿色通道积极服务实体经济和防疫物资进口,遵循国际惯例,切实维护中国银行业在全球的信誉与品牌。

二是完善单证业务应急预案。传统的银行单证业务应急预案多针对业务系统不可用的场景设置。此次为有效抑制疫情扩散,一段时期内银行采取了轮班的复工策略。该策略虽能有效降低人员聚集,但大幅减少了有效到岗人员的数量,加之各地均对外地返回人员强制隔离,对日均业务处理量造成了较大影响。鉴此,银行需在应急预案中充分考虑并调整人员不可用和场地不可用场景下的应对策略,积极筹建异地、多地灾备场地,加快搭建居家、远程业务处理系统。

三是加强网银系统与金融科技的应用。尽管近年来国内银行已加大了金融科技投入，但本次疫情仍暴露出银行在网银系统和金融科技层面的短板。如仍有大量业务无法通过居家办公和网银来处理，以及银行单证业务对人工处理的依赖度很高等。后续，银行应更多地考虑推进企业网银业务的落地和普及，加强应急情况下移动办公系统的开发与应用，提升单证业务的智能化处理水平。

（作者：胡捷、梁佳丽，交通银行国际结算中心）

信用证拒付风险防范与应对

长期以来,我国外贸出口在买方市场的压力下,处于弱势地位,反映在出口信用证结算中,就是容易遭受拒付,产生迟付甚至不付的情况。信用证作为一项不可撤销的付款安排,只要交单相符,开证行就必须承担第一性的承付责任,一旦因单据存在不符而拒付,就解除了开证行相应的付款责任,出口企业将因此承受无法收款的风险和压力。本文尝试从出口地银行和受益人的角度对拒付交单进行分析,探讨如何应对拒付纠纷,防范拒付风险,为我国外贸实体经济发展保驾护航。

一、境外银行拒付交单分析

(一)拒付类型

从国际结算的业务实践来看,境外银行拒付交单,大致可以分为以下三类:正常拒付、错误拒付和争议拒付。所谓正常拒付,就是不符点确实存在,交单行也没有异议,受益人往往在银行出单时已对不符点进行过担保。收到此类拒付,银行会通知受益人和买方协商解决,不再进行对外交涉。所谓错误拒付,是指境外银行拒付交单的事实材料和理论依据不足,这通常是由于开证行没有认真审核单据或对惯例理解不到位所致。经反驳后,信誉良好的开证行会重新审核单据,查看惯例,接受交单行意见,较快办理承付,但也存在某些信誉较差的银行,一拒了事,对交单行交涉置若罔闻。所谓争议拒付,是指境外银行拒付和交单行反驳都是依据惯例,但由于对惯例的理解有偏差,双方观点分歧,各持己见。一般而言,如果基础贸易正常,买卖双方间沟通渠道畅通、有效,境外银行一般最终会予以承付,但会扣除不符点费用,付款时间也会因此拖延。

（二）拒付原因

信用证作为有条件的付款承诺，若交单不符，开证行就可以解除自身的付款责任，这是信用证惯例赋予开证行自我保护的权利，也是信用证结算遭遇拒付的主要原因。同时，当前信用证交易实务中，开证行对不符单据通常会收取不符点费，此费用从几十美元到上百美元不等，可增加银行业务收入，也是某些境外银行热衷于在单据中搜寻不符点进而拒付的内在原因。另外，某些不良银行迫于客户的压力而刻意挑剔单据，协助申请人达到以单据不符为由故意压价或拖延付款的目的，这是拒付容易发生的第三种原因。第三种情况在市场环境发生变化或基础贸易出现纠纷时，尤其容易发生。2008 年金融危机期间，出口信用证业务中经常遇到开证行先拒付单据，申请人随后马上要求降价的情况。

（三）易拒付国别

印度、巴基斯坦、孟加拉等南亚国家的银行错误拒付发生比例较高，有时甚至提出多条根本不存在的不符点。虽经逐一反驳最终获得承付，但也造成收汇的延误。叙做信用证项下贸易融资时，应特别注意上述地区国家银行的资信和习惯，尤其是孟加拉国银行信誉普遍堪忧，经常无视 UCP 惯例原则错误拒付，甚至迫于申请人压力随意放单却拒不付款，也不理会交单行的跟踪查询信息。

非洲银行开出的信用证接受程度不高，往往需要欧洲银行进行保兑。非洲国家政治局势动荡，出口交单要关注政局变化。2011 年北非局势动荡期间，去往北非地区的交单拒付突然增多，银行对单据百般挑剔。非洲国家普遍外汇紧张，多数国家有着严格的外汇管制，比如阿尔及利亚，银行的工作习惯是在没有对外付汇之前，往往不对外进行回复，而且其官方语言为法语，沟通比较困难。

我国香港地区银行间业务竞争激烈，为了满足客户、被代理银行，甚至是自身收费的需要，当地银行往往对交单比较挑剔。有些不符点即使并不十分站得住脚，也会拒付交单，即使交单行进行了有理有据的反驳，他们通常还是会坚持自己的观点，态度比较强硬。因此，受益人和交单行处理提交到我国香港银行的出口单据时，应特别谨慎，妥善制作、严格审核。

欧洲国家总体信用较好，但意大利、西班牙等南欧国家以及法国错误拒付相对多发。某些银行可能没有认真审核提交的单据和自己开出的信用证就匆匆对外拒付，如单据上已经注明了要求的信息却说没有注明，或者信用证已经做了修改，却还按照未修改前的进行审核等等。由于事实非常清楚，交单行反驳后，相关银行基本上能够很快办理承付。

二、 拒付交单的交涉处理

银行根据收到的拒付电文，首先应确定是何种类型的拒付，如果属于正常拒付，买卖双方协商解决。如果属于错误拒付和争议拒付，则要据理力争进行交涉。

第一，交单行不仅要关注对方提出的不符点是否成立，更要注意拒付本身是否存在瑕疵。按照 UCP 600 第十六条 c 款和 d 款，一份有效的拒付必须在收到单据后五个工作日内做出，而且须做到形式上的完备，包括表明拒付、列明凭以拒付的所有不符点以及对单据的处置方式。如果拒付本身无效，则反驳的第一个突破口就找到了，可以一击而中。例如，通过查询快递得知，开证行的拒付是在收到单据翌日起的五个工作日之外做出的，则其就失去了拒付的权利。

第二，在对外交涉过程中，一方面要据理力争，坚决要求境外银行承付；另一方面也要从更有利于解决问题的角度出发，灵活处理，不可意气行事。例如，尚在信用证截止日和交单期内，在对外据理力争的同时考虑进行积极的补救，做替换单据处理，最大程度地保证安全收汇，从而更好地维护受益人的利益。因此，在处理此类拒付时，银行应根据情况一边积极反驳，一边要求受益人替换单据，并在换单电文或面函中同时声明：“虽然单证相符，但为了使事情得到更快的解决，按照受益人指示更换单据。”对于替换的单据，银行必须严格审核，确保不存在新的不符点。如前所述，因为开证行只能一次性提出所有不符点，如果新替换的单据相符，则即使开证行发现其他单据还存在不符，也不能再次拒付。

第三，时时关注货权的变化。有时货物可能已经到港，不符点的争议还未得到解决。这时应要求受益人及时提供与货物提取有关的信息，若了解到申请人已从开证行取得单据并办理了提货，即使交单存在不符，交单银行和受益人也可以充分利用开证行未按惯例行事的瑕疵要求开证行承付。

第四，买卖双方积极沟通。如果发生拒付，受益人向交单行一推了之，则势必起不到尽快解决问题的目的。受益人应配合银行，积极和买方进行沟通，了解拒付背后的真正原因，从长期合作的贸易关系出发，要求买方尽早付款赎单。

三、 多管齐下，防范拒付风险

交单被拒付后，受益人和交单行积极应对和处理固然很重要，但终究属于事后被动应对，不仅会延误收汇和增加费用，而且最终的结果并不能完全掌控。因此，只有从源头上避免不符交单的发生，防范相关风险，才是解决问题的根本之道。

(一) 事前:受益人积极预防

基础合同一经确立，受益人应及时要求申请人办理信用证开立事宜，以免开证拖延导致后续的出运制单等环节手忙脚乱，无法按时完成，造成单据不符，可以考虑在合同中对申请人开证的时间进行必要限制。收到信用证后，受益人应认真审核，确定信用证的条款是否符合合同规定、是否都能做到。如信用证规定的截止日期、装运期、交单期和交单地点是否合理;是否有充裕的时间发运货物、制单和交单。另外，受益人应注意货物权利的保护，争取使用提单等货权单据交单。一般情况下，只要基础贸易没有问题，市场状况良好，即使交单不符被境外银行拒付，申请人最终也会愿意付款赎单提货。信用证条款可以在双方合同磋商阶段初步商定下来，防止信用证开立不够理想而又仓促迁就遗留后患。如果信用证的某些单据/规定无法实现，受益人应马上联系申请人要求其通过银行修改信用证，不能用申请人自己给出的表示愿意接受特定不符点的承诺来代替修改信用证。

受益人应尽量提早发运货物、制单和交单。受益人越早出运货物、制单和交单，也是越能为自己可能修改单据，或者开证行拒付后替换单据争取了时间。如果开证行拒付后，尚在信用证的截止日和交单期内，受益人可以按照开证行所提不符内容，重新缮制单据进行换单，做到单证相符。

另外，针对容易发生拒付的国家和地区，比如南亚地区，要进行提前预防。首先，应了解开证行的资信，接受信誉较好的开证行开来的信用证，如大型国有银行、外资行在本地设立的分行等，对于国际商会曾经通报过的拒不付款、信誉差的银行要谨慎对待；第二，外贸公司在和客户谈判的时候，除信用证结算外，应争取部分前 T/T 方式，收到预付款后再发货，掌握一定的主动权；第三，向中国出口信用保险公司（以下简称“中信保”）投保出口信用保险，如发生政治风险和商业风险而致信用证无法偿付，受益人将获得中信保的赔付。

（二）事中：交单行严格审单

交单行应坚持为客户把关的服务宗旨严格审核信用证下单据。“信用证结算是门艺术，而不是科学”，虽然有 UCP 600、ISBP 745 和国际商会的众多意见，但这些惯例、实务和意见等，第一，不能穷尽所有的问题，有些意见也只是针对个案的 CASE BY CASE 分析，不一定具有普遍适用性；第二，国际商会在规则适用上其宽严尺度的把握也时有变化，所以在不符点的确定上审单员往往会带有主观判断，难免有不同意见，有时也是公说公有理，婆说婆有理。反驳交涉不是灵丹妙药，不可能解决所有问题，争执不下时即使最后寻求国际商会 DOCDEX 裁决也会耗费相当的时间和费用，而且裁决是否有利，或者裁决有利的情况下，开证行是否会另外从法律上寻求抗辩都不能确定，而且跨国纠纷普遍也存在执行难的问题。考虑到出口收汇的被动性，银行出口审单要掌握从严和审慎的原则，依据惯例，重在防范，尽量避免拒付和争议，协助受益人顺利收汇。当然，在具体业务的处理上，也要依据国别特点、客户情况等灵活掌握，不能一概而论。

（三）事后：认真总结，做好针对性防范

拒付的发生很大程度上都和受益人制单质量不高有关系，有些是因为单证人员专业能力有限，不熟悉国际惯例所致；有些是因为受益人产生麻痹思想，认为是和老客户做生意，付款无忧。殊不知拒付后不但产生纠纷拖延付款而且即使最终承付也会扣除一定的不符点费用，在市场动荡的时候，还会发生被迫降价，甚至得不到偿付的风险。因此，对受益人而言，需要重视并不断提高制单质量。受益人可以把境外银行所提不符点情况，按照国别、银行、交易对手、条款等进行认真总结，理解吃透惯例，提高制单质量，进行针对性防范。

（作者：江齐，交通银行国际结算中心）

转通知业务功能类型及风险防范[1]

转通知信用证及信用证修改业务，是指银行将开证行开来的信用证或者通知行通知的信用证及修改，再经过另外一家银行通知的业务。例如，信用证 MT 700 中收报行为 A 银行，57D 栏位载明：ADVISE THROUGH BANK. B 银行，A 银行遂开具 MT 710 给 B 银行，即将信用证转通知给 B 银行，而 A 银行即为本文所指转通知行。

信用证转通知，无论银行是按照信用证中 57D 栏位的指示，还是自行选择另一银行，将信用证通过第二通知行通知，其本质上都可以归结为 UCP 600 中定义的通知。UCP 600 第九条 c 款中规定，通知行可以通过另一银行（“第二通知行”）向受益人通知信用证。但无论是通知行亦或是第二通知行，都应该尽到 UCP 600 规定的责任，即：确信收到的通知的信用证或者修改的表面真实性，且准确地反映了其收到的信用证或修改的条款。

一、转通知信用证业务的功能分类

在实际业务操作中，相较于信用证直接通知，转通知业务有一些需要注意的特殊事项，下面笔者将首先依据日常操作，将转通知业务分类梳理，形成以下两种功能类型：

（一）替代代理开证功能

较多地方性银行，在处理开立信用证等国际业务时，通常会选择与在

1 本文于 2021 年 5 月修改，原文发表于 2017 年 7 月 1 日《中国外汇》2017 年第 13 期。

国际上有较好声誉的大银行签订代开协议的方式来进行。但对于代开行来说,仍需承担其作为开证行的第一性付款责任,所以仍会按照其银行内部规程,审核合同、申请书等开证材料,出具开证意见。可能有些开证意见,在客户看来没有风险,但是会给代开行付款收款带来影响。再如合同双方可能贸易往来多次,无需代开行重新审证等等。以上情况,即可以利用转通知信用证及信用证修改业务,直接代同业转开 710 电文给境外银行并由转通知银行加保。既能节省材料寄送以及交涉往来的时间,又满足受益人对交易对手银行信誉的要求,不仅高效快捷,而且有利于双方把控各自风险。

(二) 拓展同业业务功能

当银行收到境外开证行开来的信用证,受益人在境内时,一般会先尝试直接通知受益人,但在以下几种情况下,银行会选择通过另一家境内银行,转通知信用证给受益人。

(1) 受益人虽是通知行客户,但其在多家银行有业务账户。如果客户习惯在另一银行办理国际业务,便可能要求通知行将信用证转通知到其他银行。

(2) 受益人不是通知行客户,银行亦能直接同受益人取得联系,但受益人仍要求通知行经另外一家银行通知信用证。

(3) 无法联系上受益人,但信用证中有转递行指示,也可以直接通过转递行通知。

以上三种情况,当银行选择进行转通知业务时,虽然不能直接拓展银行客户,甚至可能无法收取相关费用,但同样会带来潜在收益。

(1) 拓展同业业务。如果同一客户同一类型信用证,转通知次数较多,可尝试类似于转通知替代代理开证功能一样,同第二通知行签订转通知业务协议,费用按期收取。

(2) 扩大潜在客户。通过转通知信用证及信用证修改业务,受益人最终拿到信用证时,已经至少经过两家银行,出于费用与流程成本考虑,受益人可能会选择成为通知行客户,方便其处理信用证业务。通知行转通知的意义即可彰显。

同时，对于无法联系上受益人的信用证，如果银行选择按照信用证要求进行转递，而不是拒绝通知，也有助于维护其国际形象与声誉。

二、转通知信用证业务的风险防范

虽然转通知信用证及信用证修改业务有以上业务功能优势，但仍不能轻视其带来的风险。根据笔者的实务经验，转通知业务操作中，应该注意的风险点，主要包括开证人欺诈风险及银行反洗钱风险。

（一）欺诈风险及防范

转通知业务中的欺诈风险主要表现为开证行或者非银行机构开证人虚假开立一份信用证时，将其进行层层转通知包装，尤其利用声誉较好的大银行进行转通知时，就使得其欺诈行为更具有隐蔽性。因为最终通知银行，或者最终拿到信用证的受益人，可能一时没有厘清各种关系，以为经过声誉好的银行通知的信用证，就有该银行的信用背书，其实对信用证承担最终付款责任的，只有开证行。

根据国际惯例，通知行或者转通知行的责任仅限于确认收到的信用证或修改的表面真实性及准确通知其收到的信用证或修改。但在银行间国际业务竞争日益激烈，以及受经济危机影响，诈骗事件越来越多的大背景下，有许多银行加强了信用证条款审核，在处理信用证通知业务时开始为客户提供软条款、制裁条款、欺诈可能性条款识别等附加服务。同样的，作为转通知行，虽然并非将信用证直接通知给受益人，但出于保护与维系自身银行信誉的考虑，亦可以加强对信用证的审核。对于条款疑点较大的信用证，建议银行谨慎叙做通知业务，提高警惕，防止卷入信用证诈骗的风波。

（二）涉反洗钱风险及防范

国际业务处理中的反洗钱风险防范一直是各家银行的重点关注事项，对于转通知业务亦不例外。虽然转通知行在信用证结算全过程的参与度可能不及开证行、通知行与交单行高，但是对于反洗钱的风险防范应该是一样的。在做出进行转通知决定时，转通知行即应该确认该信用证及修改中所涉及的各关系方实体、所涉国别、港口及货物等因素不涉及高风险及洗钱因素，并应适用于本行反洗钱筛查制度。

最后，在确认不涉及上述信用证欺诈或涉反洗钱高风险因素的基础上，银行在进行信用证转通知时，也可适当加入转通知行免责条款，也是必要的自我保护措施，以及对最终通知行以及受益人的重要提示。

（作者：宋莉，交通银行国际结算中心）

保兑的修改、撤销与部分保兑的有效性

在国际结算中，对信用证加具保兑并不少见。但通常情况下，保兑行收取保兑费用以后，很少中途要求撤销保兑，实务中也很少遇到部分保兑的情况。本文通过一则案例，尝试探讨银行应如何处理保兑修改和保兑撤销，以及部分保兑的有效性问题。

一、 案情回顾

开证行 I 银行开立了一份要求通知行加保的信用证，金额 USD1 000 000.00，货物为设备，允许分批发运。信用证支款分为首付款和剩余款项两部分，其中首付款 USD100 000.00 凭首付款收据支取，余款 USD900 000.00 凭全套货运单据支取。C 银行通知信用证的同时对该信用证进行加保。

随后 C 银行收到 I 银行撤销余款保兑的修改，C 银行将此第一次修改通知受益人，要求撤销对余款部分的保兑，受益人回复同意撤销对余款的保兑。

紧接着受益人收到第二次修改，修改内容为：撤销对信用证的全部保兑，同时将兑用银行改为开证行，寄单地址为开证行 I 银行。受益人未对是否接受本次修改做出回复。

后来受益人又收到第三次修改，修改信用证金额为 USD800 000.00，首付款 USD80 000.00，余款 USD720 000.00，C 银行对首付款加保，兑用银行改为 C 银行，寄单地址为 C 银行。受益人未对是否接受本次修改做出回复。

之后受益人向 C 银行交单支取部分余款，交单金额为 USD520 000.00。

C银行声称其未加保,将单据直接寄往开证行。

二、 保兑的修改与撤销

信用证加保后不能随意修改和撤销。根据 UCP 600 第十条 a 款规定:“除第三十八条另有规定者外,未经开证行、保兑行(如有的话)及受益人同意,信用证既不得修改,也不得撤销。”UCP 600 第三十八条是可转让信用证条款,未特别提及保兑行。故经保兑的信用证,其修改与撤销除了须得到受益人的同意,还应得到保兑行的同意。同时,UCP 600 第十条 b 款指出:“保兑行可将其保兑扩展至修改,并自通知该修改之时,即不可撤销地受其约束。但是,保兑行可以选择将修改通知受益人而不对其加具保兑。若然如此,其必须毫不延误地将此告知开证行,并在其给受益人的通知中告知受益人。”

在处理保兑修改和保兑撤销中需要明确以下问题:

(一) 信用证修改何时对保兑行产生约束力

从上述 UCP 600 相关条款中我们可知,已经保兑行保兑的信用证的修改,保兑行有三种态度:同意修改、通知修改和扩展保兑至修改。保兑行通知修改不代表其扩展保兑至修改,扩展保兑至修改则意味着同意修改和通知修改。那么保兑行通知修改是否意味着同意修改?不扩展保兑至修改的同时能否同意修改?在未扩展保兑至修改的情况下,如何判断保兑行是否同意该信用证修改?

关于以上三个问题,UCP 600 没有直接给出答案。仔细阅读条款,我们可以发现 UCP 600 第十条 a 款中关于保兑行态度的表述采用了“同意(AGREEMENT)”而不是“接受(ACCEPTANCE)”,指的是保兑行同意开证行和受益人之间的信用证关系受修改的约束,而不是保兑行“接受”该信用证修改。否则,无法解释保兑行不扩展保兑至修改的情况,因为如果保兑行“接受(ACCEPTANCE)”了信用证修改,则应受其约束。由此可知,同意修改和通知修改不会导致保兑行受修改约束,而扩展保兑至修改才导致保兑行受修改约束。

（二）保兑行通知修改但不扩展保兑至修改的潜在风险有哪些

保兑行通知了修改，表明其同意开证行与受益人之间达成该次修改。保兑行不扩展保兑至修改，则保兑行自身不受修改内容的约束，收到受益人交单时按原证审核单据和履行保兑行责任。若受益人接受修改，则开证行审单依据的信用证条款和保兑行审单依据的信用证条款不完全一致，有可能造成交单在保兑行相符而在开证行不符的情况，如：原证金额 4 万美元，货物为 AP001，保兑行加保。信用证修改将金额改为 6 万美元，货物改为 AP001（2 万美元），AP002（4 万美元）。保兑行决定不扩展保兑至修改直接将信用证修改通知给受益人。受益人回复接受修改。受益人第一次向保兑行交单 AP001（2 万美元），保兑行承付；第二次向保兑行交单 AP002（2 万美元），保兑行未审核单据转寄开证行，开证行承付；第三次向保兑行交单 AP001（2 万美元），保兑行该如何处理？

保兑行保兑的是原证，金额 4 万美元，货物为 AP001。第三次交单到保兑行，保兑行根据原证审单相符，应予承付。单据寄给开证行后，由于信用证修改已经保兑行、受益人同意，开证行根据修改后的信用证审单，金额改为 6 万美元，其中货物 AP001（2 万美元），AP002（4 万美元），前面已交单 AP001（2 万美元），AP002（2 万美元），因此第三次交单 AP001（2 万美元）不符，开证行拒付。保兑行对第三次交单金额承担唯一的付款责任。

（三）保兑行如何避免上述风险

从上面的例子可见，尽管 UCP 600 赋予了保兑行是否对实际生效的信用证修改扩展保兑的充分的自主决定权，但与开证行不同的单据审核标准将对保兑行造成风险。保兑行在处理信用证修改时应尽可能谨慎以规避此类不必要的风险。

通常，在已对信用证加具保兑后，保兑行扩展保兑至后续的修改，与开证行保持审单标准的一致，能够更好地保障相符交单下被偿付的权利。但当信用证修改增加了开证行责任（如增加信用证金额、延展有效期等），保兑行评估风险后（如开证行国别、信用风险增加等）不愿意对增加的责任扩展保兑，选择同意并通知修改但不予扩展保兑的情况也并不少见。

在此类情况下，保兑行应仔细审核信用证修改的条款，确保修改中未包含减少开证行责任的条款。即需确定保兑行的付款责任不超出开证行的付款责任范围，方可同意信用证修改。

若信用证修改中包含了减少开证行责任的条款，而保兑行又不准备扩展保兑至该次修改，则保兑行应在第一时间联系开证行拒绝或修改信用证修改的条款，如拆分成多个信用证修改，保兑行对不减少开证行责任的信用证修改进行保兑，而对另外的影响开证行责任的信用证修改仅通知但不保兑。

此外，保兑行应能够及时获知所有的信用证修改。为了防止信用证修改绕过保兑行的情况发生，在对信用证加保之前，保兑行应尽可能取得第一通知行身份，并在加保后第一时间通知开证行。在保兑行是第一通知行且已通知保兑给开证行的前提下，仍发生信用证修改绕过保兑行的情况，则因保兑行审单标准与开证行不一致造成的风险应由开证行承担。

三、 部分保兑的有效性

回到本文开篇提到的案例，保兑行应开证行要求，先是撤销对信用证余款金额的保兑，再是声称信用证未加保，我们来分析保兑行的这些做法是否有效。

UCP 600 并未提到任何有关部分保兑的规定，我们认为部分保兑不在 UCP 600 的规定范围之内。案例中保兑行先对原证加保，符合 UCP 600 关于保兑的规定，是有效的保兑。后面应开证行要求，向受益人申请取消对信用证余款金额的保兑，受益人明确回复了同意。根据 UCP 600 允许信用证当事方修改和排除惯例条款的原则，在开证行、保兑行、受益人三方同意的基础上，部分取消保兑是有效的，当事各方均应受其约束。而后保兑行第二次修改要求撤销全部保兑，受益人未作回复，因此保兑并未完全撤销。第三次修改加回首付款保兑之后，当受益人就部分余款金额交单到保兑行时，保兑行声称信用证未加保单据已寄开证行，此处保兑行的措辞不严谨，但处理方式并无不妥。该笔交单是余款的交单，受益人已在第一次修改时明确同意取消余款的保兑，因此保兑行对该交单无审核和承付责任，尽快直接转寄开证行是妥当的处理方式。

有人会问，在对信用证加具保兑的时候能否仅保兑部分金额？答案是肯定的，在信用证当事各方均认可的情况下，只要保兑行明确表述保兑的范围、不造成误解和分歧，则不管 UCP 600 是否提及，该部分保兑都是有效的明示保兑，相应的权利义务受到国际惯例的保护和约束。

（作者：梁佳丽，交通银行国际结算中心）

不可小觑的信用证附加条款

在国际贸易高速发展的今天，信用证条款越来越纷繁多变。46A 域的单据条款由于直接规定了单据的各项要求，往往被贸易各方所重视，相较之下，47A 栏位的“附加条款”则非常容易被忽视，而且该域还经常包含很多有关制单或非单据化的要求，以及关于信用证兑用、保兑、转让、融资、贴现等银行间安排及费用指示等重要内容。因此，仔细审核并准确理解 47A 栏位条款背后的含义，有利于受益人正确制单，进而降低信用证结算方式下的交易风险，提高收汇效率，促进信用证业务健康发展。本文将分类梳理各种特殊的附加条款并提出相应操作建议。

一、 与制单有关的条款

1. 仅要求部分单据显示的条款

FOB VALUE AND FREIGHT AMOUNT MUST BE MENTIONED SEPARATELY IN THE COMMERCIAL INVOICE. 或 ALL DOCS MUST INDICATING LC NUMBER EXCEPT FULL SET TRANSPORT DOCUMENT.或 ALL DOCUMENTS MUST INDICATE L/C NUMBER (EXCEPT CERTIFICATE OF ORIGIN).

后两个条款的风险点在“EXCEPT”这个单词上，被排除的提单、产证上能否显示信用证号码？国际商会意见 R 746/TA 734 有过相似的案例，它认为“如果信用证的意图是不允许单据显示该信息，那么应该特别规定”，因此“此单据可显示也可不显示该特定内容”。虽然信用证没有明确规定提单、产证“MUST NOT” INDICATE L/C NUMBER，但是实务中仍然不时出现提单因为显示信用证号码而被开证行拒付的案例。

从进口商角度考虑，规定“ALL ... EXCEPT ...”这类条款可能是因为涉及后续交易，提单、产证等重要单据可能需要用于在其他信用证下交单而不便显示当前信用证号码。因此，虽然该条款的含义本身存在一定歧义与争议，但出口制单时仍建议受益人不要在相关单据上显示此类信息，以避免不必要的纠纷。

2. 没有明确何种单据应该显示的条款

开证行有时会用委婉的措辞来叙述，GOODS TO BE PACKED IN EXPORT STANDARD SEAWORTHY PACKING. 或 SHIPPING MARK: XXX.

虽然信用证没有明确规定该内容要显示在哪一种单据上，但首先所有单据上显示的相关内容不得与此内容矛盾，其次对于包装的规定，应显示在装箱单、重量单等包含货物包装信息的单据上，对于唛头的规定，信用证要求的提单、空单等运输单据上也应明确注明。UCP 600 第十四条 h 款规定“如果信用证含有一项条件，但未规定用以表明该条件得到满足的单据，银行将视为未作规定并不予理会”，虽然按照 UCP 600 此条规定，不是必须要在单据上注明这些条款的内容，但是受益人如能在相关单据上直接显示出对应的证明内容，则有利于开证行或指定行判断单证一致，从而提高收汇效率。

二、 与信用证栏位有对应关系的条款

(1) MORE OR LESS TEN PCT TOLERANCE IN BOTH QUANTITY AND AMOUNT IS ACCEPTABLE.

金额上下浮的规定与信用证 39A 栏位相对应，运输货物数量上下浮的规定通常在 45A 或 46A 栏位出现。收到信用证时，应仔细核对前后有对应关系的栏位，如有矛盾及时联系开证行做澄清或修改。

(2) INSURANCE COVERED LOCALLY BY THE APPLICANT.

该条款与贸易术语 EXW、FOB、FCA、FAS、CFR、DDP、DAP、DAT、CPT 相对应，而 45A 栏位通常会显示该笔交易的贸易术语。上述贸易术语规定了出口方对进口方无订立保险合同的义务，保险费用和风

险由进口方承担，出口方只需要向进口方提供投保所需信息，所以会出现保险由申请人承担的条款。如果贸易术语与相关条款矛盾，需联系开证行澄清。

三、与 UCP 精神“背道而驰”或超出惯例原则的条款

(1) ALTERATIONS AND/OR AMENDMENTS IN DOCUMENTS ONLY ALLOWED BEARING ISSUER'S AUTHENTICATION.

ISBP 745 第 A7(c)段规定“除汇票外，受益人出具的单据中数据内容的任何更正均无需证实”。此条款要求不管是受益人出具的单据还是第三方出具的单据，单据内容的更正都需要证实，一般情况有两种更正方式：加盖单据出具方实体名称的印章，或除加盖印章以外旁边随附首字母签字。

(2) PLEASE NOTE THAT PRESENTATION OF DOCUMENTS (S) THAT ARE NOT IN COMPLIANCE WITH THE APPLICABLEANTI-BOYCOTT, ANTI-MONEY LAUNDERING, ANTI-TERRORISM, ANTI-DRUG TRAFFICKING, EXPORT DENIAL OR ECONOMIC LAWS VARY DEPENDING ON THE TRANSCATION AND MAY INCLUDE UNITED NATIONS, UNITED STATES AND/OR LOCAL LAWS.

“请注意提交的单据必须不违反现行的反抵制、反洗钱、反恐、反贩毒、拒出口法例或根据交易不同相关的包括联合国条例、美国法律和地方法律在内的法律。”UCP 600 第五条规定“银行处理的是单据，而不是单据可能涉及的货物、服务或履约行为”，第七条 a 款规定“只要规定的单据提交给指定银行或开证行，并且构成相符交单，则开证行必须承付”。虽然 UCP 一再强调了信用证独立性这一重要原则，但是 UCP 作为国际惯例只是一种行业内部规则，效力远远不如制裁法律这些具有法律效力的强制性文件。实务中也出现过因为单据上出现被制裁实体信息而被拒付的案例，商会意见 TA 884rev 给出的结论是“无论如何，法律超越 UCP 600”。

(3) PAYMENT WILL BE EFFECTED ONLY AFTER RELEASE OF THE GOODS BY THE GERMAN VETERINARY AUTHORITIES/STATE APPROVED LABORATORY. IN CASE THE APPLICANT (CONSIGNEE OF THE GOODS) CANNOT OBTAIN RELEASE OF THE GOODS FROM THE VETERINARY AUTHORITIES/STATE APPROVED LABORATORY, THE AMOUNT UNDER THE DOCUMENTARY CREDIT WILL BE CANCELLED. IN CASE OF REJECTION THE FREIGHT COSTS AND ALL RELATED COST FOR RETURNNG THE CONTAINER WILL BE PAID BY BENEFICIARY. THE APPLICANT WILL ASSIST WITH HELP IN CASE OF A RETURN OF THE GOODS.

"开证行仅在相关权威机构检验并放行货物后才会付出款项,如果申请人/收货人未能顺利取得货物放行,则本信用证将被撤销,运输、退还集装箱等相关费用将由受益人承担,申请人将协助退货。"原本只要单证相符开证行就要付款的原则,因为此类软条款的出现而被打破,甚至不满足软条款会撤销信用证,完全否定了信用证不可撤销的性质,让出口方在贸易中处于被动的地位,进口方掌握了信用证付款的主动权,并可以随时解除开证行的付款责任。软条款严重影响了信用证作为结算工具的作用,也违背了 UCP 600 的规定,如遇到此条款,受益人应该谨慎对待,如不能联系买方改证撤销软条款,要多关注基础合同的条款,必要时用法律手段维护自己的权利。

四、"假远期"条款或融资便利条款

(1) NOT WITHSTANDING THAT THIS LETTER OF CREDIT IS AVAILABLE AT 180 DAYS AFTER THE BILL OF LADING DATE WE ARE INSTRUCTED BY THE APPLICANT TO PREPAY OUR DEFERRED PAYMENT UNDERTAKING UNDER THIS DOCUMENTARY CREDIT TO SIGHT WITH THE INTEREST AT THE APPLICANT'S EXPENSE UNTIL DUE DATE.

虽然信用证规定付款期限是提单日后180天，但申请人指示我们按即期期限提前付款，即期至到期日之间的利息由申请人承担。这是标准的假远期条款，远期信用证通过这类条款为受益人提供融资便利，在单证相符的条件下即期付款，而融资利息等费用由申请人承担。

（2）ALL DOCUMENTS MUST BE PRESENTED TO ... IN ORDER FOR US TO HONOUR THE SAME AND EFFECT REMITTANCE OF THE PAYMENT AT SIGHT BASIS AS PER REMITTING BANK'S INSTRUCTION THROUGH OUR OFFSHORE BANKING UNIT. AT MATURITY, ISSUING BANK WILL EFFECT PAYMENT TO OUR OFFSHORE BANKING UNIT ALONGWITH INTEREST WHICH IS ON APPLICANT'S ACCOUNT.

"所有的单据都要寄到……（开证行地址）以便我们承付，根据交单行的指示我们的离岸部门会即期付款。到期以后，开证行会支付包括申请人承担的利息在内的款项给我们的离岸部门。"此信用证中，开证行指定了自己的离岸部门代为付款，是一种偿付上的安排，在开证行确定单证相符以后，会指示偿付部门付款，而不需要交单行主动索偿。这种也是一种典型的假远期条款，只是指定了银行的离岸部门作为付款银行。

（3）THOUGH PAYMENT IS TO BE MADE AT MATURITY OF THE BILL, AT THE REQUEST OF THE LC BENEFICIARY, THE ISSUING BANK MAY PAY THE BENEFICIARY THE FACE VALUE OF THE BILL ON THE TERM REQUESTED, ONCE THE DOCUMENTS HAVE BEEN RECEIVED AND FOUND TO BE CLEAN OR AFTER DISCREPANCIES HAVE BEEN ACCEPTED BY THE APPLICANT INTEREST ON ACCOUNT OF SUCH PAYMENT WOULD BE BORNE BY BENEFICIARY FROM DAY 1 TO 44 BILL OF LADING DATE AND DEDUCTED FROM ITS PAYMENT, INTEREST ON ACCOUNT OF SUCH PAYMENT WOULD BE BORNE BY APPLICANT FROM DAY 45 TO 180 FROM BILL OF LADING DATE AND WILL BE PAID ALONG WITH THE BILL AMOUNT AT MATURITY.

虽然这笔证付款期限是远期，根据信用证受益人的要求，开证行在收到相符交单或不符交单被申请人接受以后，将面函金额付给受益人。提单日后第 1 天到 44 天的利息由受益人承担并在付款时被开证行扣除，提单日期后第 45 天到 180 天的利息由申请人承担，申请人在到期日需将此利息和发票金额一起还给开证行。此类“半假远期”信用证比较少见，开证行虽然为受益人提供了融资，但并不完全是即期付款。本案例中提单日后 45 天付款才是开证行的真实意图，45 天至到期日的利息是申请人承担；如果受益人希望即期付款，前 44 天的利息费用由受益人自己承担。正确理解开证行的条款，才能在交单时选择最有利的付款期限。

（4）IF DISCOUNTING AT SIGHT BASIS REQUESTED BY BENEFICIARY，PLS QUOTE THE SENTENCE “THE BENEFICIARY REQUESTS TO PAY AT SIGHT” ON THE PRESENTING COVERING LETTER AND WE WILL PAY THE PROCEEDS TO YOU AT SIGHT BASIS AGAINST PRESENTATION OF COMPLIANT DOCUMENTS FOR THE BILLS AMOUNT LESS DISCOUNT INTEREST AND CHARGES FROM THE DATE OF DISCOUNT TO MATURITY DATE OF THE DRAWING AT THE LIBOR RATE PLUS 2.25 PERCENT P.A. AND PLUS USD100 OR EQUIVALENT OF FEES APPLIED BY US，IN CASE OF DISCREPANT DOCUMENT，THE BILL MAY BE DISCOUNTED BY THE ISSUING BANK AFTER DISCREPANCY (IES) HAS/HAVE BEEN ACCEPTED BY THE APPLICANT.

如果受益人要求即期付款，请在面函上注明“受益人要求即期付款”，如果构成相符交单，我们会用票面金额减去贴现利息和相关费用后即期付给受益人，贴现价格按具体条款计算。这种属于开证行给受益人的贴现广告，受益人如果接受利息并且需要融资，可以要求交单行在面函上按照信用证的要求注明自己的贴现要求。如果不需要，直接不予理会即可。此种条款不是假远期条款，只是开证行给受益人提供的融资便利。

五、 总结与建议

为了更好地利用信用证这一结算工具，保证收汇的顺利和高效，以下几点需要格外关注。

首先，提高对信用证47栏位附加条款的重视程度。47栏位中有时会出现比46栏位更多的细节规定，包括银行间偿付方面的安排等，正确理解和把握开证行的措辞并在索汇时严格遵守相关规定，能够加速整个收汇流程。

其次，在收到信用证时要加强对47栏位的研读判断，如发现前后矛盾或词不达意的条款，要及时联系开证行询问，如有实在无法接受的条款或与基础合同有悖的条款，受益人应及时与贸易对手沟通改证，在货物发送或服务提供之前将风险降到最低。

最后，要严格遵守47栏位的规定，既然信用证的条款中出现了相关规定且受益人接受该证，就应严格遵守条款，这样可以避免不必要的往来报文交涉，缩短收汇时间，提高信用证结算效率。

（作者：张秋晨，交通银行国际结算中心）

转让证下直接交单开证行的风险与应对

转让证业务是一种特殊的信用证业务。根据转让证的独特设计，开证行和第二受益人在一般情况下不会直接接触，单据和款项均通过转让行传递，转让行实际充当了修路搭桥、过桥收费的角色，开证行和第二受益人必须过转让行这座居于中介的“桥”才能间接接触彼此。换言之，转让行凭借自身的特殊身份成为了转让证业务中最关键，但同时也是最容易出问题的 环。相应地，转让行的权利与义务、转让行与第一受益人/第二受益人之间的权责关系等问题，常常成为业务人员关注的焦点。

相较之下，开证行与第二受益人——这一对原本相望不相见的主体之间直接发生关系时会产生哪些矛盾，似乎较少得到讨论。本文即基于一则第二受益人越过转让行而直接向开证行交单的特殊业务案例展开讨论，并对这类转让证下直接交单行为产生的一系列问题与风险做出详细分析并给出如何应对的实务建议。

一、 案例背景

某开证行开立了一份可转让信用证，兑用方式为自由议付，同时特别授权通知行作为转让行。信用证开出几天后，开证行收到了通知行的报文，称其已将信用证转让给某第二受益人。又一段时间后，开证行收到了该笔信用证下的交单，但令开证行意外的是，交单行并非转让行，交单面函上的交单人以及发票、箱单等单据的出具人也并非第一受益人，而是第二受益人，交单面函上也无任何相关说明或解释。

收到这笔交单后，开证行立即发报联系转让行，要求澄清这一情况。转让行回复报文，称其同意并授权该第二受益人银行直接交单给开证行。

依据转让行这份报文，开证行按正常流程受理了该笔交单。

二、 筛查漏洞、规避风险

本案中，在收到第二受益人越过转让行直接交来的单据时，开证行第一时间联系了转让行，并在得到转让行的确认之后受理业务，这一处理方式看似已经十分周全，但若结合更多的业务细节进行分析，可以发现仍然存在诸多潜在风险需要规避。

潜在风险之一：第二受益人身份存疑

根据 UCP 600 的精神，银行只有确定单据表面真实性的责任，而没有超越单据认定任何交单人和单据出具人身份真实性的责任。但是，在第二受益人越过转让行直接向开证行交单的情况下，由于开证行与第二受益人"素未谋面"，甚至开证行可能尚不清楚"信用证是否已被转让""被转让给了谁或谁们""转让的金额和数量是多少"等问题，因此，确认该证已被转让且该交单人就是转让证中的第二受益人，是开证行考虑是否受理该笔交单的前提和基础。

本案中，转让行在办理转让后，给开证行发送了转让通知，该通知报文的核心内容为"你行上述信用证已被转让给下述新受益人（NEW BENEFICIARY）：SMI 公司"。可以注意到，转让行使用的措辞是"新受益人"，而"新受益人"这一表述在 UCP 中并无定义，通常应被理解为"修改后的受益人（BENEFICIARY AFTER AMENDMENT）"，只不过在转让信用证的特定背景下，结合该通知报文的前后语境理解，此处的"新受益人"实际意指信用证转让后的"第二受益人（SECOND BENEFICIARY）"。

然而，即便在理解上无明显歧义，一旦业务发生争议，甚至产生仲裁或法律纠纷时，任何细节和措辞的瑕疵与不规范，都将可能导致始料不及的结果。

风险规避之一：主动确认，明确身份

对于本案中的转让行而言，应当使用"第二受益人（SECOND BENE-

FICIARY)”这样与UCP 600完全一致的规范表述。对于本案中的开证行而言，在收到转让行这份通知报文时，虽然可以主观意会到“新受益人SMI公司”即“第二受益人”，但仍应主动发报联系转让行，直接坐实“新受益人SMI公司”作为“第二受益人”的身份。如此一来，即便事后因第二受益人的身份问题发生争议纠纷，开证行自可自证是在确认了第二受益人身份且转让行未提出任何异议的前提下叙做相关业务，从而为自身行为的合理性与合法性取得辩护。

潜在风险之二：转让比例不明

对于开立了一份可转让信用证的开证行而言，最大的不确定性是该证是否被转让以及如何被转让。为了将这一“不确定”的风险转化为“确定”的事实，可转让证中一般都会作出相应规定，要求转让行告知转让信息。本案中可转让证的相关条款如下：

WHEN THE TRANSFER IS EFFECTED, PLEASE INFORM US THE TRANSFERRED QUANTITY FOR EACH 2ND BENEFICIARY.

从上述条款可以看出，开证行已明确要求转让行在办理转让时告知转让的具体数量，但并未要求转让行告知被转让的金额。然而，在可转让证未规定单价或规定了单价但货物价值与信用证金额并不直接对应时，仅仅获知转让数量并不足够，特别是第二受益人直接或间接越过第一受益人交单时，充分掌握原证被转让的金额和转让数量对于开证行而言十分关键，开证行需要凭借这些信息判断交单是否相符进而确定自身承付责任。

此外，在当前国际制裁和反洗钱反恐怖融资态势日趋高压、日益严峻的背景下，及时、准确和全面地掌握当事各方的身份信息对银行而言尤为重要。在转让证的背景下，第二受益人通常并非开证行客户，往往也不是转让行客户，因而第二受益人极易成为转让证业务中反洗钱筛查的最薄弱环节。倘若开证行并不知晓或尚未全面掌握转让信息，而仅仅是在收到直接交单后再去多方查证，一则时间紧迫，二则完全被动，实难做到风险可控。

风险规避之二:妥善规定,跟进查询

为了不落被动,开证行应当在开立可转让证之时便在信用证中作出妥善规定并落实跟进查询,明确要求转让行告知包括原证被转让的金额、转让数量、第二受益人名址在内的各项信息。对于转让行转让通知报文中信息不完整、不明确或尚存疑的,开证行应当及时跟进查询,不留隐患。

开证行在可转让证中设置相关条款时,可要求转让行在办理转让时告知每位第二受益人对应的原证金额、转让数量和详细名址等,同时作出免责声明,强调未按前述指示操作而导致的任何后果将由转让行自行承担。当然,开证行也须做好上述信息的保护工作,以防泄露给申请人,损害第一受益人的利益。

在本案的情形下,转让行在转让通知中仅仅告知了第二受益人信息,并未告知转让数量,因而开证行在收到该通知后应立即发报向转让行进一步查询,同时也有权要求转让行补充告知原证被转让的金额等其他必要信息。

潜在风险之三:第一受益人权利可能受损

这是本案中最大也是最易爆雷的潜在风险。

首先,第二受益人越过第一受益人直接交单,不符合转让证的本质和UCP 600精神,除非出现UCP 600第三十八条i款的情形。正常情况下,第一受益人将一份可转让信用证转让给第二受益人是为了从中支取差价。那么,只有在第一受益人替换汇票、发票等单据之后才可能实现差价的支取。在某些特殊的商业安排下(例如第一、第二受益人为关联企业或第一受益人与第二受益人已另行约定佣金支付等),第一受益人可能会将可转让信用证全额转让给第二受益人而并不换单支取差价。UCP 600第38条i款的情形看似在某种程度上允许第二受益人“越过”第一受益人直接交单开证行,但该款实际上仍是从另一个侧面体现了UCP 600对第一受益人权利的尊重与保护。根据该款规定,仅仅在“第一受益人未及时换单或换单后产生了新不符点且无法及时修正”的特定情形下,第二受益人的单据才有可能被不经替换而直接交至开证行,且这一特定情形下直接交单的执行权是在转让行而非第二受益人。

但无论如何，第二受益人的交单不应越过转让行。第一受益人是转让行的客户，第一受益人的换单、交单及支取差价等权利都必须通过转让行实现。限制第二受益人必须交单给转让行，不仅能保障第一受益人的换单权利，而且是转让证相关银行顺利处理业务（如正确簿记支款情况等）的前提。UCP 600 第三十八条 k 款也作了相应规定，“第二受益人或代表第二受益人的交单必须交给转让行”。为了确保这一点，实务中，绝大部分转让证中都会加上单据必须交给转让行的条款，同时提供转让行地址并抹去开证行地址。

除了可能影响第一受益人换单交单、支取差价的权利外，第二受益人直接交单还将极有可能导致申请人直接获知第二受益人的信息。转让证从设计之初就以限制转让行兑用、删改申请人信息等方式避免了申请人和第二受益人直接接触，转让证中也经常出现限制在某些单据中显示第二受益人信息、发票金额等内容的条款。然而，实务中仍不乏因转让行或开证行操作失误而将第二受益人信息泄露给申请人进而导致第一受益人利益严重受损的案例。这种情形下，作为中间商的第一受益人不仅会损失当笔业务的商业差价，更将有可能被实际的买方和卖方从交易链中踢出。本案中，第二受益人越过转让行和第一受益人直接交单给开证行，倘若开证行正常受理交单，则申请人百分之百会获得第二受益人的信息。如果第一受益人追究责任，固然第二受益人越过转让行直接交单过失在先，但倘若开证行未作出合理审慎的调查与处理，将很有可能难辞其咎。

本案中，开证行在面对第二受益人直接交单时，第一时间联系转让行进行确认，可谓迈出了关键一步，转让行也回复了肯定性的报文，但这份报文并未完全排除潜在风险。

转让行回复的报文，仅仅确认了转让行同意并授权第二受益人银行直接交单给开证行，但对第一受益人的态度只字未提。换言之，第一受益人是否同意，甚至是否知晓第二受益人越过自己直接交单，开证行不得而知。当然，不排除转让行在回复之前已取得了第一受益人同意或第一受益人早已知晓并同意第二受益人直接交单的可能性，但无论如何，开证行无法获知其中原委，从转让行回复的报文内容中也无法推断出更多信息。在这样的情况下，开证行受理这笔直接交单的风险仍然很高。

风险规避之三:积极沟通,明晰权责

根据上述分析,本案中摆在开证行面前的首要任务,就是取得转让行和第一受益人的书面确认,同意并授权开证行受理第二受益人的直接交单。

开证行向转让行发报确认时,应明确告知转让行其收到了第二受益人通过另一银行直接交来的单据,并注意援引交单行、交单金额、面函日期、第二受益人名称、发票号、提单号等关键信息。在内容中,应援引惯例条款,强调规范做法并陈述开证行发报要求确认的缘由,要求第一受益人确认其放弃此次交单在原可转让信用证下的权利,同时要求转让行和第一受益人确认授权第二受益人通过某银行直接交单给开证行,并声明开证行在得到上述确认后,将正常受理第二受益人的交单,同时不再对第一受益人承担任何责任。

由于暂未受理第二受益人的直接交单,开证行在联系转让行的同时有必要发报告知第二受益人银行暂未受理的原因,且应强调处理单据的五个银行工作日将从收到转让行的确认报文后起算。

三、 总结

实际业务中,经常会出现类似本案的各种突发、意外和非惯常状况。此时,处于旋涡中心的当事银行如果能在最短的时间内作出妥善的处理,往往就能在很大程度上保护银行自身和其客户的利益。具体而言,可从以下几个方面着手考虑。

自省。在遇到突发问题时,首先自省,察看自身操作有无漏洞和不规范之处。如有,应在下一步操作中首先做好"补洞"和"纠偏"工作,避免这种漏洞和不规范在后续的处理过程中被暴露和放大,进而导致主动变被动,有理变有责。同时,自省还包括重新审视自己的身份,明确自己的角色,在接下来的处理过程中始终站稳自己的立场。

审势。在自省之余,还应准确审查当前的情势,弄清问题的来龙去脉和背景原因,判断业务目前进行到哪个环节,梳理出现的各项问题并按轻重缓急排序,确定解决方案和处理顺序。对于特殊问题,还应慎重判断处理权责，避免越权。

度人。在做好自省和审势之后、着手处理问题之前，还应认真识别与自己过招的对手，判断对方的身份、诉求和立场，合理、准确地使用不同的措辞和表述，最大程度地提高解决方案的成效。

一言以蔽之，在处理任何棘手问题时，都应尽量规范自身的每一步操作，准确审查和研判当前形势，厘清当事各方的权责立场，谋定而后动，真正做到“卒然临之而不‘慌’，无故加之而不‘乱’”。

（作者：胡捷，交通银行国际结算中心）

转让证业务中转让行风险与防范

目前国际贸易实践中仍广泛使用转让证。转让证是中间商用来做转手买卖赚取差价而使用的，同时又防止买家与卖家直接成交订约泄漏商业秘密。银行在办理信用证转让业务时，往往加列类似条款“PAYMENT UNDER THIS TRANSFERRED CREDIT WILL BE EFFECTED BY US ONLY AFTER RECEIPT OF FUNDS FROM THE ORIGINAL CREDIT ISSUING BANK（在收到开证行付款后方向第二受益人付款）”。这个条款使办理信用证转让业务的银行（即转让行）自身不承担任何付款责任，而只是在收到开证行付款后才支付第二受益人的货款和第一受益人的差价，因此该条款对转让行是非常有利的。也因为有此条款的保护，转让行在转让证业务处理中往往存在误区，认为转让证业务对银行而言没有风险，跟D/P托收差不多。事实上，转让证业务在实践中遇到的问题层出不穷，这从历年国际商会（ICC）对有关转让证业务质疑的解答上可以得到验证，尤其是作为转让证业务处理中的关键角色，转让行面临的风险更大。本文将分析转让行所面临的各种风险，并提出防范措施，希望有助于银行全面、正确认识转让证业务的风险，提高风险防范意识，提升业务处理能力。

一、 转让行风险的主要特征

一是全面性。转让行面临的风险存在于转让行处理业务的各个环节中，涉及转让行业务处理过程和管理的方方面面。

二是人为性。转让行面临的风险绝大多数因人为因素引发，系有意或无意的人为操作失误。

三是隐蔽性。转让行面临的风险并不是即时产生的风险，而是在后续的业务处理环节或者其他当事人主张自己的权利的时候才发生。因此，风险发生的时候往往已经错过最佳的弥补问题的时机。

二、转让行风险分析

1. 转让行在处理信用证转让环节中的风险

（1）非被指定转让行办理转让

根据 UCP 600 第三十八条 b 款规定“转让行系指办理信用证转让的指定银行，或当信用证规定可在任一银行兑用时，指开证行特别如此授权并实际办理转让的银行”，故在转让信用证业务中，并非所有的银行都有资格成为转让行。但在实务中，受益人为了方便，往往要求非被指定银行转让信用证。一些非被指定银行为了争取业务，常会满足受益人的要求。ICC 银行委员会意见 R 246 中指出，未被授权的银行无权转让信用证，任何由未被授权的银行的转让将被视为无效。这就意味着开证行或申请人一旦发现提交的单据来自无权转让信用证的非被指定银行时可以拒付，或者当第一受益人未更换单据而直接提交第二受益人的单据时，开证行没有必然的付款责任。可见，非被指定转让行办理转让，将给当事人带来很大风险。

（2）超许可范围转开证

UCP 600 第三十八条 g 款规定了转让行在进行转让时只可以对原证中七项内容进行改动，分别是：信用证金额、规定的任何单价、信用证有效期、交单期限、最迟发运日或发运期间、投保比例以及申请人名称。除了上述七项以外，理论上其他所有条款都是不能改变的。同时，UCP 600 第三十八条 i 款规定了允许第一受益人替换单据的种类，即第一受益人只能通过替换第二受益人的发票和汇票（如有）来赚取自身发票与第二受益人发票之间的差价。上述两款规定保护了第一受益人的利益，使其能向进口商隐藏实际供货商的信息以及采购货物的真实价格。但在现实业务中，第一受益人在提请转让时经常会有超出 UCP 许可范围的要求，转让行如满足受益人的这种要求，那么它也将承担由此而产生的一切后果和风险。

2. 转让行在处理单据环节中的风险

(1) 单据误寄开证行

实务中较多存在第二受益人或银行误将单据直接寄开证行的情况，但类似误寄单据的情况也会发生在转让行身上。转让行误寄单据的风险较多存在于第二受益人直接向转让行交单，且第二受益人担保单据不符点的情况。因为转让证业务中两份信用证引用的是同一个信用证号，转让行又因受益人担保不符而未能认真审核，误将第二受益人的交单按照可转让信用证(即原证)进行业务处理，直接将第二受益人单据寄往开证行，这样操作的后果不仅使第一受益人丧失换单权利无法获得差价，而且泄漏了商业秘密，危及到第一受益人的中间商地位，将可能造成第一受益人无可挽回的损失。

(2) 不审核单据

如前所述，转让行仅在收到开证行付款后才向第二受益人支付，其自身并不承担任何付款责任，所以许多转让行仅仅充当开证行与受益人之间单据的传递者，而不审核单据。但 UCP 600 第三十八条第 i 款规定“如果第一受益人应提交其自己的发票和汇票(如有)，但却未能在第一次要求时照办；或第一受益人提交的发票导致了第二受益人的交单中本不存在的不符点，而其未能在第一次要求时修正，转让行有权将其从第二受益人处收到的单据照交开证行，并不再对第一受益人承担责任”。也就是说，当第一受益人替换单据这个环节出现问题时，转让行有权将第二受益人所交的单据直接提交开证行。这意味着转让行必须审单，因为只有审核单据后，转让行才能确定是该将第一受益人更换后的单据提交开证行抑或直接提交第二受益人交来的单据。因此转让行不审核单据的做法违背了 UCP 600 的规定，有可能会遭到第二受益人的索赔。

(3) 失去对第二受益人单据的掌控权

在转让行收到第二受益人单据，提示第一受益人换单的环节，有些转让行为省事，往往直接将第二受益人的全套单据交给第一受益人去换单。这样直接导致转让行失去对第二受益人单据的掌控权，假设第一受益人换单出现问题，转让行将可能存在无法按上面已引用过的 UCP 600 第三十八条第 i 款的规定把第二受益人的单据正常交至开证行的风险；假设第一受益人换单成功，但被第一受益人换下的应属于第二受益人的单据没有被转让行掌控，当提交给开证行的单据有不符遭其退单时，转让行就可能因缺少第二受益人的部分单据而陷于被动中。

3. 转让行在处理往来电文环节中的风险

前面已提到，转让行要面对三方当事人，所以转让行在业务处理过程中要承担更多的责任和义务，尤其在往来电文环节中。曾发生这样一个案例：

第二受益人通过其银行交单至转让行，转让行将第一受益人替换后的相符单据提交开证行，开证行来电称申请人已联系受益人（即第一受益人），要求重新提交新的汇票，金额减少至低于第二受益人提交的发票金额。转让行将开证行这份电文通知了其客户（第一受益人），第一受益人同意降价要求，转让行遂向开证行发电确认。后转让行收到款项，因金额远低于第二受益人索偿的金额，转让行迟迟未将款项付至第二受益人银行。第二受益人的银行从其客户处了解真相后，致电转让行要求其立即支付全额款项，否则立即退单（包括全套正本提单）。最后，转让行全额付款。

案例中的转让行在处理往来电文环节中没有履行相应的责任和义务，存在严重过错。在收到一份并非拒付的电文时，转让行既没有与开证行进行交涉，也没将电文通知第二受益人及其银行，而仅通知了第一受益人。转让行的行为，忽视了第二受益人及其银行的知情权，直接导致第二受益人未能获得款项，理应承担赔偿责任。

三、防范转让行风险的对策

从上述分析中可以发现，转让行在转让证业务处理中不规范、不谨慎，都将给自身及各方当事人带来风险。如何控制这些风险？笔者认为，转让行可以采取以下业务处理原则。

1. 确定是否具备转让行身份

办理转让业务的银行，必须首先确认是否是开证行指定转让的银行，即是否具备转让行的身份。因此，银行除审核信用证是否允许转让外，还要特别注意自身是否具备转让行资格。只有具备转让行资格，方能开出已转让信用证。否则，必须致电开证行获得其授权后方可办理信用证转让。

2. 慎重考虑自身的控制能力

转让行必须严格按照 UCP 600 第三十八条 g 款的要求审核转让申请，对于超出 UCP 允许范围的变动，转让行也并非绝对不可以接受，而是必须慎重考虑自己的控制能力。如果转让行可以确保不损害任何一方的利益，则可以在一定范围内突破 UCP 600 第三十八条 g 款的限制。例如，原证要求分两批发货，而第一受益人自己可以供应一批货，又不希望第二受益人知晓全部货物情况，那么其会要求在转让后的信用证中只显示需由第二受益人供给的货物，并把信用证条款改为不允许分批发货。这两项要求都不在 UCP 600 第三十八条 g 款允许范围内，但显然，这种改变既不影响第二受益人执行并支取信用证金额，在第一受益人换单失败或放弃换单时把第二受益人单据直接提交开证行也不影响开证行的任何利益。当然，对于超出 UCP 允许范围的变动，最为稳妥的做法是转让行要求开证行对第一受益人要求额外变更的部分给予授权，从而避免自身风险。

3. 谨慎审核严格控制单据

当转让行收到第二受益人提交的单据，无论它是由第二受益人自行提交，还是由银行代转，转让行都必须审核单据，确认其与转让后的信用证是否相符。如果确认相符，则通知第一受益人更换发票及汇票（如有）。然后，再通过审核确定第一受益人更换单据后是否出现不符点，进而确定提交哪些单据给开证行。同时，转让行必须注意，根据 UCP 600 第十四条 b 款，其向第二受益人或其交单方确认单据是否相符的时间不得超过收单次日起第五个工作日。更为重要的是无论如何不能失去对第二受益人单据的控制。此外，当转让行仅将第二受益人的单据提交开证行时，应附上转让后的信用证供开证行参考，并在面函上加以特别说明。

4. 切实履行告知义务

转让证业务当事人多，操作风险大。因此作为转让行，在业务处理过程中不仅要顾及第一受益人的利益，还要顾及第二受益人的利益，同时也要保护好自身利益。这就要求转让行在业务处理过程中切实履行对两方受益人的告知义务。

如在实际业务中，为了维护好客户关系，转让行难免发生违背 UCP 600 第三十八条规定进行业务处理的情况。如进行超范围转证，且转让行无法控制额外变更内容，则转让行应在转让后的信用证上加注此证超越 UCP 600 第三十八条 g 款规定，以此提示第二受益人此证存在的潜在风险，如第二受益人选择接受此条款，则由此产生的风险将转由第二受益人承担。又如转让行发现第二受益人单据存在不符点，且第一受益人的换单无法更正这些不符点，转让行应提示第二受益人或其交单银行，同时也应将不符点告知第一受益人，由其根据不符点的情况以及与进口商的关系，决定是否联系第二受益人修改单据。

另外，在第一受益人换单后，转让行提交给开证行期待付款的是两方受益人的单据，因此转让行收到开证行任何电文，都必须分别告知第一、第二受益人，让两方都能了解业务进展，如需对外回复，必须获得两方受益人的同意后才能对外回复开证行。

5. 加强业务案卷管理

转让证业务流程长、环节多，转让行加强业务案卷的管理是规避风险的有效方法。转让证业务案卷应与一般信用证案卷分开管理，设立转让证业务台账，跟踪转让业务处理的各个环节。同时，转让行办理原证转让后，应在原证上批注此证已转让以及转让号、转让金额等信息；在转让后的信用证上注明此证系某证的转让等信息；避免后续单据处理环节误寄单的风险。

总之，对于转让行而言，只有在深刻理解国际惯例的基础上规范操作、灵活掌握，才能既维护客户利益又合理地保护自己。

（作者：陆敏，交通银行国际结算中心）

谈谈那些“众说纷纭”的托收付款方式

托收是指出口商在装运货物后,出具债权凭证(汇票等单据),委托银行向进口商交付单据、收取货款的一种结算方式。托收涉及四个主要当事人,分别为出口商、进口商、托收行及代收行。托收属于纯粹商业信用,银行不承担付款责任,不承担单据审核责任,不承担货物物流、仓储、保险责任。托收作为重要的国际结算方式之一,主要适用于金额较小、买卖双方合作稳定的国际贸易中,托收相较于信用证简单便捷,但是对出口商而言风险较大。

在托收业务流程中,托收行根据出口商的委托,缮制托收面函并寄送相关单据至代收行,代收行收单后根据托收行的指示放单给进口商,收回款项。在托收结算中付款方式的选择是关键,这关乎单据交付和款项收回的时间点,不同的付款方式对买卖双方来说风险大不相同。常见的托收方式有两种,即期付款交单(简称 D/P 即期)和远期承兑交单(简称 D/A 远期)。对这两种常见的付款方式,URC 522 对各方当事人的责任规定比较明确、争议较少。本文我们主要谈谈那些不常见的、有争议的托收付款方式。

一、远期付款交单

远期付款交单(简称 D/P 远期),按照其字面意思不难理解,进口商在远期到期日付款,以取得单据。在较为规范的实务操作中,代收行收单后通知进口商到单,进口商审核单据承兑后,代收行对外发出承兑电文,并将全套单据留存代收行妥善保管,代收行在到期日前提示进口商到期付款,进口商在到期日付款后即可取得全套单据,办理提货事宜,操作流程图如下：

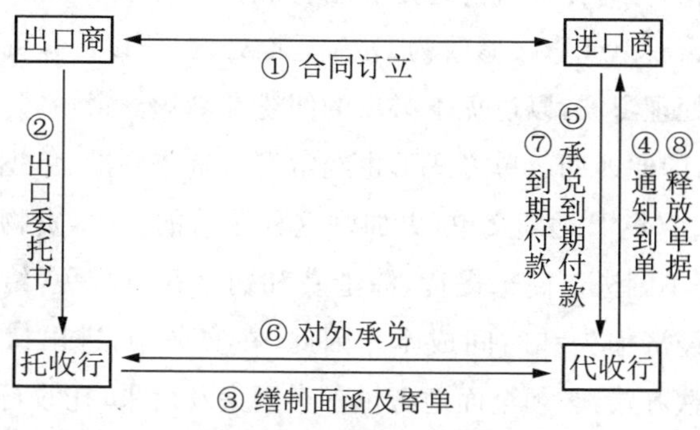

图 1-1　远期付款交单流程图

远期付款交单与即期付款交单相比较，其相同点是都以付款为条件取得单据，其不同点为付款时间和取得单据时间的不同，远期付款交单在单据到达代收行后，需先承诺到期付款，而后在到期日付款，才可取得单据。远期付款交单与远期承兑交单相比较，取得单据的方式和时间皆不同，远期承兑交单在进口商对远期汇票承兑后即可放单。三者相比较，能够发现 D/P 远期表面上是介于 D/P 即期和 D/A 远期之间的一种付款方式，似乎风险也介于这两种常见的付款方式中间，但实际中运用 D/P 远期这种付款方式，是否可以达到既缓解进口商资金负担，又保障出口商货物安全的双重效果呢？

笔者认为，若想要 D/P 远期这种付款方式达到上述效果，需同时满足三个条件：一是国际商会、各国法律和银行普遍认可 D/P 远期的操作流程如图 1-1 所示；二是代收行愿意接受 D/P 远期并代为保管单据；三是进出口商合理运用远期时间并熟悉卸货港货物规定。

在实务操作过程中，往往无法达到上述三个条件。首先，《国际商会托收统一规则》(URC 522) 中未明确 D/P 远期付款方式，并在 URC 522 第 11 条 c 规定“指示他方提供服务的一方，应受外国法律和惯例加诸被指示方的义务的约束，并对被指示方因履行该义务所承担的责任和费用负偿付之责”，因此国际商会对 D/P 远期付款方式的态度也是模棱两可的，条款之意重在保护代收行。其次，各国法律和各家银行确实对 D/P 远期持不同看法，欧洲多数国家，非洲、拉美、中东、南亚等国家不接受 D/P 远期，因此它们会与托收行沟通是否将付款方式修改为 D/P 即期或凭进口商付款承诺放单或直接修改为 D/A 远期处理，所以出口商需熟知各国法律和银行处理习惯，以避免不必要的纠纷和麻烦。最后，随着货运效率的不断提高，即便即期放单方式下也经常发生货先到港、单据后到的尴尬局面，若再来个 D/P 远期交单，更加剧这种矛盾的产生，货物早早抵达卸货港，迟迟等不到进口商来提货，滞港费和罚金在所难免，给贸易双方带来不必要的经济损失和时间成本。因此，在实务中，进出口商若想运用 D/P 远期付款方式，必须全面地考量各类因素及后果，托收行也要尽量规劝出口商采取更加安全的付款方式。

二、 凭信托收据借单

凭信托收据借单(简称 D/P・T/R)其实是 D/P 远期付款交单的一种变通方式，源自 D/P 远期下货物已到港而进口商无法提货的尴尬局面。在这种情况下，进口商往往会出具一份书面的信用担保文件，表示愿意以代收行受托人的身份代为办理提货、报关等手续，并承认货物所有权属于银行，进口商凭这份书面担保文件借取单据从而提取货物，操作流程图如下：

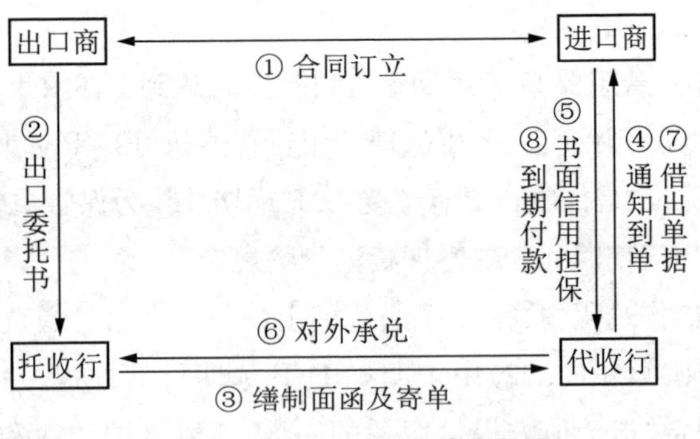

图 1-2 D/P・T/R 交单流程图

凭信托收据借单与远期付款交单相比较，唯一的差别就在于凭信托收据借单可以先拿单后付款，其流程有点类似于 D/A 远期的付款方式。

在实务中,D/P·T/R交单分两种情况:第一种情况是出口商授权代收行凭T/R放单给进口商,那么对于出口商而言,这种情况就和D/A远期的风险不相上下,一旦进口商没有按期偿还款项,后果将由出口商承担;第二种情况就是应进口商的请求,代收行自主决定凭T/R借单给进口商,在这种情况下,若出现进口商无法按期偿还款项的情况,款项将由代收行垫付给出口商,代收行承担相应后果。正常情况下,代收行自主凭进口商的书面信用担保借单的情况较为少见,代收行需多方位考察进口商的资质、还款能力等因素,对于规模较小、信用不佳的客户应谨慎办理,避免卷入不必要的纷争。

三、CAD付款交单

CAD其实并不是一种严格意义上规范的付款方式,CAD兴起于外贸人员的口头交流,却慢慢进入托收付款方式的队伍之中。在实务中,银行常常遇见一些客户,坚持使用CAD付款方式,银行也只能满足其需求。

CAD是一种简称,其全称在业界并不统一,多数观点认为CAD是CASH AGAINST DOCUMENTS的缩写,还有少数观点认为是CASH AGAINST DELIVERY的缩写,也有不少人认为CAD等同于D/P即期。下面让我们简单分析这几种观点。

首先多数观点认为CAD是CASH AGAINST DOCUMENTS的缩写,而这部分人的意见,又分为两种:一种认为是先交单后付款,另一种认为是先付款后拿单。若是前一种观点,就和T/T付款有点类似,只不过T/T是客户自己寄单,而CAD是通过银行寄单。若是后一种观点,取得单据的条件是支付款项,那么就有点类似于D/P即期了。其次,少数观点认为CAD是CASH AGAINST DELIVERY的缩写,即现金交货。如文章开端所述银行不负责物流仓储,本观点却将银行和交货牵扯起来,明显不太合理。最后,直接认为CAD就是D/P即期的看法,虽然把不明朗的CAD明确为常见的D/P AT SIGHT,操作上更可行,但实际可能脱离了进出口商的本意。综上所述,笔者认为CAD的定义太不明了,国际商会也从未对CAD有过明确的定义和规定,各国法律和银行的理解也不甚相同。因此，实务中我们不提倡使用如此不明确的付款方式，若出口商坚持使用CAD付款方式，银行需要明确告知出口商CAD付款方式的潜在风险，并根据出口商的实际贸易背景提出合理的替代付款方式，降低纠纷产生的可能性。

四、总结

在如今的国际贸易中，托收作为最主要的国际结算方式之一，虽然属于纯粹的商业信用，但却在很大程度上便利了进口商的货物买入，也在一定程度上保障了出口商的单据和款项。对于URC 522明确规定的付款方式，国际商会、各国法律和各银行都有比较统一的观点，可以有效地减少风险。但对于上述那些URC 522未明确规定的付款方式，各家众说纷纭，各国法律所支持的银行做法也不尽相同。

因此对于上述那些有争议的付款方式，作为不占优势的出口商应尽量避免使用，以防掉入进口商的陷阱中。在使用托收作为结算方式时，出口商除了考虑付款方式这一重要因素外，还需要在与进口商订立合同时细化各项规定，了解进口商所在国家的相关法律规定，在货物运输时有效控制货权，在选择代收行时慎重考虑银行资质，并且按需投保出口信用保险以降低风险，全面防控贸易风险。

（作者：付轶，交通银行国际结算中心）

2
运单风险探讨

运输单据作为反映货物流转的关键单据，在国际结算单证实务中具有重要地位，受到国际贸易各方当事人的广泛关注。尤其是兼具物权凭证属性的提单，因其直接关涉货物权属以及海上货物运输中各关系方的法律权责与义务，重要性与复杂性更加不言而喻。信用证惯例 UCP 和信用证国际标准银行实务 ISBP 用极大笔墨对运输单据的审核要求进行了具体规定，ICC 银行委员会历年的意见也提供了与这些运输单据相关的典型案例分析。

本部分精选 7 篇案例文章就运输单据相关风险进行分析，讨论了无人提货、无单放货、危险货物运输、运输单据审核等一系列与国际贸易运输实务息息相关的事项，以点带面启发业务实操层面的深度思考。

浅析目的港无人提货责任主体及其风险规避

2020年以来，新冠疫情在海外迅速蔓延，席卷全球，对我国的进出口贸易产生了较大的冲击，这种冲击不仅体现在贸易规模和增速的骤然下降，更体现在贸易风险的急剧提高。疫情最严重期间，多国主要港口塞港严重，目的港无人提货的情况频频出现。因此，针对疫情以来高发的目的港无人提货风险，本文试图以两则判例为依据，明确无人提货的责任主体，并为托运人规避相关风险提出合理的建议。

一、 疫情背景下无人提货的特征

疫情背景下，特定的防控环境使目前目的港无人提货现象具有不同于以往的鲜明特征。首先，以往目的港无人提货是小概率的个别现象，而疫情暴发后发生更为频繁、货量更大，涉及海运、空运领域；其次，以往无人提货多发生在局势混乱、经济和法律较为落后的地区，但此次发生在受疫情影响的各个国家，经济发达地区占有较大的比重。最后，以往无人提货发生的原因多样化，如贸易合同纠纷、运输合同纠纷、目的港政策法规变化等，但此次引发目的港无人提货的原因集中在清关延误和国外收货人资金链断裂这两方面。

二、 无人提货的相关主体

一票货物在国际运输过程中的相关主体有很多，例如承运人、托运人/出口商、收货人/进口商/中间商、货运代理人（一代、二代、无船承运人等）、仓储公司、内陆承运人、海关、检验检疫机构等。在涉及目的港无人提货的情形下，相关主体主要在收货人、承运人、货运代理和托运人四方，其中托运人是承担无人提货责任的关键主体。

（一）收货人

毋庸置疑，国外收货人是目的港无人提货风险和到付运费、集装箱超期使用费、堆存费等相关费用的主要责任主体，但当收货人拒绝提货时，往往也会拒绝承担相关费用，实务中收货人拒绝提货却承担目的港费用的情况是极少的，而考虑到涉外因素，承运人向收货人索赔也是比较困难的。

（二）承运人

承运人与托运人存在运输合同，合同起讫时间为承运人接受货物至收货人提取货物时，才算履约结束。如果收货人不提货，承运人无法收回相关费用，并且需垫付码头费、仓储费等目的港费用，那么就有权向货代主张，由货代向托运人主张并要求支付相关费用及损失。

（三）货运代理人

货运代理人不是运输合同的相关方，其与托运人之间的合同为“货物运输的委托订舱代理合同”，也就是说货代和托运人之间仅为订舱代理关系，不承担码头费等目的港费用之责，即使货代公司向承运人垫付了目的港费用，也可以向下一级货代或托运人索偿，当然前提是无人提货费用不是因货代的过错产生，货运代理人已尽到相关合同义务。

（四）托运人

收货人拒绝提货，承运人在向收货人索赔无果时，出口方作为托运人也需承担相应风险和法律责任，并且在此类案件中，绝大多数是由托运人向承运人赔偿无人提货的相关费用。笔者通过对现有法律、公约和相关判例的归纳，总结出托运人承担目的港无人提货责任的四条依据。

（1）《汉堡规则》第 17 条“托运人的保证”第 1 款规定：“托运人应视为已向承运人保证，由他提供列入提单的有关货物的品类、标志、件数、重量和数量项目正确无误。托运人必须赔偿承运人因为这些项目的不正确而导致的损失。”托运人作为运输合同的一方当事人，指定收货人，对收货人的真实存在以及能在目的港提取货物承担默示保证义务，且运输单证转让后其与承运人之间的运输合同关系并不当然终止。托运人对承运人、实际承运人所遭受的损失或者船舶所遭受的损失不负赔偿责任，但是，此种损失或者损坏是由托运人或者托运人的受雇人、代理人的过失造成的除外。

(2) 我国《合同法》第 65 条规定，当事人约定由第三人向债权人履行债务的，第三人不履行债务或者履行债务不符合约定，债务人应当向债权人承担违约责任。到付运费是承运人与托运人约定，运费由目的港收货人支付，该约定属合同当事人约定由第三人向债权人履行合同债务的条款，适用《合同法》此条规定。据此，当承运人无法向收货人收取到付运费时，托运人应承担支付运费的义务。同时，大陆法系和英美法系中多个国家的立法和判例表明，承运人有权向托运人追偿运费及其他费用的权利。

(3) 我国《海商法》第 88 条规定，承运人在目的港无人提货时可以申请法院拍卖所留置的货物用于清偿其债权，金额不足时有权向托运人追偿，这表明托运人应当对收货人不提货产生的相关费用承担赔偿责任。

(4) 司法实践中，也不乏将托运人作为目的港无人提货责任主体的规定。例如，上海市高级人民法院在《关于海上货物运输合同集装箱超期使用费纠纷案件审判实务的解答二》中指出：“在卸货港无人提取货物，客观上造成集装箱被长期占用甚至处于海关监管之下，无法投入正常周转的，可以列该托运人为被告。”

三、判例分析

(一) 判例一

2018 年 6 月，丹东鸿洋食品有限公司(以下简称“鸿洋公司”)与进口方 KARAVEKASIA 订立买卖冻鲭鱼合同[1]，贸易术语为 CIF，随后，鸿洋

1 参见：(2019)辽 72 民初 978 号《马士基航运有限公司与丹东鸿洋食品有限公司华扬国际物流大连有限公司海上通海水域货物运输合同纠纷一审民事判决书》。

公司委托华扬国际物流有限公司向马士基公司订舱，马士基公司签发提单，提单记载托运人为鸿洋公司，收货人为KARAVEKASIA，起运港为中国大连港，目的港为拉脱维亚里加港。2018年8月22日，货物到达目的港，9月11日，马士基公司邮件告知华扬公司，收货人尚未提取货物，同日华扬公司回复告知：鸿洋公司反馈已收到货款，贸易已经结束，不再参与目的港货权处理等事宜，如收货人弃货，马士基公司直接于目的港联系收货人处理，鸿洋公司拒绝退运，也拒绝承担退运费和目的港发生的费用。马士基将鸿洋公司和华扬公司诉至法院，要求两方连带承担无人提货产生的集装箱超期使用费及码头费用。

首先，我们来梳理一下本案中当事人之间的关系，CIF术语下，卖方鸿洋公司负责安排运输，其与华扬公司签订委托订舱合同，华扬公司代鸿洋公司与马士基订立海上货物运输合同，鸿洋公司是货物的实际托运人，同时也是运输合同的缔约托运人，而华扬公司仅为其货运代理，与鸿洋公司之间是委托代理合同关系，与马士基公司之间不存在海上货物运输合同关系。最终，根据上述所列我国《合同法》和《海商法》有关托运人承担目的港无人提货的法律依据，法院判决：鸿洋公司作为托运人，应当向承运人马士基公司赔偿因货物滞留目的港而造成的损失，驳回马士基公司对华扬公司的诉讼请求。

由此可见，托运人是承担目的港无人提货责任的关键主体，主要原因在于托运人与承运人之间存在海上货物运输合同，缔约托运人作为合同一方当事人，受到运输合同的约束，理应承担第三方收货人履约不能为承运人带来的损失。但是，托运人并不是无条件地承担赔偿承运人损失的责任，当托运人仅仅为交货托运人，不具有缔约托运人身份时，情况就大不相同了。交货托运人与承运人之间不存在合同关系，不是运输合同的当事人，不受承运人与缔约托运人之间运输合同的约束，缔约托运人在运输合同下负有的各项义务，并不能当然推及于交货托运人。FOB术语下，卖方常常受买方委托，将货交付给买方指定的货代，完成实际交货责任，而作为交货托运人的卖方只需对于货物交付有关的事项负责，如货物包装不良，提供货物品名、标志、包装或件数、重量、体积不正确，或者提供有关运输单证不及时、不完备或者不准确等。

综上所述，出口方是否要承担目的港无人提货责任，关键要区分出口方的身份是缔约托运人还是交货托运人，前者承担而后者不承担。从法律规定和司法实践来看，凡是出口方具有缔约托运人身份的，最终往往都要承担赔偿责任。

同时，法院的判决结果也印证了上述货运代理人无需承担目的港费用之责的观点。此案中，作为货运代理的华扬公司，严格按照委托人华鸿公司的指示办理托运事宜，并在收到马士基邮件称收货人拒绝提货时，第一时间联系托运人并及时将托运人指示转达给马士基公司，已尽到勤勉义务，不存在过错，因此无需承担目的港无人提货的费用损失。

明确了托运人和货运代理的责任后，那承运人是否可以免除一切责任，就目的港无人提货的全部费用向托运人索赔呢？我们再来看第二个案例。

（二）判例二

2013 年 9 月，宁波卓力电器公司（以下简称“卓力电器公司”）与西班牙法格公司（以下简称“法格公司”）签订买卖电熨斗合同（FOB 术语）[1]，合同规定：出具马士基提单，托运人为卓力电器公司，收货人为法格公司，起运港为宁波，卸货港为巴塞罗那。10 月上旬，出口商卓力电器公司如期交付货物，11 月中旬货物抵达目的港，承运人在获知法格公司破产保护无法提货 3 个月后提起诉讼，要求出口商承担货物被堆放而产生高额滞箱费 20 余万元人民币，法院审理后判定出口商仅承担滞箱费 5 万元。理由有二：其一，卓力电器公司 12 月初知晓法格公司申请破产保护无法提货，虽其随即询问马士基公司货物退运及费用事宜未得到答复，但其作为涉案货物的托运人，理应持续关注货物在目的港现状及后续处理事宜，及时对到港货物作出处理指示，避免在目的港产生高额费用。其二，马士基公司对较高目的港费用的产生存在过错，在货物到港无人提货后 3 个月才通知相关方，在托运人一直未能给出货物处理指示时，亦未采取有效减损措施。

从法院的判决可以看到，承运人对于目的港无人提货产生的相关费

1　参见：（2015）甬海法商初字第 397 号《P 穆勒-与卓力电器集团有限公司浙江中外运有限公司宁波明州分公司海上通海水域货物运输合同纠纷一审民事判决书》。

用，具有法定的减损义务。根据我国《合同法》规定："当事人一方违约后，对方应当采取适当措施防止损失的扩大；没有采取适当措施致使损失扩大的，不得就扩大的损失要求赔偿。"本案中，承运人未尽到上述义务，故对较高目的港费用的产生存在过错，也就没有权利就全部目的港费用向托运人索赔。

四、对托运人实施风险规避的建议

（一）选择合适的贸易术语

FOB术语由收货人派船接货，托运人只作为交货托运人，与承运人之间没有运输合同关系，交货托运人只有在成为运输合同载明的缔约收货人时，才会成为承运人所受损失的赔偿主体。CIF术语由出口商安排运输，托运人与承运人存在运输合同，需要承担无人提货的责任。

（二）优先采用凭指示(To Order)提单，避免用记名提单

如果收货人拒绝提货不可避免，相对来说，使用To Order提单可以使发货人更好地控制货物，且在无人提货时容易及时实施转卖或者退运等处置，避免相关费用的扩大。

（三）谨慎行事，尽到托运人告知义务和出口方交单义务

出口方作为缔约托运人在与承运人签订运输合同时，应当谨慎行事，要求向船公司申请足够长的免费用箱期限，如实申报收货人名称，并且应当在订舱单上标明该收货人，催促收货人尽快收货，杜绝因出口方过失导致无人提货风险的发生。如果实施转卖或者退运措施，一定要正式通知收货人，尽到告知义务。疫情期间，当纸质交单无法实现时，要积极与开证行取得联系，寻求电子、扫描、传真或电子邮件等替代交单安排，履行交单义务，为进口方提货创造条件。

（四）提高警惕，持续关注货物在目的港状态

对于疫情严重的高风险国家，持续关注目的国当前状态和政策，避免

收货人弃货导致钱货两空。以印度为例,印度法律允许进口商不付款不提货,关于退运的要求也极为苛刻,要求出口商凭原进口商提供的放弃货物证明、有关提货凭证及出口商要求退货函电委托船代理在付清港口仓储费、代理费等合理费用后才能办理退运手续,加之目前中印关系紧张,印度持续对中国商品发起直接或间接的"抵制"活动,使目的港无人提货的风险大大增加。因此,出口方应在交单发货前仔细对进口商资质及国别政策进行调查,争取拿到全款后再发货,以防止不良进口方以当地法律为由拒付货款、拒收货物。

(作者:马蕊,交通银行国际结算中心)

实证分析无单放货之风险防范[1]

无单放货，是指承运人未收到正本提单而实际交付承运货物的行为。根据无单放货行为是否依据托运人指示，以及承运人是否有过错，笔者将其分为善意的无单放货行为与非善意的无单放货行为。善意的无单放货行为包括两种情况：一种是提单承运人或其代理人在托运人或者提单持有人的指示下，电放或者直接放货给收货人的情况。另一种是在承运人无过错的情况下，比如货物到港之后托运人迟迟不对交付或处理作出指示，导致超过目的港规定的滞留期限，如不处理货物会对承运人造成损害等，承运人不得不实施的无单放货行为。

但实践中还大量存在另外一种情况，即非善意的无单放货行为，也就是本文所探讨的无单放货风险。具体而言，就是负责海上货物运输的承运人或者其代理人，在正本提单持有人指示缺失的情况下，基于各种非善意的原因予以放货，从而对提单持有人或者货方造成损害的行为。无论在国际贸易合同下，抑或海上货物运输合同下，出口商都将成为无单放货所导致的风险或者损害的直接承受方。在国际贸易合同下，无单放货可能会导致出口商钱货两空，而且由于国际贸易合同纠纷复杂，很难讨回公道；而在海上货物运输合同项下，出口商虽然可以依据海商法等法律，要求承运人等相关人员承担无单放货的法律责任，但其本身亦不可避免地要承担各种诉讼风险。

现在国内有关无单放货问题的研究大多集中在无单放货法律制度的建立上，试图明确的是海上货物运输合同双方的权利义务，试图规范的是无单放货发生后举证责任的安排等等。但法律永远是滞后的。对出口商

1 本文发表于2015年7月1日《中国外汇》2015年第13期。

来说,法律规范不过是实际损害已经发生而寻求的救济途径而已。本文通过对2014年至2015年两年间我国法院相关案件判决书的整理分析,归纳出无单放货经常出现的风险点,并通过对典型案件的重点介绍,对出口商如何防范这些无单放货风险点提出建议。

一、无单放货风险的防范

(一)因承运人身份不明确导致的无单放货风险的防范

无单放货的违约责任是由承运人承担的。所谓"承运人",根据我国《海商法》是指本人或者委托他人以本人名义与托运人订立海上货物运输合同的人。所以出口方作为正本提单持有人,一定要弄清楚,其货物是否由承运人接管,其是否在与承运人签订海上货物运输合同。实践中,许多出口商误将货代视为承运人,或者缺乏识别承运人身份的意识,从而导致交付货物后,丧失了货物的控制权。这不但易引发无单放货的风险,而且在后续无单放货纠纷诉诸法庭后,还会因诉讼主体不适格而导致败诉的风险。

在广州海事法院审理的珠海联进贸易有限公司诉利斯国际货物运输代理(上海)有限公司一案[(2014)广海法初字第87号]中,联进作为出口商,要将一批货物运往摩洛哥,并委托利斯办理货物出口运输,而货物的实际承运人是另一家公司,后货物被无单放货。法院判决认为:利斯仅仅代表承运人收取了涉案货物在起运港的操作费用,并未以自己的名义承接涉案货物的运输,也未以承运人身份签发过正本提单;而原告最终选择不领取正本提单而采取电放形式后,也无证据证明利斯是接收电放指令的义务人。法院据此认定利斯与联进不存在海上货物运输合同关系。

笔者认为,该案中联进败诉的主要风险点在于对承运人身份识别的疏忽。在办理海上货物运输事宜时,利斯提供给联进用于联络运输的邮件地址,以及后来利斯提供给联进的提单副本上,均已清楚地显示实际承运人的公司名称,但联进仍坚信是在同利斯洽谈订立运输合同以及后续履行等事宜,而利斯却完全为局外人。

类似出口商误解承运人身份的案件,还有最高人民法院裁定的安徽欧力电器有限公司诉旅运国际货运代理(深圳有限公司)、旅航物流有限公司海上货物运输合同案[(2011)民申字第177号]。该案中,欧力联系旅运为其办理运输事宜后,就坚定地认为旅运就是承运人,却忽视了很多细节都表明旅航才是真正的承运人。在这类情况下,出口商很容易陷入的一个误区,就是认为与之联系办理货物运输事宜的就是承运人。但实践中,其既可能是出口商的代理人,也可能是实际承运人的代理人,甚至可能像利斯案中一样,仅仅是中间人。

对出口商来说,要正确识别真正的承运人,有时也非易事。比如在山东省高院改判的青岛正天宇食品诉浦东国际货代一案[(2014)鲁民四终字第74号]中,浦东货代向正天宇签发了正本提单。虽然提单上表明其为承运人代理人,但青岛海事法院在一审判决中认为:"在浦东货代不能证明提单抬头所示承运人美国浦东公司合法存在且其已经取得美国浦东公司有效授权签发提单的情况下,浦东货代应作为承运人向正天宇公司承担无正本提单放货的民事责任。"而山东省高院在改判时则认为:"正天宇公司即使向浦东货代订舱,浦东货代作为美国浦东公司的代理人向正天宇签发提单,并无不当,其签发的是美国浦东公司的提单,该提单在中华人民共和国交通部备案。"出口商最终败诉。但无论怎样,厘清海上货物运输合同关系是认定是否存在无单放货责任的前提,如果出口商一开始在承运人身份确认上就存在过错,只能是师出无名。

承运人身份的认定,重要的不在于事后补救——关系着无单放货纠纷发生后能否胜诉,而在于事前防范——如果出口商不知道实际承运人的资质、信誉,会大大增加无单放货风险发生的概率。尤其在FOB合同下,进口商指定货代安排运输,可能选择的是出口商不熟悉也不了解资质的承运人,而如果承运人操作不规范,甚至与进口商沆瀣串通,无单放货就在所难免。因此,笔者认为,出口商防范无单放货风险的前提是要确保与自己订立海上货物运输合同的是具有相应资质的承运人,以将货物的控制权牢牢掌握在自己手中。

(二)进口地法律或者强制性法规导致的无单放货风险的防范

国际贸易中,国内出口商将货物交付海上运输运往另一国时,如果不了解进口地的法律规定，不熟悉卸货港的实际操作方法，或不知道船公司或者承运人对因目的港海关放货政策而造成的损失可以免责，也会面临很大风险。

比如巴西海关自2013年5月6日起执行的第“1.356/2013”号令就规定，进口商、收货人提货时不再需要向海关、码头交付正本提单，也就是说即使出口商仍持有全套正本提单，收货人或者进口商也能够在巴西无单提货。而有相似无单放货规定的国家不仅仅巴西一个，部分中美洲国家（如尼加拉瓜、危地马拉、洪都拉斯、萨尔瓦多、哥斯达黎加、多米尼加、委内瑞拉）海关对于进口货物也都实行单方放货政策，即由海关决定是否放货给收货人，而不是船东。

在上海市高级人民法院审理的上海展利箱包诉上海德澜国际物流有限公司一案[（2014）沪高民四（海）终字第171号]中，涉案货物即被巴西桑多斯海关认定为“被遗弃货物”，由海关根据巴西桑多斯第6759/09号法令进行了封存。法院认定承运人无过错，无需承担无单放货的责任。再如上海市高级人民法院审理的地中海航运公司诉黄山一品茶案件[（2014）沪高民四（海）终字第83号]中，地中海货运辩称，其无单放货系根据目的港法院的命令将涉案货物交由当地渔业与航运部对外交付[根据目的港（毛里塔尼亚）法律，承运人需要向当地渔业与航运部门强制交货]。无论最终付诸诉讼时，承运人能否为其抗辩举证，但是此类无单放货的风险真实存在。

类似于上述根据当地法规可以不凭正本提货，记名提单也可以不凭正本提单，仅凭收货人身份提货。如在上海海事法院审理的全胜国际投资有限公司诉上海沂蒙洋物流有限公司一案[（2014）沪海法商初字第962号]中，承运人就是根据南非的法律，将货物直接交付给记名提单下载明的收货人。再如我国最高法院曾经审理的美国总统轮船公司诉菲达电器再审一案中，最高院适用美国《联邦提单法》，最终判决承运人对记名提单的无单放货无须承担法律责任。

这种因卸货港国家法律规定导致的无单放货风险，笔者认为出口商予以应对的最好方法是防患于未然，做好事先防范措施。首先，做好尽职调查，充分了解货物进口地或者卸货港是否有相关法规，是否存在潜在的无单放货风险隐患;如发现有类似规定,建议出口商采用先付款后发货等结算方式,以规避风险。其次,尽量避免使用记名提单。第三,出口商要对出口到这些国家的交易对手进行详细、充分的资信调查,以防止货物在卸货港被无单放货而又收不回货款的情况发生,最大限度地降低自己钱货两空的风险。

(三)因代理人选择不当导致的无单放货风险的防范

订立海上货物运输合同的托运人与承运人,往往并不是自己实际履约,而是由其代理人在其授权范围内,代为行使权利义务。因此,如果代理人选择不当,也可能导致无单放货风险的发生。

其一,出口商的货代在没有得到货方指示的情况下,就直接指示承运人无单放货。对于承运人来说,货方代理人是有权发送指示的,即便代理人的指示超出了其委托人的授权范围,承运人也能依据表见代理规则作为善意第三人来抗辩。此时作为出口商的托运人有苦也说不出,只能去应对诉讼。

如在福建省高级人民法院审理的中荷(上海)货运代理有限公司诉泉州海日星工艺美术有限公司上诉案[(2014)闽民终字第621号]中,中荷货代是出口方海日星公司的货物代理人,其在没有收到海日星电放保函的情况下,就直接指示承运人电放货物,并对海日星公司隐瞒了货物已被电放的情况,使货方陷入了极为被动的境地。

对此,笔者有以下三点建议:第一,按照了解交易对手的原则,对每一笔国际贸易,出口商都应像选择盟友一样去选择己方货物代理人,不能让不诚信的企业钻了空子,使盟友变敌人。第二,不要过于依赖自己的货物代理。比如上述海日星案例中,当货方了解到货物已被滞留在卸货港时,就应该主动联系承运人了解情况,而不是一味依靠自己的代理人。这样可能会更加主动。第三,当意识到货物可能会出现滞期滞港的情况时,应该注意留存证据,如托运单、费用确认书以及能够证明事实与意图的往来电子邮件等,做到未雨绸缪。海日星一案中,货方最终获得胜诉,证据留存得当是重要的原因。

其二,船舶代理人擅自无单放货。同上一种情况相比,出口商对船舶代理人的行为更加难以控制。船舶代理人一般在进口商所在地，有的甚至与进口商关系较深，此时出现无单放货的风险可能性很大。如在超特晶电子科技有限公司诉深圳外代国际货运有限公司一案[（2014）广海法初字第1066号]中，就发生了承运人船舶代理人在没有托运方与船方的指示下就私自放货，直接签发小提单给进口商提货的情况。如果船舶代理人同时也是报关代理人，还可能使用虚假提单和文件报关，协助收货人无单提货。

笔者认为，应对船舶代理人无单放货风险最重要的途径是要寻找资信靠得住的承运人来办理海运事项；同时，在签订的海上货物运输合同中，要约定好承运人对无单放货的赔偿责任范围，包括承运人应对其在卸货港的船舶代理人的行为负责等规避风险的内容。

二、 防范无单放货纠纷诉讼风险

涉及海上运输的国际出口贸易中，出口商应做好充足预防措施防止非善意的无单放货风险发生。但是百密总有一疏，无单放货可能还会因为各种原因发生。这时出口商可能要通过诉讼等渠道来寻求损失赔偿。但有关无单放货的海上货物运输合同诉讼，对出口商来说有很大的诉讼风险。从笔者整理的84件案例来看，只有30%左右是出口商胜诉，其他大部分案例虽然也因无单放货造成了出口方的损害，但出于各种原因，均为出口方败诉。下面笔者列举几条对出口商来说常见的诉讼风险，并提出相应的事前防范措施。

一是时效问题。根据《中华人民共和国民法典》规定，时效是向人民法院请求保护民事权利的诉讼期间，从权利人知道或者应当知道权利受到损害及义务人之日起计算，根据我国《海商法》第二百五十七条规定，就海上货物运输向承运人要求赔偿的请求权，时效期间为一年，自承运人交付或者应当交付货物之日起计算。也就是说出口商要保证在知道或者应当知道承运人已经实施了无单放货行为起一年内主张自己的权利，否则即丧失诉讼权。

在港捷国际货运上诉山西杏花村国际贸易有限公司一案[（2013）民

提字第 5 号]中，最高院最终认定了杏花村公司的起诉超过了诉讼时效，从而撤销了湖北省高级法院与武汉海事法院的判决，改判杏花村公司败诉。这表明，诉讼时效是个很重要的实体法问题，出口商必须予以重视。一旦知道了无单放货事实已经发生，出口商首先就要考虑诉讼时效，以防止像上述案例的杏花村公司因与承运人的沟通牵扯而耽误了诉讼时效的情况发生。届时，即便有再多有利证据，也不可能胜诉。

二是管辖权与准据法适用问题。管辖权是指哪家法院可以对纠纷行使审判权，准据法是指法院在审理涉外案件时适用的法律。国际出口贸易项下的货物运输，进口商与卸货港在境外，属于含有涉外因素的纠纷，当事人可以协议选择管辖法院，只要该法院与纠纷符合最密切联系原则，也可以依据意思自治原则，协议选择准据法。所以出口商在与承运人或其代理人签订海上货物运输合同时，一定要有选择管辖法院与准据法的意识。当然对出口商比较有利的是选择本国法院管辖，适用本国法律进行诉讼。否则可能导致发生问题时费时耗力的去另一国家参加诉讼。需要注意的是，在一般提单背面的格式条款中，会约定管辖法院与准据法。如在欧利电器诉奥美泛亚国际案件[(2014)广海法初字第 285 号]中，虽然双方在订立海上货物运输合同时并未选择管辖法院，但由于提单背面条款中默认由中国香港法院管辖，出口方作为原告只能承担因承运人管辖权异议而带来的诉讼风险。

管辖权的选择直接导致的结果是适用法律的不同，比如上文提到的对于记名提单能否无单放货的问题。根据我国法律，记名提单的不可转让性不影响记名提单所具有的提单特性，仍应坚持凭单放货；但如果适用美国法律审判，可能会导致相反的结果。

三是举证不利。无单放货纠纷，对出口商来说，另一个挑战在于举证。一方面涉案货物已经在境外，所涉及的取证问题会变得异常复杂；另一方面，如果疏忽大意，对证据留存不当，也会导致诉诸法庭时举证不利。

根据多件法院判决来看，货方作为原告诉称被告无单放货的证据，一般是凭涉案货物集装箱的流转信息和海关查询信息，来证明集装箱已经离开目的港港区，空箱投入其他运输使用；或者集装箱信息查询不到，以此推断货物被无单放货。但大多法院一般只将此种情形认定为初步证据，并会听取承运人的抗辩意见。此时如果承运人有证据表明，货物还在货方的支配范围下，比如海关货物报告，码头货物报告，卸货港口公证员到仓库清点，查验货物的公证文件等等，法官可能认定无单放货事实不能成立。如在江阴岚富诉上海浦东货运一案[(2014)沪高民四(海)终字第44号]中，法官认为："货物在拼箱出运的情况下，目的港的拆箱行为符合航运管理，且EDS公司是涉案提单载明的通知方及美国国内运输段指示方，货物运抵目的港之后由EDS公司负责安排美国国内运输，故涉案货物被拆箱和清关的事实不足以证明涉案货物已交付收货人。"

除非货方能提供有力的证据来推翻承运人的证据，如像货方直接拥有收货人发给货方的证据，证明收货人确实在没有提单的情况下提取了货物，并且仍有款项未付，否则可能覆水难收。所以对于货方来说，在比较复杂的情况下，一定要弄清楚既成事实，掌握足够的证据，才能有胜诉的希望。

（作者：宋莉，交通银行国际结算中心）

聚焦危险货物海上运输[1]

2018年3月，“马士基浩南”轮（Maersk Honam）发生严重火灾，引发外贸界广泛关注。“马士基浩南”轮建于2017年，本次航运装载有7 860个集装箱，该船本身造价即达1.22亿美元。业界多有猜测，认为这起事故可能源于易燃危险品的瞒报漏报。

一、与危险货物海上运输有关的关键问题

问题1：若打算运输危险货物，托运人是否必须告知船方？

回答是必须告知。无论海上运输国际公约还是海商法，均对危险货物的托运作出了规定。根据《海牙规则》第四条规定，“承运人、船长或承运人的代理人对于事先不知性质而装载的具有易燃、爆炸或危险性的货物，可在卸货前的任何时候将其卸在任何地点，或将其销毁，或使之无害，而不予赔偿；该项货物的托运人，应对由于装载该项货物而直接或间接引起的一切损害或费用负责”；根据《汉堡规则》第十三条的规定，“托运人必须以适当的方式在危险货物上加上危险的标志或标签。当托运人将危险货物交给承运人或实际承运人时，托运人必须告知货物的危险性，必要时还要告知应采取的预防措施。如果托运人没有这样做，而且该承运人或实际承运人又未从其他方面得知货物的危险特性，则：(a)托运人对承运人和任何实际承运人因载运这种货物而造成的损失负赔偿责任，并且，(b)根据情况需要，可以随时将货物卸下，销毁或使之无害，而不予赔偿”。《中华人民共和国海商法》第六十八条对此也有类似规定：“托运人

1 本文发表于2018年9月1日《中国外汇》2018年第17期。

托运危险货物，应当依照有关海上危险货物运输的规定，妥善包装，作出危险品标志和标签，并将其正式名称和性质以及应当采取的预防危害措施书面通知承运人；托运人未通知或者通知有误的，承运人可以在任何时间、任何地点根据情况需要将货物卸下、销毁或者使之不能为害，而不负赔偿责任。托运人对承运人因运输此类货物所受到的损害，应当负赔偿责任。”

问题2：之前是否因危险物品的瞒报、漏报，发生过重大损失事故？

此类情况确有不少。实际上，只要涉及船损、货损，损失金额都少不了。2016年，中国最高人民法院在对JTY公司（发货方）与Hapag-Lloyd公司纠纷案[（2016）最高法民申1271号]裁决中，认定发货方向船方提交的《危险品申请》中仅在备注中对托运物CELLCOMA80的联合国危险货物编号进行了披露，属于未履行“将其正式名称和性质以及应当采取的预防危害措施书面通知承运人”的法定义务。而鉴于涉案货物与火灾的发生具有直接关联，故判决发货方需对船方所遭受的损失承担连带赔偿责任，包括船舶赔偿款、处理受损集装箱和货物的费用，以及火灾检验费等，共计4 934 492.13元人民币。香港国际仲裁中心名誉主席、波罗的海国际海事公会文件委员会副主席杨良宜先生在其《提单与其他付运单证》一书中也指出，国际上装有危险品的集装箱在运输过程中发生爆炸令整个船舶与其他货物造成全损或严重事故的案例数不胜数。书中例举了“Hanjin Pennsylvania”轮因发货方未全面宣告货物的危险性而造成船货全损的案件，索赔金额据称在1亿美元以上。

实务中，危险货物的发货方，有时会存在侥幸心理，或因为怕麻烦、不够重视，或为了减少费用支出，瞒报、漏报危险货品。殊不知一旦出现事故，其所造成的损失往往是难以想象的。在日常业务交流中，有外贸单证制单人员甚至认为，在提单上显示“危险货物（dangerous cargo）”会造成单据的瑕疵，导致收汇困难。提出这个问题的背景，通常是信用证下的出口交单，因为电汇及托收下是商业信用，并没有依据信用证的单据审核环节。这带来了下面我们可以讨论的第三个问题。

问题 3:提单显示"危险货物",是否会造成信用证下单据的瑕疵?

回答是不会,除非信用证规定不可显示,或提交的单据中显示了与之相矛盾的信息。担心提单瑕疵,是担心显示"危险货物"会让提单变成"不清洁"提单(unclean B/L)。实际上大可不必有此顾虑。因为《跟单信用证统一惯例》(UCP 600)对要求提交的清洁运输单据所做的定义是"未载有明确宣称货物或包装有缺陷的条款或批注的运输单据",而"危险"是货物属性的一部分,并非货物或包装的缺陷。此外,根据 UCP 600 第十四条 d 款关于银行审单标准的规定,"单据中内容的描述不必与信用证、信用证对该项单据的描述以及国际标准银行实务完全一致,但不得与该项单据中的内容、其他规定的单据或信用证相冲突",因此,即使信用证未提及提单可以显示"危险货物"字样,发货方依然可以根据实际情况,通知船方作出必要的危险提示,并且将需要提示的货物信息正常显示在提单上。

若自身货品非危险品,而是与危险货物上了同条船,不幸遇到灾害,此时则带来第四个问题。

问题 4:装运了危险货物的船舶发生损失,采用 FOB 与 CIF 哪种价格术语更能得到保障?

该问题不能一概而论。FOB 与 CIF 价格术语下,风险均在货物在装运港装上船时转移给了买方,卖方更需要关注的是自己有无严格履行职责(例如 CIF 下有无投保),买方会否因为货损而无理拒付;而买方更需要关注的是,自己是否已成为被保险对象(例如 CIF 空白背书下的保单是否已由投保人背书、FOB 下自身有无投保),产生的货损是否在保险范围内,以及相关责任人(例如保险公司,有时则是未尽到应尽责任的托运人或船公司)是否有赔付能力。根据《国际贸易术语通则》(INCOTERMS® 2010),FOB 与 CIF 的风险转移点均为货物在装运港装上船时,即卖方承担货物在装运港装上船为止的风险,买方承担货物在装运港装上船后的风险。两种价格术语在投保方面的区别在于:FOB 下由买方投保,CIF 下由卖方投保。需要注意的是,INCOTERMS® 2010 在 CIF 下对投保险别的规定是:"该保险需至少符合 ICC(C)或类似条款的最低险别。……当买方要求,且能够提供卖方所需的信息时,卖方应办理任何附加险别,由买方承担费用。”因此，若投保的险别未能覆盖货损范围，则面对巨额货损只能望之兴叹了。

若采用信用证结算，在FOB价格术语下，通常会要求信用证的受益人(通常为卖方)向信用证的申请人(通常为买方)提前发送装船通知(shipping advice)，以便买家可以及时投保；而在CIF价格术语下，则通常要求受益人提交保险单据，证明卖方已经对货物进行了投保，且索赔权利可转移给买方。但有时信用证也会规定保险单据由卖方另行寄送给买方。在托收及电汇结算的情况下，卖方也有可能因为保险单据非货权凭证，选择由自己另行寄送甚至干脆不寄送(心存侥幸，不投保或是少投保)。后一种情况实际上风险很大，一旦产生货损，买方极有可能因为卖方的行为瑕疵而拒绝支付货款。

二、实务启示

在国际结算业务实践中，无论是基于商业信用的电汇与托收，还是基于银行信用的信用证，似乎都将银行与基础贸易区隔开；然而实际上，银行基于维护客户关系、推动贸易融资的考虑，完全可以从自身专业角度出发，对客户给予适当的提示。

首先，危险货品存在许多变数，发货方在运输前应当切实做到提前申报。发货方在运输前明确告知船方其托运的货物涉及危险品是十分必要的，因为这是海运公约及法律法规所规定的托运人应尽的义务。事先告知船方，才能帮助船方做好事先判断，是否能安全运输货物而不造成重大货损、船损，甚至人员伤亡。若故意瞒报、漏报，带来的不仅仅是金钱的损失，甚至要承担法律责任。

其次，若“危险货品”无瑕疵，则可以在货运提单上体现。部分客户对信用证下单据的处理经验不足，对于提单上显示“危险货品”心存顾虑，实则大可不必担心。“危险”是货物的自然属性而非缺陷，只要确保提单上显示的“危险货品”未与其他单据以及提单本身上的信息矛盾，且信用证未禁止显示“危险货品”字样，则提单按货物的属性正常显示，完全不会造成单据上的瑕疵。若是信用证作出了不符合货物本身属性的规定，出口方则应及时与进口方协商,联系开证行对信用证进行修改。

最后,应对海上运输,交易方不可抱侥幸心理,妥善安排保险事宜才能最大程度缓释风险。通常而言,国际贸易较之国内交易耗时更长,途中产生的变数更多。货运保险是国际贸易中不应缺少的环节。在信用证结算条件下,若价格术语为 FOB,可规定好受益人应在装船日起若干个工作日内将装船信息通知给申请人,并将装船通知副本作为信用证下要求提交的单据,以便申请人可以及时对货物投保;若价格术语为 CIF,则在保险单据条款中应明确投保险别,以免产生投保范围覆盖不足的风险。此外,即使 CIF 价格术语下买卖双方约定好保险单据在信用证外寄送,开立信用证时也建议额外加一条受益人单据条款,要求受益人证明保险单据已寄给申请人,从而明确保险单据的去向。

国际贸易市场风云变幻,洽谈、运输、结算环节处处暗礁。作为银行国际结算从业人员,应当进一步开拓自身视野,多多涉猎海运、保险相关领域知识,提高自身的专业能力,以更好地为客户国际贸易业务的顺利开展保驾护航。

(作者:刘婷,交通银行国际结算中心)

信用证下提单港口栏位的审核标准[1]

港口作为海上交通运输的枢纽，是所有海上货物贸易运输必经的中转地，也是提单中必填的重要栏位。在国际结算信用证下交单中，有关提单港口栏位的填写看似简单，但实务中可能会出现各种情况，导致单证项下港口填写不符，进而引发争议，本文搜集了实务中涉及提单港口的典型案例，并通过逐一分析的方式来梳理一下提单中港口栏位的审核标准。

案例一

信用证规定：44E：NINGBO，CHINA，44F：ANY OCEAN PACIFIC MEXICAN PORT，44B：MEXICO CITY AND/OR HUEHUETOCA，46A：单据条款中要求提交提单，47A：非单据条款中规定 AS PER AGREEMENT BETWEEN APPLICANT AND BENEFICIARY WE ARE REQUIRING FINAL DESTINATION NOTWITHSTANDING TRADE TERM FOB。

受益人提交的提单显示：装货港：NINGBO，卸货港：LAZARO CARDENAS，MEXICO（拉萨罗卡德纳斯港），目的地：LAZARO CARDENAS，MEXICO（同卸货港）。后开证行拒付称：提单显示的目的地与信用证不一致。

分析：本案中开证行所提不符点能否成立要考量两个因素。第一，信用证规定了目的地，提单是否一定需要显示目的地？第二，提单中目的地

1　本文发表于 2019 年 7 月 1 日《中国外汇》2019 年第 13 期。

显示了与卸货港相同的港口，能否满足 MEXICO CITY 的要求？

首先，根据 UCP 600 第二十条规定，提单要表明货物从信用证规定的装货港发运至卸货港，提单实际上只需要填写装卸货港口，无需填写目的地。但是本案中信用证 47A 条款中已明确说明，尽管贸易术语是 FOB，但是需填写目的地。所以提单应当显示与信用证规定相同的目的地。其次，本案信用证对目的地规定的是 MEXICO CITY 而非 MEXICAN CITY，即提单的目的地栏位，信用证本意应为确定的城市"墨西哥市"，而实际提交的提单显示的最终目的地是"LAZARO CARDENAS，MEXICO"（拉萨罗卡德纳斯港）不能满足要求。值得注意的是，如果信用证中的目的地规定的是 MEXICAN CITY，则该提单显示任一墨西哥城市都应视为满足要求。

案例二

信用证规定装货港为捷克，但捷克属于内陆国家没有港口，通知行发报请求开证行改证，但开证行未回复。后受益人急于发货，并提交提单显示捷克为收货地，装货港为德国汉堡港口，后因装货港不符被开证行拒付。

分析：本案中，如仅从单证表面相符的要求来看，开证行的拒付应是成立的。但本案中信用证自身的逻辑却是错误的，因为内陆国家没有港口，故受益人无法满足其对装货港要求，即无法根据信用证要求做到单证相符，而开证行因自身开证矛盾却拒付单据显然是不合理的。但国际商会仍认为，通知行仅告知开证行信用证港口条款无法满足，却没有坚持要求开证行修改，或者建议受益人等待信用证修改后再交单，这一行为不足以对抗开证行的拒付，受益人应当承担明知不符却仍然交单的风险。

所以从通知行及受益人角度来说，收到信用证后，如发现有无法满足的信用证条款，应坚持寻求开证行改证，建议受益人在收到相应的信用证修改后再交单，以保护自身权益。

案例三

信用证规定：44E：ANY PORT OF CHINA BY VESSEL，44F：ANY PORT OF TURKEY，提单中显示：装货港：TIANJN，CHINA，卸货港：IZMIT KORFEZI，开证行拒付称，+ PORT OF DISCHARGE ON THE B/L NOT A SPECIFIC PORT.（IZMIT KORFEZI IS REGION，NOT A SPECIFIC PORT）（提单显示的卸货港非具体港口，IZMIT KORFEZI为一个区域范围而非具体港口），后交单行反驳称：IZMIT KORFEZI既是城市又是土耳其港口，满足信用证要求，但开证行又回复称，IZMIT KORFEZI属于一个地区，包括许多港口。

分析：相比于前两个案例，本案的争议焦点更为焦灼。涉及一个问题，即地理范围的确定与单据表面相符的关系。

在反驳开证行的拒付电文时，交单行列举了两点理由：

第一点，根据R 704/TA 628rev国际商会意见，“PORT AT ×× CITY”不代表一个地理区域或是港口范围，即“×× CITY”（本案中为IZMIT KORFEZI）作为提单上的卸货港名称可代表一个具体且实际的港口名称。第二点，根据UCP 600第十四条a款，银行仅基于单据本身确定是否在表面上是否构成不符，而提单上的IZMIT KORFEZI符合UCP 600和信用证条款。

以上理由其实已经能很好地表达国际商会对这一问题的态度，即银行单证人员无需精通地理知识，对于不能一目了然知晓，或者像本文中案例一一样，通过语法即能确定相符的地理范围，应该更倾向于表面认定相符即可。

案例四

信用证规定：44E：QINGDAO SEAPORT，CHINA，44F：CHENNAI SEAPORT，INDIA，44B：BANGALORE，INDIA，提交的提单上显示PORT OF LOADING：QINGDAO CHINA，PORT OF DISCHARGE：

CHENNAI SEAPORT INDIA, PLACE OF DELIVERY: CHENNAI SEAPORT INDIA,但在提单正文栏位标注:"THE FINAL DESTINATION IS BANGALORE, INDIA."开证行拒付称:提单显示的目的地与信用证不同。但交单行引用 ISBP 745 第 D12 段予以反驳,认为批注已经显示了最终目的地。

分析:本案与案例一有着相似情况,即都是对最终目的地是否标注正确的争议,但交单行的反驳理由有些问题。需要注意的是,ISBP 745 第 D12 段仅允许在信用证规定的"卸货港"被写在目的地栏位的情况下可以通过批注来纠正,但没有将同样的允许扩展至信用证规定的"目的地"。故我们从中推出其隐含之意在于,该条规定并没有赋予提单正文批注内容大于栏位内容的效力,或者说并没有赋予额外批注内容是对栏位更正的效力,所以本案提单中比较明显地出现了单据内部矛盾的不符点。另外需要注意的地方在于,当信用证规定了 44B 栏位,却要求提交提单而非多式运输单据,那么根据国际商会立场(Recommendations of the Banking Commission in respect of the requirements for an On board Notation),这样的条款设置存在问题,银行开证时应当避免,但对于受益人而言,仍应尽量做到与信用证一致。

案例五

开证行根据申请人 A 的申请,开立信用证给位于美国的受益人 B,信用证装卸货港栏位分别显示:44E: USA MAIN SEAPORT, 44F: TIANJIN XINGANG, CHINA。后受益人 B 请求将装货港改成新加坡港口,故开证行根据 A 的修改申请书,将信用证做出如下更正:44E: SINGAPORE MAIN SEAPORT,但同时在提单条款中加入:ORIGINAL PORT OF LOADING: U.S.A MAIN SEAPORT,通知行认为矛盾,来报要求澄清。后开证行联系申请人得知,虽然申请人同意将装货港改为新加坡,但是其要求产地为美国,故想通过在提单上显示 ORIGINAL PORT OF LOADING: U.S.A MAIN SEAPORT,来证明货物产地。

分析:在本案中,申请人的开证意图模糊不清,将装货港与原产地混为一谈，表明货物原产地在美国的意图显然无法通过装货港一栏来实现，尤其在将装货港规定为新加坡之后，再规定 ORIGINAL PORT OF LOADING：U.S.A MAIN SEAPORT，更加容易混淆。随后，开证行将 ORIGINAL PORT OF LOADING：U.S.A MAIN SEAPORT 更改为在提单中批注 COUNTRY OF ORIGIN：U.S.A.来证明货物产地。

当然，提单确实可以显示多个装货港，根据 ISBP E6h 规定，只要有装船批注并载有每个装货港所对应的装船日期即可。但这种情况一般适用于货物分散于不同装货港需要分开装船的情况，而不是证明货物原产地。

总结

通过以上五个案例的分析，可以发现对于企业制单人员和银行审单人员来说，提单港口栏位的填写与审核，最重要的就是要做到准确与不断积累。

（1）定位准确。如案例一中信用证对“墨西哥城”的要求，只要细心一点就比较容易和“墨西哥任一城市”区别开来，再如案例四中，因对惯例的理解不够准确导致栏位填写出现矛盾。

（2）不断积累。如案例三中对于地域港口范围的区分，沿海国家可能确实存在某个地区包含多个港口的情况，这种情况虽不应要求单证人员都能全面掌握，但通过日常业务的积累，可以不断总结形成自己的知识储备，以减少这种地理知识层面的误会与纷争。

相应地，对于开证行而言，则要考虑到受益人国家不熟悉本国港口的实际情况，开证时应该尽可能开具清楚的港口栏位，避免无谓的争议与误会，尤其对于卸货港与目的地的规定，应尽量做到准确定位。

（作者：宋莉，交通银行国际结算中心）

浅议运输单据名称的限制

《跟单信用证统一惯例》(下文简称“UCP 600”)的第十九条至第二十五条运输单据条款,分别针对“涵盖至少两种不同运输方式的运输单据”(下文简称“多式联运单据”)、“提单”、“不可转让的海运单”(下文简称“海运单”)、“租船合同提单”(下文简称“租船提单”)、“空运单据”、“公路、铁路或内陆水运单据”及“快递收据、邮政收据或投邮证明”做了相关要求。值得注意的是,第十九条至第二十五条运输单据条款每条均对该种单据的名称未作要求,体现为“无论名称如何”(however named)。那么,信用证下受益人提交的运输单据是否“无论名称如何”均可被接受?本文就此进行分析。

一、 如何正确理解“无论名称如何”

首先,UCP 600 作为一套规则,不应孤立地看其中的一条一段,而应将其视为条款间相互联系的整体。从表面上看,UCP 600 运输单据条款“无论名称如何”,似乎对运输单据的名称未作要求,但应注意,UCP 600下的单据,包括运输单据,均应满足 UCP 600 及其配套的《关于审核跟单信用证项下单据的国际标准银行实务》(以下简称“ISBP 745”)如下两条规定:

(1) 单据中的数据(data),在与信用证、单据本身以及国际标准银行实务参照解读时,无须与该单据本身中的数据、其他要求的单据或信用证中的数据等同一致,但不得矛盾(UCP 600 第十四条 d 款)。

(2) 单据可以表明信用证要求的名称,或相似名称,或没有名称。单据内容必须看似(appear to)满足所要求单据的功能(ISBP 745 第 A39 段)。

其次，运输单据应满足信用证的要求，以及惯例要求该运输单据所具备的要素。UCP 600 并未限定运输单据应显示何种具体的名称，但可以确定的是，该名称不应与信用证及惯例所要求其应具备的功能与要素相矛盾。

由此可见，“无论名称如何”不能简单理解为对运输单据的名称未作要求，提交任何名称的运输单据都可以，但是须结合信用证及惯例规定，从整体上来理解和把握。

二、有关运输单据名称混用的争议

以下将讨论银行在进口开证及出口交单过程中，运输单据（尤其是多式联运单据、租船提单、提单与海运单）名称的混用可能引发的争议。

（一）多式联运单据与提单

适用 UCP 600 第十九条（多式联运单据）抑或第二十条（提单）审单，ISBP 745 作了如下几段规定：

（1）信用证要求提交港至港运输单据，即没有提及收货地、接管地或最终目的地，无论名称如何，这表示该单据审核适用 UCP 600 第二十条提单条款[ISBP 745 第 E1（a）段]。

（2）信用证要求提交涵盖至少两种不同运输方式的运输单据，无论名称如何，单据审核适用 UCP 600 第十九条多式联运单据条款[ISBP 745 第 D1（a）段]。

（3）信用证要求提交多式联运单据以外的单据，且信用证规定的运输路线清楚表明将使用一种以上运输方式，如信用证显示内陆收货地或内陆目的地，或装卸货港栏位显示地点为内陆地点而非港口，单据审核适用 UCP 600 第十九条多式联运单据条款[ISBP 745 第 D1（c）段]。

以上是惯例中规定明确适用多式联运单据或提单条款审核的情形。然而，若信用证要求提交提单，同时显示一个海港作为目的地，此时应适用提单还是多式联运单据条款来审核？惯例对此未作明确规定。

某信用证规定 44E 装货港：日本大阪，44F 卸货港：中国上海，44B 目的地：中国嘉兴，同时46A栏位要求提交海运提单，其余各处未就运输单据作其他规定，亦未体现货运嘉兴为海运或陆运。该证项下来单中运输单据，若根据UCP 600提单条款审核，则按照UCP 600第二十条a款(iii)只需“表明货物从信用证规定的装货港发运至卸货港”，照此应无须显示44B目的地；若根据UCP 600多式联运单据条款审核，则按照UCP 600第十九条a款(iii)，应“表明信用证规定的发送、接管或发运地点，以及最终目的地”，即应该显示目的地。

若上述信用证下交来运输单据显示44E：日本大阪，44F：中国上海，44B：中国嘉兴，自然符合信用证要求；若是显示44E：日本大阪，44F：中国上海，44B：中国宁波应是不符合要求，因为根据UCP 600第十四条d款，单据信息不应与信用证信息矛盾。然而，若是运输单据仅显示44E：日本大阪及44F：中国上海，未显示44B，那么是否符合信用证要求？开证行能否因提单未显示44B而拒付？惯例对此并无明确指导意见，实务中产生争议也在所难免。

为避免争议，建议开证行在开立信用证前与申请人沟通，若其意为货物必须运至中国嘉兴，则开证时可在47A加上条款，要求运输单据须显示目的地中国嘉兴。进一步若是能确定货运往中国嘉兴为陆运，则可直接将46A要求单据明确为多式联运单据，适用ISBP 745第D1段，按UCP 600第十九条多式联运单据条款审核。

(二) 租船提单与提单

某信用证在46A栏位要求单据中规定FULL SET OF ORIGINAL BILLS OF LADING ... MARKED FREIGHT PAYABLE AS PER CHARTER PARTY(全套正本提单……显示运费按照租船合同支付)，同时在47A栏位附加条件中规定CHARTER PARTY B/L IS ACCEPTABLE(租船提单可接受)。令人疑惑之处在于：此时46A栏位规定的运输单据，是提单还是租船提单？

UCP 600定义租船提单为“表明其受租船合同约束的提单”(UCP 600第二十二条a款)，ISBP 745的第G2(a)段进一步明确为：“运输单据表明其受租船合同约束，或显示对租船合同的任何援引，无论该运输单据名称如何，将被视为租船提单。”如此看来，46A 栏位的规定似乎应视为要求租船提单。

然而，47A 栏位租船提单可接受的规定，似乎又意味着 46A 栏位要求的不是 UCP 600 第二十二条定义的租船提单，而是第二十条定义的提单。UCP 600 第二十条 a 款(vi)要求提单“未表明受租船合同约束”，但 UCP 600 第一条说明了信用证可对惯例作“明确修改或排除”。此时信用证 46A 栏位提单的规定是否视为对 UCP 600 第二十条 a 款(vi)的排除？

信用证对运输单据名称的不明确，将造成后续单据审核的标准模糊。UCP 600 对提单和租船提单的签署要求不同：提单要求表明承运人名称，并由承运人或其具名代理人或者船长或其具名代理人签署；租船提单未要求表明承运人名称，而要求由船长、船东、租船人或上述三者之一的具名代理人签署。

实务中曾有一笔出口交单，运输单据标题显示“BILLS OF LADING”(提单)，提单下小字显示“TO BE USED WITH CHARTER-PARTIES”(适用租船合同)，运费显示“FREIGHT PAYABLE AS PER CHARTER PARTY”(运费按照租船合同支付)。同时，该单据显示 CARRIER 名称 B 公司，签署为 A 公司 AS AGENT FOR B 公司。单据未显示船长、船东或租船人信息。试问，若此单据为前述信用证下交单，开证行是否可凭单据未按租船提单要求签署而拒付？受益人是否会以单据应按提单审核反驳？该单据又是否满足申请人的要求？以上问题皆值得商榷。所幸该笔交单所对应的信用证 46A 栏位要求的是提单(无任何租船合同信息)，47A 栏位规定租船提单可接受，故该笔单据按租船提单审核无争议。然而，前述信用证却极易在出口交单过程产生纠纷。

开证行若是能在开证前与申请人做好沟通，确认申请人需要的单据为提单、租船提单，或是租船提单和提单均可接受，最终在信用证中明确受益人需要提交的运输单据名称，则不会产生上述争议。申请人本身可能对租船提单与提单在惯例上的区分不甚了了——毕竟在实务中两者均为广义上的提单，此时开证行更应与申请人阐释清楚惯例中两者的区分，以便让申请人明确自己所需要的单据，避免日后因开证不清楚而引发纠纷。

（三）提单与海运单

对比 UCP 600 对于提单及海运单的规定，我们会发现两者除名称不同外基本无其他不同。而事实上，提单与海运单却有着本质区别。海运单是非物权凭证，“不可转让”（non-negotiable）的，而提单可以是物权凭证，“可转让”（negotiable）的（如开成“凭指示”的指示性提单），也可以是非物权凭证，“不可转让”（non-negotiable）的（如开成收货人为特定一方的具名式提单，或来人式提单）。

UCP 600 所谓“无论名称如何”，体现的精神是重实质轻形式。惯例看重的是单据内容所体现的单据功能，相比之下单据名称并不是那么重要。海运单与提单的不同，会在承运条款和条件中显示出来，海运单与提单功能方面不可相互替代。然而，根据 UCP 600，“银行将不审核承运条款和条件的内容”［UCP 600 第二十条 a 款（v）、第二十一条 a 款（v）］：银行难以从运输单据承运条款条件细节方面判断该单据是否满足信用证要求的单据功能，其所能依据的，大概率是提交运输单据的名称。

惯例体现的审单精神为“表面相符”。表面上看，海运单体现的非提单的功能，提单体现的也非海运单的功能。银行无须审核承运条款条件细节，而会按名称来判断表面上该单据是否满足了信用证的要求。受益人不能以惯例规定“无论名称如何”为借口在信用证要求提单时交来海运单，或要求海运单时交来提单。因对单据的要求不仅体现在 UCP 600 运输单据条款，还体现在单据内容应满足单据的功能要求，单据体现的信息不可以与信用证的要求矛盾。

三、结论与启示

综上，信用证下受益人提交的运输单据，并非“无论名称如何”均可被接受。UCP 600 中运输单据“无论名称如何”不应过度解读为对运输单据的名称毫无限制。UCP 600 第十九条至第二十五条显示的单据名称是对不同的运输单据类型作一个区分，不要求信用证下提交的运输单据严格按 UCP 600 所列出的运输单据名称显示，但并不意味着运输单据的名称可以与信用证实际要求的单据功能相斥。

开证行在开立信用证前，应与申请人做好充分沟通，明确申请人所要求运输单据的类型，并清晰地将之在信用证中体现；受益人收到信用证时，应仔细查看信用证对运输单据的要求，确认其与贸易合同的要求不矛盾，且日后交单可满足信用证的要求。正如 ISBP 745 所言，若各有关方在信用证及修改的申请及开立时对细节加以谨慎关注，日后交单及审单阶段出现的很多问题都能够得以避免或解决。

（作者：刘婷，交通银行国际结算中心）

关于提单背书问题的思考

提单是国际结算单证业务的核心单据，是货物的价值载体，提单的可流通性为跟单信用证支付体系提供了价值支撑。关于提单审核，信用证惯例 UCP 和标准银行实务 ISBP 有详细的规定。本文结合一则背对背信用证下提单背书的案例讨论关于提单背书的实务问题。

一、 案例经过

N 银行收到 S 银行开来的信用证并通知给受益人 B 公司。不久后，B 公司交单，N 银行审核相符后将单据寄给了开证行 S 银行。S 银行拒付，不符点为：提单没有按照信用证的要求进行背书。

N 银行重新审核单据，发现信用证对提单的规定是"ONE FULL SET OF AT LEAST THREE (3) ORIGINAL CLEAN 'ON BOARD' OCEAN BILLS OF LADING IN NEGOTIABLE AND TRANSFERABLE FORM ISSUED TO THE ORDER OF I BANK ..."，而这个 I 银行既不是此证的开证行，也不是议付行。此外，信用证还要求提单显示一个不同于此证的信用证号，而信用证的申请人 A 公司在香港，但货物运输的目的地和提单的通知方都在菲律宾。经与客户确认后，得知此证为背对背信用证，提单要求的收货人 I 银行是母证的开证行。

二、 信用证下的指示性提单必须经过背书吗？

上述案例中，S 银行是子证的开证行，交到子证开证行的提单需要背书吗？笔者认为无需背书，分析如下：

（一）提单背书的实质是为了货权的转让

有权“指示”(order)的人士，通过背书告知作为“托管人”的船东/承运人，在卸货港要把货物交给谁。此案中的提单已按信用证要求，将收货人写成 TO THE ORDER OF I BANK，那么有权指示的人就是 I 银行，当单据最终交到 I 银行的时候，I 银行就可以在提单上进行背书，将货权转让给实际的买方。所以前手只要确保提单交到其手中的时候，收货人写的是“TO THE ORDER OF I BANK”，而且没有任何限制条款，以保证 I 银行有背书的权利即可。此案中的议付行显然没有背书的地位和权利。

（二）ISBP 745 第 E12 段需正确解读

S 银行在与议付行的反驳交涉中援引了 ISBP 745 第 E12 段，认为信用证要求提单是 NEGOTIABLE AND TRANSFERABLE 形式，就表明了提单必须由信用证规定的具名实体背书以转让货权。ISBP 745 第 E12 段的内容是“如信用证要求提单表明以具名实体为收货人，而非凭指示或凭具名实体指示，则提交的提单不得在该具名实体前注明 TO ORDER 或 TO ORDER OF 的字样”，该条款显然与本案所述的问题没有相关性，S 银行对其的引用无任何意义。

纵观 UCP 600 和 ISBP 745，关于提单的背书仅在 ISBP 745 第 E13 段中有涉及，具体规定为“如提单收货人为 TO ORDER 或 TO ORDER OF SHIPPER，则该提单须由托运人背书”。而对此案中的情况，ISBP 745 仅规定了“如信用证要求提单表明收货人为 TO ORDER OF NAMED PARTY，则该提单不得显示货物直交该具名实体”，并没有对背书的相关要求。

虽然 ISBP 745 对保单的背书有一条原则性的规定，即保险单据的出具或背书须使其项下获得付款的权利在放单之时或之前被转让，但对提单等运输单据并没有相应的规定，所以此案中的提单显然满足惯例的要求，无需背书。

（三）信用证条款无相反规定

案例中信用证仅规定提单收货人为“TO THE ORDER OF I BANK”，

并没有任何关于背书的要求。既然惯例对提单背书并没有太多规定，如果开证行希望提单背书，就应该在信用证条款中作补充要求，否则提单只要显示了正确的收货人，即满足信用证要求，无需背书。

综上，本案中提交的提单虽无背书，但结合本案的贸易背景，当单据提交到母证开证行时，由I银行进行背书，不影响提单的可流通转让。

三、关于银行信用证业务的几点建议

上述分析已经从信用证条款、国际惯例以及货权实务三个角度阐述了此案中提单无需背书的理由，S银行的拒付显然是不成立的。但是反观实务中关于提单背书的大小纠纷，应认识到还有许多值得银行进一步思考和重视的地方。

（一）当提单收货人为凭第三方指示时，是否都无需背书？

正常情况下，信用证要求的提单收货人主要涉及四种身份：受益人、议付行、申请人、开证行，这四种情况都比较常见。但如果信用证规定的收货人为第三方（从信用证表面无法判断其身份）或凭第三方指示，那么所提交的提单都像此案一样无需背书吗？如果信用证同时规定了BLANK ENDORSED，提单是否需要背书？

从货权转让的角度来看，即使信用证规定了BLANK ENDORSED，提单也无需背书。然而我们无法从单据本身判断第三方的身份，这个第三方有可能是受益人的前手，这种情况下，如果提单没有背书就会影响货权的转让。还有一种情况是，出于某些原因，可能单据最终不会提交到I银行，这样买方也无法提货。

从银行审单仅基于单据表面的角度，无需考虑合同及货物，信用证如果规定了BLANK ENDORSED，提单就必须背书。这个规定相当于是个软条款，虽然受益人无法满足，但既然接受了信用证，就要承担无法满足信用证条款所带来的拒付风险。因此这种情况，受益人和议付行要格外重视。

总之,对于“当提单收货人为凭第三方指示时,是否都无需背书?”这个问题不能一概而论,保证提单的可流通转让、确保货权顺利连续的转让很重要,但同时确保单据满足表面相符也很重要,毕竟银行仅处理单据,仅基于单据表面进行审核。

(二)了解贸易背景是控制风险的首要环节

前文所述第三方的真实身份对于提单货权的转让有着重要的影响,如果像此案中一样,提单的收货人是受益人的后手,那么不背书的实质影响不大,更多的是单据表面是否相符的问题。但如果收货人是受益人的前手,最终买方无法提货,贸易无法顺利进行,那么对买卖双方都将造成重大影响。虽然惯例一再强调,银行不处理货物,信用证与贸易合同是相互独立的,但实务中,从风控的角度来讲,银行必须关注客户的基础贸易。如果贸易本身不顺畅或者有问题,尤其是由于银行的失误导致客户无法提货时,很可能会遭到客户的投诉和索赔。所以银行一定要了解业务的贸易背景。

对出口方银行来说,通知业务是出口的首要环节,在通知业务审证的时候,就应该注意到此条款,提示给受益人并了解相关贸易背景,以帮助我们判断第三方的身份。如果受益人确定无法满足信用证的要求,应在发货交单之前就联系开证行和申请人修改信用证,避免实际交单时被拒付。

而作为开证行,了解贸易背景是开证的前提,这样才能合理设置条款,保护自身和申请人的利益,同时防止贸易造假和欺诈。另外,不管是出口方还是进口方的银行,对于贸易背景的审核也涉及反洗钱的核查,在当前反洗钱形势越来越严峻的情形下,贸易背景审核也越发重要。

作为出口商,除了应该掌握贸易的真实、全部背景,是转口还是转卖,信用证的条款是否会影响其对货权的控制,还应该在取得信用证后结合贸易合同认真审核条款,这样才能做到心中有数,准确评估贸易风险。

(三)开证行应在尊重贸易实务的同时保护好自身的利益

本案同时也给开证行敲响警钟,开立信用证时务必仔细审核贸易合同，了解真实的贸易背景，厘清各方当事人之间的关系及其在贸易流程中扮演的角色，在此基础上完善信用证条款。根据ISBP 745强调的开证行应承担信用证条款模糊或矛盾的后果这一原则，开证行在开证环节务必要谨慎，对各种细节加以关注，准确表述信用证要求，避免开出有矛盾或瑕疵的条款而引起歧义，导致审单阶段与出口方产生分歧和矛盾，使开证行处于被动地位。

（作者：徐茵，交通银行国际结算中心）

提单“不知条款”初探

出口单据审核实务中，提单的货物描述栏中时常会出现形式类似于“SHIPPER'S LOAD AND COUNT”“SHIPPER'S LOAD COUNT AND SEAL”“SAID TO CONTAIN”的表述，或普遍使用在 CONGENBILL 2007 标准格式中的“WEIGHT, MEASURE, QUALITY, QUANTITY, CONDITION, CONTENTS AND VALUE UNKNOWN”的批注，有些专家称这一条款为“否定性条款”，也有专家将其统称为“不知条款”。本文将从这一条款的产生背景、法律依据、争议以及实务案例四个方面进行简要探讨。

一、“不知条款”的产生背景

众所周知，货物收据属性是提单的一个重要属性。在海上货物运输中，当货物装船以后，一般先由大副向托运人签发一份大副收据，然后由托运人持大副收据向承运人或其代理换取“已装船提单”。如果承运人发现货描的表面状况或包装不良，承运人或其代理一般会在提单上进行批注。承运人及其代理会尽力确保提单中的记载与事实相符，以免发生纠纷时使自己处于不利的境地。

对于收货人来说，如果交易双方采用了信用证结算的方式，收货人很大程度上只能依赖提单对于货物的描述来判断品质是否相符，因此收货人肯定希望提单能够如实反映货物的实际状况，一旦发生诉讼，提单也能够作为应诉的有力依据。而对于承运人来说，有时会出现承运人无法验证托运人货物实际状况的情形，例如在散装货运输中，因为没有合适的计量工具，货物的确切重量难以认定，为了声明其对重量无法确切衡量，承运人会希望在提单中加注重量不知条款，说明承运人不可能确知货物数量是否与托运人报知的相同。在国际贸易货运中，承运人在整箱货交接时，收到的是已被发货人铅封的集装箱，船东不会拆箱验货，无法知晓集装箱内具体装运了什么货物，更无法对货物重量、体积进行测量，承运人为了免除这种情况下自身可能承担的风险也会在提单上批注“不知条款”。

二、“不知条款”的法律依据

我国现行的《海商法》对于“不知条款”的规定大体参照《汉堡规则》的相关条款，规定：“承运人或者代其签发提单的人，知道或者有合理的根据怀疑提单记载的货物品名、标志、包数或者件数、重量或者体积与实际接收的货物不符，在签发已装船提单的情况下怀疑与已装船的货物不符，或者没有适当的方法核对提单的记载，可以在提单上批注，说明不符之处、怀疑的根据或者说明无法核对。”概括来说，就是承运人在以下三种情况下有权做出批注：(1)明确知道提单的记载与实际接收或装船的货物不符；(2)有合理的根据怀疑提单记载与实际接收或装船的货物不符；(3)没有适当方法核对提单记载。与此相对应，承运人在提单上的批注内容有三类：(1)对已清楚知道不符的，说明不符之处；(2)对有合理根据怀疑不符的，说明怀疑的根据；(3)对没有适当方法进行核对的，说明无法核对。

三、“不知条款”存在的争议

对于“不知条款”存在的合理性有两种相反的观点：持肯定观点一方认为，承运人的主要义务是如数交货，而不是负责计量货物，计量货物已经超出了《海商法》规定的承运人的管货义务。在大宗货/散装货运输中，承运人只能依靠不甚精确的水尺计量来核实托运人提供的货物重量；在整箱货中，承运人收到的是托运人已铅封的集装箱，现有技术还不足以支持承运人在不开封的情况下获知箱内货物的表面情况和数量重量等信息。“不知条款”很好地保护了承运人，防止其承担本应由托运人承担的货物不合理短装的责任。相反，持否定观点一方则认为，承运人为了保护自己,避免将来可能产生的法律责任,经常会不分青红皂白地在提单上标注"不知条款",甚至在提单上预先印就"不知条款",一旦发生有关货损货差的诉讼,就将其作为挡箭牌,造成了"不知条款"的滥用。《海商法》规定,当提单转移至善意第三人手中时,承运人不能再提出推翻提单所载事项的证据,只能按单交货,而"不知条款"违背上述规定,因此其本身就属于无效条款。

四、"不知条款"的实务案例

关于上述争议,我们可以从实务判例中一窥究竟。实务判例中对于有关"不知条款"的判罚显得十分谨慎。在保利科技有限公司诉伊朗伊斯兰共和国航运公司海上货物运输合同货差纠纷案[(2005)广海法初字第437号]中,被告承运的一批阿根廷大豆到岸时水尺计重显示65 633.9吨,与提单记载的66 000吨存在366.1吨的货量短缺,被告抗辩的其中一项依据就是提单正面预先印就的"货物重量、计量、数量、质量、状况、内容和价值不知"条款。法庭认为:(1)由于提单持有人是收货人,提单上记载的货物重量对于收货人而言具有最终的证据效力。(2)由于"不知条款"是提单正面预先印刷的格式,被告代理人签发提单时又打印了明确的货物重量,显然前后矛盾。(3)本案中被告并没有说明其不知重量的依据并提供相应的证据,违反了《海商法》规定的谨慎性要求。由此可见预先印就在提单上的"不知条款"并不能减损提单上明确标注的数量的证据效力。在中国人保上海分公司与富源船务有限公司、中外运船舶管理有限公司海上、通海水域货物运输合同纠纷案[(2016)鄂民终861号]中,承运人同样以提单上载有的"不知条款"抗辩,虽然在该判例中提单显示的"不知条款"难以辨识是预先印就的还是货物装船后加注的文字,但由于托运的货物是散装的原木,法院认定原木是可以通过计根数和测量体积等方式计算数量的,所以承运人关于无法核对提单记载的主张同样不能成立。

在上述两个判例中,提单持有人均为收货人,提单载明的内容具有最终证据效力,并且货物都是散装的货物。那么对于使用已加封的集装箱运输的货物，提单上记载的“不知条款”是否会改变提单的证据效力呢？在赫伯罗特航运公司（Hapag-LloydAktiengesellschaft）与宁波市凌志贸易发展有限公司海上货物运输合同纠纷上诉案[（2009）沪高民四（海）终字第22号]中，承运人赫伯罗特航运公司签发的提单显示“整箱交接；托运人装船、装舱、称重并计数”，到港后收货人提货时发现货物短少。承运人以提单“不知条款”抗辩，并称其在装货港接收的是整箱货，无法对货物的实际重量进行检查。法院对此说法未予以支持，对收货人而言，提单是最终证据，承运人不能再以其他证据推翻提单的记载。

笔者仅发现一例环球斯皮德公司诉沛华运通国际物流（中国）有限公司案[（2017）沪72民初302号]，承运人最终没有对运输过程中产生的货物灭失承担责任。在该案中，承运人采取整箱货运输的方式，并在提单上加注了“不知条款”，收货人在货物到港开箱时发现箱中货物被调包。由于在装载前，收货人公司派代表参与、见证了货物的装箱及封箱过程，并拍摄了集装箱于各个装载阶段的照片，而货物到港后集装箱铅封也并未被破坏，因此法院认为货物被调包发生在承运人的责任期间之外。

五、结论与启示

由以上案例可以发现，相比在实务判例中更注重保护船东利益的英国法而言，我国《海商法》更注重维护收货人的利益，提单“不知条款”实际难以推翻提单上数量、重量的证据效力，具体还需要一事一议：(1)提单持有人为托运人时，提单记载的数量、重量等信息为初步证据，承运人可以提供额外信息推翻其证据效力；当提单持有人为承运人和托运人以外的善意第三人时，根据《海商法》第七十七条规定，提单记载的数量、重量等信息具有最终证据效力，承运人向第三人提出相反证据，法律上是不予接受的。(2)大宗/散装货运输中，只要有合适的计量方式（比如水尺计量允许正负0.5%的误差），“不知条款”也不能用作是货物短少的挡箭牌。(3)只有当承运人谨慎行事仍无法核对提单中记载事项的实际状况，且货物到港后集装箱外表状况良好，铅封未被破坏的情况下，“不知条款”才可能推翻提单中记载事项的证据效力。

提单上的“不知条款”虽说是承运人针对托运人做出的保留性批注，其实对银行单证业务也有值得注意的地方。例如在进口开证中，虽然法律倾向于保护买方(收货人)的利益，但为了避免此类纠纷造成货物流转中断，给买方带来不便，银行可建议买方在信用证中要求卖方提供由专业检验机构(如 SGS 或国内的 CIQ)提供的检验证明以获得确切的货物数量；而在出口审单时，如遇提单上显示有“不知条款”的批注，银行可提请卖方注意相应风险。

(作者：忻蕴，交通银行国际结算中心)

3

单证审核释疑

相比于国内贸易，国际贸易因牵涉不同的国家或地区，各方当事人受到不同的法律、文化、习俗和观念的制约，其交易成本和风险都大大增加。为国际贸易提供服务的银行，在办理国际结算业务时也需面临更为复杂的情况，尤其是信用证业务，条款复杂、专业性强、手续繁多，即使是经过众多版本完善后的国际惯例 UCP 600，也依然无法轻松解决贸易实务中遇到的形形色色的疑难问题。

本部分精选 8 篇关于单证审核实务中遇到频率较高的棘手问题的文章。透过这些问题，我们分析信用证业务中一些特殊条款设置的背景和初衷，梳理国际贸易实务中可能发生争议的情形，并提出避开可能的风险点、寻求各方能够接受的操作建议和解决方案，相信对读者具有一定的借鉴和启发意义。

信用证常见罚金条款探析

早在贸易洽谈阶段，买卖双方常会为了约束对方的交易行为而拟定罚金条款并加入基础合同中，即惩罚性的违约赔偿金。延伸到结算阶段，信用证作为结算工具，也会相应添加此类条款，以便买卖双方及其银行在审单阶段就能对交易行为是否违约作出判断。然而在实务操作中对此类罚金条款的解读时有疑惑甚至争议，本文将对信用证中常见的罚金条款做简要的分析与探讨。

一、 信用证规定罚金条款的常见情况及原因

信用证结算实务中，常见的罚金条款主要在以下情况中出现。

（一）大宗商品交易中控制货物品质的情况

大宗商品交易中，信用证通常规定货物元素含量低于（或高于）BASIS值时，从货物单价中进行扣减。

如在进口铁矿石的信用证45A规定：

"SPECIFICATIONS：CR2O3 40PCT BASIS，38PCT MIN.

UNIT PRICE：USD160.00 PER DRY METRIC TON ON CR2O3 40PCT BASIS."

同时信用证47A中规定：

"A PENALTY OF USD4.00 PER DRY METRIC TON FOR EACH 1PCT DECREASE IN CR2O3 BELOW 40PCT，DOWN TO 38PCT（INCLUDING 38PCT），FRACTION PRO-RATA，WILL BE APPLIED TO THE UNIT PRICE.

IF CR2O3 CONTENT IS BELOW 38PCT(EXCLUSIVE) BUT ABOVE OR EQUAL TO 36PCT, A PENALTY OF USD3.82 FOR EACH 1PCT CR2O3 BELOW 38PCT(EXCLUSIVE) BUT ABOVE OR EQUAL TO 36PCT, FRACTIONS PRO RATA, WILL BE APPLIED TO THE UNIT PRICE.

IF CR2O3 CONTENT IS BELOW 36PCT, THE APPLICANT CAN REJECT THE CARGO. THE ISSUING BANK HAS THE RIGHT TO REFUSE THE DOCUMENTS."

大宗商品交易涉及货物大部分为原材料类,例如原钢、原油或者大豆等等,进口商购买此类商品一般为后续生产加工所需,对货物中主体元素含量会有一定要求,如果货物中元素含量未达到最低标准(或在某些情况下超过最高标准),可能导致生产过程中消耗更多的原材料或采取更强的加工工艺使得成本增加,甚至有可能对最终成品的品质产生影响。因此,对货物单价进行一定的惩罚性扣款,可以视作进口商为弥补后续生产、销售可能发生的损失而采取的补偿措施。

(二)对于规定货物发运总量同时允许分批发运的情况

对于允许分批发运的信用证,个别进口商会对发运次数有一定要求同时规定超批次将产生罚金,以此来约束出口商按其要求安排发货并用罚金来弥补后续可能产生的损失。

如在信用证45A规定:"MAXIMUM 3 PARTIAL SHIPMENTS ALLOWED."

同时47A中规定:"IN CASE THE LOTS OF THE GOODS EXCEED THE LOTS AS STIPULATED IN THE L/C, THE BENEFICIARY SHOULD PAY TO THE APPLICANT THE PENALTY USD300.00 FOR EACH EXCEEDED LOT. THE PENALTY SHOULD BE DEDUCTED FROM THE AMOUNT OF EACH SET OF DOCUMENTS UNDER THIS L/C WHILE PAID."

出现此类罚金条款的主要原因在于一旦发运批次超过要求,在不超装的情况下,各批次发运的数量必定低于进口商的预期数量,这会给进口商的生产或销售带来影响，例如作为中间商的进口商有可能面临货物数量短缺导致其在与下游买家的交易中违约；或生产加工型进口商因原材料不足、无法完成预定生产计划而使得机器空置、经济成本和时间成本增加等。另一方面，如果发运批次过多，势必需要办理更多的提货、运送、报关手续，消耗更多的人力、物力、运输成本，这也必定会促使进口商将此类成本以罚金的形式转移至出口商。

（三）发运日期晚于信用证规定最迟装运日的情况

部分信用证会加入罚金条款以控制发运时效，即在发运日期晚于信用证规定最迟装运日的情况下，按实际晚装的天数进行相应比例金额的扣减。

如信用证规定了44C（最迟装运日），同时在47A中规定：

“IF SHIPMENT DATE ON B/L IS LATER THAN LATEST DATE OF SHIPMENT, A PENALTY FEE WILL BE DEDUCTED AS PER THE FOLLOWING FORMULA:

A) UP TO 5 DAYS DELAY-NO PENALTY.

B) FOR DELAY BETWEEN 6 TO 10 DAYS A PENALTY OF 6 PERCENT WILL BE DEDUCTED.

C) FOR DELAY OVER 10 DAYS A PENALTY OF 15 PERCENT WILL BE DEDUCTED.”

在国际贸易实务中，发运日期延误和发运批次超限对进口商带来的影响有一定的相似性，比如数量短缺导致违约或生产计划无法顺利完成。此外，如果进口的是季节性产品或生鲜产品，延误发运会使进口商面临错过使用/贩卖该商品的最佳期限或市场价格剧烈波动等市场风险，并带来直接经济损失。因此在此类信用证中进口商会加入相对严格的晚装罚金条款，如按延误天数来确定罚金比例，天数越高罚金比例也越高，在约束出口商准时发货的同时用罚金来弥补后续可能产生的损失。

二、信用证罚金条款带来的问题及思考

在信用证结算实务中，对于罚金条款很容易产生这样的疑问：信用证

中包含了罚金条款，那么罚金产生的条件是否构成对原信用证中相应条款的改变？如上述情况(一)中规定只要 CR2O3 含量高于 36％均可以接受，那么货物描述中“CR2O3 40PCT BASIS, 38PCT MIN”的内容是否可以被忽略？情况(二)中发运批次超过信用证规定后每次扣 USD300.00，是否可以认为信用证接受无限次的发货。情况(三)中实际发运日期晚于信用证最迟装运日 6～10 天或 10 天以上分别扣除一定比例货款，是否可以理解为最迟装运日的规定也可以被忽略？此外，信用证中若规定罚金条款，在交单符合扣收罚金的条件时，单据能否被视为相符交单？开证行能否以此拒付？下面将根据三种情况分别进行分析。

情况(一)中 47A“IF CR2O3 CONTENT IS BELOW 36PCT ...”的处罚条款本身可以视作单价条款的一部分，因为在资源类信用证中，45A 的单价仅为基于某个元素的基础含量值而估算出来的，实务中交单时货物元素含量与基础值完全相同的可能性极低，一般都是以最终的元素含量为基础计算价格调整，此类调整的规定是对原单价条款进一步的细化与补充，扣减罚金后计算出来的货物价值即为当次交单的实际货物价值。因此，笔者认为理论上开证行不应以“实际货物中的元素含量与信用证要求的含量不符”或“实际单价与信用证规定的单价不符”为由拒付。另一方面，对进口商来说，这样的货物是可以接受的，只有当 CR2O3 含量低于 36％时，进口商才无法接受这批货物，信用证也明确规定此时开证行可以拒付。

而情况(二)及情况(三)却与情况(一)有所不同。首先，这两种罚金的产生并未造成实际发运货物价值的降低。如前所述这类罚金更多的是作为一种惩罚性手段或者补偿手段，通过扣减一定金额来补偿进口商可能的损失。其次，罚金条款产生的前提条件，如发运批次过多或发运日期较晚，并非进口商预期，对进口商来说，即使在信用证内增加了罚金条款，也不改变其希望“出口商能够按照原本约定的条款发运货物”的初衷。基于上述理由，笔者认为并不能得出“罚金条款的添加等于原信用证相应条款已做改变”的结论。因此在这两种情况下，所提交的超批次或迟发运的单据不能视作单证相符。站在开证行的角度，此类罚金条款可以理解为其接受不符单据的条件。因为对开证行而言，单证不符并不意味着必然要拒付，也可以在原条款的框架内有条件地接受不符交单。开证行在收到此类单据后可以拒付，也可以选择接受不符点并扣减相应罚金。

三、总结及启示

根据上述分析，可以得出一些在信用证实务操作中处理罚金条款的启示。

(1) 从进口角度出发，进口商应与出口商明确罚金条款，确保条款条理清晰逻辑一致，并在合同中约定，避免争议。银行在开证阶段应对信用证罚金条款仔细斟酌，最重要的是需明确规定对无法接受的临界值的拒付立场，以避免在来单时因拒付引发争议或因进口商拒绝付款而导致开证行垫款。

(2) 从出口角度出发，出口商需重点关注罚金条款的要素，如货物质量、发货时点或发货数量/批次等，特别是对出口商不熟悉的交易对手，应格外注意信用证中的罚金条款是否与基础合同内容一致，以免落入陷阱；出口商在出货交单阶段需做好预防措施，如旺季提前订舱、同一程船开往同一目的地的单据尽量一次交单至银行，以降低罚金发生的概率。银行在审单时发现罚金已不可避免时，应提醒出口商及时与对方客户沟通，尽快协商一致以达成交易，避免后续发生争议而影响交易进程。

（作者：金欣然，交通银行国际结算中心）

由形式发票作为信用证一部分引发的思考

将基础合同、形式发票等文件作为信用证组成部分，会影响信用证的独立性原则，并给单据的制作和不符点的认定带来诸多困扰。本文结合一则形式发票作为信用证一部分的实务案例，探讨由此引发的争议和应对建议。

一、案例经过

某日，B银行收到开证行A银行开来的一份信用证。信用证45A栏位规定了具体货描，并在货描后注明"... AS PER PROFORMA INVOICE NO. ××××，WHICH IS PART AND PARCEL OF THIS LETTER"，47A栏位第7条规定"WE ARE REMITTING BY DHL TO YOUR SERVICES COPY OF PROFORMA INVOICE NO. ××××，WHICH IS PART AND PARCEL OF THIS LETTER OF CREDIT"。

受益人在效期内提交了该信用证下的出口单据，同时随附原证和形式发票。受益人提交的发票上显示的信息涵盖了信用证45A的所有内容，且与形式发票不矛盾，但并未完全显示形式发票上的所有内容(颜色、重量等)。受益人要求将形式发票与其他单据一起寄出。B银行将单据寄出后不久收到开证行的拒付电："DESCRIPTION OF GOODS IN INVOICE IS NOT AS PER PROFORMA INVOICE."B银行认为该不符点不成立，发报反驳，最终开证行付款。

二、案例分析

第一，开证行所提的不符点"DESCRIPTION OF GOODS IN INVOICE

IS NOT AS PER PROFORMA INVOICE”是否构成有效拒付。

国际商会意见中对于不符点的出具有相关论述，强调 MT 734 中罗列的不符点要指向清晰明确，不能含糊其词，要有助于受益人修改不符点。细观开证行提的这条不符点，可以看出该不符点措辞太过笼统、含糊，表述不够明确。故该不符点本身存在瑕疵，不构成有效拒付。

对比本案的发票和形式发票，结合信用证 45A 货物描述栏位的规定，我们发现，形式发票主要以列表的方式呈现，罗列的内容非常全面、细致，每个货号都有对应的货描栏位、重量栏位、颜色栏位以及相应的图片。发票显示的内容完全涵盖了信用证 45A 栏位提到的信息，并注明“… AS PER PROFORMA INVOICE NO. ××××…”。仅在形式发票上出现但未在信用证 45A 列明的内容，部分明细在发票上有所体现，部分明细没有体现。在发票上显示的所有货描描述和明细均与形式发票一致。即发票上显示的数据内容和形式发票没有矛盾之处，但未完全按形式发票的格式罗列出所有明细。由此，按照笔者的理解，开证行提出该不符点，意指发票上未完全显示形式发票的内容。清晰的表述应为“INVOICE NOT SHOWING ××××× AS PER PROFORMA INVOICE”。

第二，假设开证行以上述措辞拒付，将不符点表述具体化，不符点是否成立。

如果我们进一步假设开证行以上述措辞拒付，明确列明哪些数据存在不符或缺失，该不符点的成立与否，实务中是存在争议的。

一种观点认为不符点不成立。理由如下：形式发票是信用证的附件，构成了信用证的一部分，但是并未单据化，信用证中无明确的指示规定发票必须显示形式发票上的内容。作为信用证一部分的形式发票，显然属于非单据条款。UCP 600 第十四条 h 款提到，“如果信用证含有一项条件，但未规定用以表明该条件得到满足的单据，银行将视为未做规定而不予理会”；ISBP 745 第 A26 段对“非单据化条件”的相关解释是，“无需在任何规定单据上证明遵从该条件，然而，规定单据中含有的数据内容不得与非单据化条件相矛盾”。同时，UCP 600 对于发票货描和信用证的审核标准是“CORRESPOND WITH(相符)”，并非“SAME AS”。ISBP 745 第 C3 段对此的相关解释是，“发票显示的货物服务或履约行为的描述应与信用证中的描述相符，但不要求镜像一致”。这意味着，发票不必完全显示形式发票的所有内容，只要显示的信息与作为信用证一部分的形式发票不矛盾就可以，故受益人提交的涵盖了信用证 45A 的所有内容，且与形式发票不矛盾的发票，应视为满足信用证要求。

另一种观点认为不符点成立。理由如下：UCP 600 第十八条 c 款规定“商业发票上的货物、服务或履约行为的描述应该与信用证中的描述一致”，实务中申请人对货物描述的规定都会体现在 45A（信用证报文标准格式 MT 700 中设有的专门显示货物描述的栏位），受益人提交的发票也须完全显示 45A 栏位的内容。本案形式发票虽然属于“非单据条款”，但在信用证 45A 被提及，可以被视为对发票货描的延伸补充规定。故发票应包含形式发票的所有内容，即发票格式不用完全照搬形式发票，但发票应将形式发票的内容都涵盖进去，若未涵盖，则构成不符。

第三，案例中提到随附寄出的形式发票是否能作为发票的附件呢？

有观点认为寄出的形式发票可作为发票的附件，成为发票的一部分，这样，就不会产生“形式发票的部分信息未在发票上显示”的不符点。但笔者认为，随附寄出的形式发票不能作为发票的附件。形式发票不是信用证要求的单据，根据 UCP 600 第十四条 g 款，“提交的非信用证所要求的单据将被不予理会”，故该份形式发票不会被银行审核，也无法成为发票的附件。当然，开证行没有把形式发票的内容全都罗列在信用证 45A 栏位，或许是由于这些内容太过冗长繁琐，信用证 45A 栏位受字符数限制无法全部罗列，受益人也可以出于同样的理由为发票添加附件，受益人可以另行制作一张与形式发票的格式、内容完全一致的发票附件，而不是直接把作为信用证一部分的形式发票当作发票的附件。

第四，如何应对将形式发票作为信用证的一部分的做法？

根据 UCP 600 第四条 b 款，“开证行应劝阻申请人试图将基础合同、形式发票等文件作为信用证组成部分的做法”。可见，国际惯例是不支持将形式发票作为信用证一部分的这种做法的。

但是，当开证行没有劝阻或劝阻不成功，形式发票跟随信用证并构成了信用证的一部分，且受益人又接受了该信用证时，为避免争议，笔者认为稳妥的做法是在发票中将形式发票的内容都罗列进去。格式不用完全照搬形式发票，但内容建议涵盖形式发票的所有内容。

三、思考和启示

第一，对于开证行而言，如果申请人在开证环节要求在信用证加入“将形式发票或基础合同作为信用证一部分”的类似条款，开证行应尽量劝阻，并在了解客户需求的情况下给予适当建议。如果客户是为了对商品做更多限定，可以建议客户把形式发票中与货描相关的数据挑重点精简地列入45A栏位。如果劝阻不成功，应建议客户在信用证条款中明确规定发票必须显示形式发票或合同中的哪些数据。收到单据时只要发票完全显示信用证要求的内容，并与形式发票或合同不矛盾即可。倘若单据中确实存在不符点，提不符点时也应将内容具体化，明确指出哪里不符，是品名不符还是缺失哪些数据，以免引起争议。

第二，对于议付行而言，遇到此类信用证的交单，要先区分一下该非单据条款出现在信用证哪个栏位。

如果出现在45A栏位，应把形式发票或合同的所有内容作为货描的一部分进行审核，发票显示的内容应涵盖形式发票或合同上的信息。

如果仅出现在信用证附加条款栏位，只要单据上显示的数据与形式发票或合同不矛盾即可。

第三，信用证是促进国际贸易的工具，而非阻碍贸易的工具，在信用证流转各环节扮演不同角色的银行，应尽到各自的职责，运用自己的专业知识，正确引导、规范客户操作，为客户提供技术支持，合理规避风险，让信用证为基础贸易带来便利，成为基础贸易的润滑剂，而非绊脚石。

（作者：朱琦华，交通银行国际结算中心）

不可轻视的装船通知

装船通知是出口商在出口货物安全装船后发给进口商的载明货物详细装运情况的书面通知，是根据合同、信用证以及相关国际贸易术语对权利义务的要求而做出。相比于提单等运输单据，装船通知往往是出口商和业务人员不太重视的“小单据”，实务中存在较多问题。本文将从实务案例出发，分析装船通知在外贸实务中的问题，探究风险应对与防范措施，保障进出口贸易双方的合理利益。

一、装船通知的重要性

首先，装船通知最基础的作用就是通知装运细节。装船通知中载明的货物品名、数量、金额、运输工具名称、装运日期、起运地和目的地、提单号码等内容，有助于进口商及时把握货物运输状况，有序安排接货、付款事宜。

其次，装船通知是《国际价格术语解释通则》规定的卖方义务之一，也是FOB、CFR价格术语项下进口商办理投保的重要依据。进口商根据出口商发送的装船通知购买国际货物运输保险以转移货物损坏或灭失的风险，一旦货物在运输途中出险，进口商可向保险公司索赔，挽回货物损失。

最后，装船通知作为进出口业务中的一份基本文件，尤其是信用证结算方式下，在内容、格式及发送方式上都有一定的要式性。出口商按照信用证的具体内容及格式要求缮制装船通知、按照规定方式传递或发送装船通知，以实现在单证项下的相符交单，确保顺利收汇。

二、实务中装船通知存在的问题

（一）未发装船通知

案例一：重庆某贸易有限公司于 2017 年 10 月 15 日以 CFR BUSAN（适用 2010 通则）从上海港出口一批罐头到韩国。由于操作人员工作疏忽，在出口货物装船后没有发送装船通知给进口商。10 月 22 日，进口商收到货物后发现部分产品发生破损，同时提供了由当地 SGS 出具的货物破损检验报告，要求赔偿破损货物及检验费总计 3 500 美元。贸易公司辩称货物已经安全装船并且由船公司签发了清洁已装船提单，根据《2010 年国际贸易术语解释通则》的相关规定，风险已经转移给了进口商，货物损坏或灭失应该由进口商自行承担。但是韩国进口商指出，由于贸易公司未发送装船通知而导致其未能及时购买保险，所以风险不能因货物已经安全装船而转移给进口商，货物破损给进口商带来的损失应由出口商负责赔偿。贸易公司向相关外贸专家咨询确认后，了解到 CFR 贸易术语下如果出口商在货物装船后未能发送装船通知而导致进口商漏保，货物损坏或灭失的风险就不能因货物被安全装船而转移给进口商，而是仍然要由出口商承担，所以进口商的索赔是合理的。考虑到后期更多的合作，该贸易公司最终赔偿了韩国进口商 3 500 美元，以弥补其损失。

本案的问题在于业务人员对 CFR 贸易术语项下买卖双方权利义务关系以及风险转移规定理解不到位。《国际贸易术语解释通则®2010》下的 CFR 贸易术语在卖方义务中 A7 款中规定“卖方必须向买方发出所需通知，以便买方采取收取货物通常所需要的措施”，这里的通知在某种意义上说的就是装船通知，也就是说只要国际货物买卖合同中或是信用证中表明使用的贸易术语受《国际贸易术语解释通则®2010》约束，不管国际货物买卖合同或是信用证中对装船通知是否有明确要求，出口商在货物装船后都应该及时发送装船通知给进口商以便其办理付款、接货以及必要时购买保险等事宜。

由于出口商未发出装船通知，导致进口商未对货物投保。根据《联合国国际货物销售合同公约》第二十五条规定:“一方当事人违反合同的结果,如使另一方当事人蒙受损害,以至于实际上剥夺了他根据合同规定有权期待得到的东西,即为根本违反合同。”

综上,本案中出口商已构成根本违反合同,在其违约在先的情况下,风险不能因为货物安全装船而转移给进口商,未投保货物运输途中损坏或灭失的风险仍应由出口商承担。进口商有权要求出口商补发货物或取消合同、退回预付款(如果有),甚至是主张损害赔偿。

(二) 晚发装船通知

案例二:国内某进口商与国外某出口商以 CFR 贸易术语(受《国际贸易术语解释通则®2010》约束)达成一笔金额 12 万美元的进口交易,付款条件为即期信用证。合同签订后,进口商以申请人身份委托国内某知名银行作为开证行通过 SWIFT 开立以出口商为受益人的信用证(受 UCP 600 约束)。同时在合同及信用证中都对装船通知做了如下约定:SHIPMENT ADVICE SHOULD BE SENT TO APPLICANT WITHIN 2 CALENDAR DAYS AFTER B/L DATE BY FAX +86-×××-××××-××××. COPY OF SHIPMENT ADVICE SHOULD BE PRESENTED WITH SHIPPING DOCUMENTS.(装船通知应该在提单日后 2 个日历日内以传真形式发给申请人。副本应该与其他装运单据一同提交)。由于出口商工作疏忽,在提单日后第 4 天才发来装船通知,当进口商据此向保险公司投保时却被告知承运此批货物船只已在提单日后第 3 天出险,现已无法投保。

进口商立即将上述情况通知开证行并要求开证行以其无法实际收到货物为由拒绝对外付款。提单日后第 6 天开证行收到出口商通过交单行于提单日后第 1 天(通过快递单上日期戳确认)寄出的全套单据。从单据表面看,开证行不能从装船通知表面判断出晚发的事实,由于开证行此前已经收到进口商要求拒付的通知,开证行尝试以进口商无法实际收到货物为由发出了拒付通知,但是很快就收到了境外银行“开证行付款依据是单证相符,而不是信用证及单据之外的某种事实”的反驳报文。为维护银行自身声誉,开证行向进口商解释后履行了付款责任并从其账户划走相应款项偿付银行代为支付的款项。同时建议进口商根据买卖合同的约定向出口商主张权利。

本案的关注点在于:因出口商晚发装船通知,导致货物已出险而未能及时投保,进口商及开证行在信用证项下的付款责任是否仍然不能免除。同前一个案例,本案中出口商晚发装船通知行为已经构成根本违反合同,进口商有权拒绝为无法实际收到的货物支付对价。但在信用证付款条件下,只要出口商提交的单据表面与信用证要求一致,开证行就必须履行付款责任。开证行不能以进口商的止付通知对出口商的相符交单拒付,进口商也必须根据申请开证时与银行的约定偿还开证行代付的信用证款项。

(三)未按规定发送装船通知

案例三:A 公司于 2018 年 1 月按 FOB 贸易术语自重庆出口一批钢丝刷到美国,以信用证方式结算。信用证中规定:SHIPMENT ADVICE INDICATING THE NAME OF THE CARRYING VESSEL, ETD AND ETA, NUMBER OF PACKAGES, SHIPPING MARKS, AMOUNT, LETTER OF CREDIT NUMBER MUST BE SENT TO APPLICANT BY FAX WITHIN 2 WORKING DAYS, COPIES OF TRANSMITTED SHIPMENT ADVICE ACCOMPANIED BY FAX TRANSMISSION REPORT MUST ACCOMPANY THE DOCUMENTS.(表明船名、预计装船日期、预计到达日期、包装数量、唛头、金额、信用证号的装船通知必须由受益人传真给开证人,装船通知传真副本以及发送传真的电讯报告必须随附议付单据提交。)1 月 23 日装船完毕,1 月 25 日 A 公司携带全套单据到议付行办理议付,议付行在审单时发现没有传真发送报告(代替的是发送装船通知的已发送邮件打印件)。经了解,由于 A 公司没有传真机,就选择用电子邮件发送装船通知给开证申请人(进口商)。但这样的做法不符合信用证规定,开证行可以据此拒付。议付行将此风险提示了 A 公司,并现场用银行的传真机按照信用证要求,发送了装船通知并打印了传真发送报告,避免了被开证行拒付的风险。

三、总结与启示

从以上案例分析中，我们可以发现装船通知正确发送与否，会影响到进口商能否及时做好付款、接货准备以及在需要时购买保险等工作，也关乎出口商能否在货物安全装船后及时把风险转移给进口商并安全收汇。实务中，应做到以下几点：

第一，进出口贸易双方应充分认识到装船通知的重要性。装船通知不仅可以供进口商做好支付货款及接货准备工作，在FOB、CFR贸易术语下进口商还要据此购买国际货物运输保险以转移国际货物买卖合同下货物损坏或是灭失的风险。同时，装船通知还会影响到出口商能否正常收汇，尤其是在以FOB、CFR贸易术语并以信用证结算的条件下，如果出口商不能按照要求缮制并发送装船通知，就有很大可能最终被开证行以单证不符为由拒付，将银行信用降级为商业信用，给出口商正常收汇带来隐患。

第二，作为出口商，应按时、按要求发出装船通知。一般来说，国际货物买卖合同或是信用证中对装船通知发出时间的规定有两种：即WITHIN 3 WORKING DAYS AFTER SHIPMENT或者是WITHIN 72 HOURS AFTER SHIPMENT。从外贸实践来看，装船通知最好在装船完成当天发出，尤其是在近洋运输中。如果是周六或是周日起航的船，装船通知应提前到本周五发出，避免从本周五到下周一中间的空档期货物出险而货物还未投保的问题发生。通常来说，国际货物买卖合同中不会对装船通知的发送方式作出明确规定，出口商可以选择通过传真或是电子邮件发送装船通知给国外进口商。信用证中一般会规定以传真的方式发出，因为传真发送后能够打印传真报告以证明装船通知在规定的时间内发给了规定的传真号码，需要强调的是如果信用证有明确规定装船通知的发送方式，必须按照信用证的规定方式发送并提供要求的证明文件，否则就会面临被开证行拒付的可能。

第三，作为进口商，应在信用证中规定更严谨的装船通知条款。在上述晚发装船通知案中开证行不能拒付的根本原因在于出口商提交的装船通知上载明的出具日期表面上满足信用证要求。建议在装船通知条款中加上：FAX TRANSMISSION REPORT OR SENT MAIL WITH DATE ALSO NEED TO BE ACCOMPANIED WITH SHIPMENT ADVICE.（带有日期的传真报告或已发送邮件需要与装船通知一同提交。）传真报告或已发送邮件上的日期是由机器或系统自动生成的，而非人为确定，客观上防止倒签单据的风险。银行业务人员应重点审核出口商实际交单的传真报告或已发送邮件上显示的日期是否晚于信用证规定的发送日期，提示不符点。同时，还应该对装船通知的内容作出详细规定，以保护进口商的利益。

（作者：党晓慧，交通银行国际结算中心）

浅析信用证尾款交单“不符”案

在信用证结算实务中，信用证中的各项条款特别是单据条款能否准确反映申请人的需求至关重要，如果开证行及申请人在开立信用证阶段未能仔细斟酌条款细节，将可能给后续交单环节带来困扰，本文提到的案件就是一则比较典型的由于单据条款设置偏离了申请人的需求而导致信用证项下的尾款交单出现“不符”的案例。

一、 案情回顾

2017 年 1 月 11 日，申请人 A 公司与受益人 B 公司就进口一台价值 43 000 美元的能谱仪签订了买卖合同，合同约定：“全部金额以即期信用证的方式进行结算，其中 90%的货物金额凭合同中规定的一系列运输单据支付，其余 10%的货物金额凭最终用户签字的验收证明支付，如果由于申请人或最终用户的原因，在收到卖方空运单 60 天后不进行设备验收的话，卖方可以要求买方在发运日后的 120 天内支付。”

2017 年 5 月 16 日，申请人 A 公司向开证行 I 银行提交开证申请书，申请书中的单据条款分为 PART A、PART B 两部分，分别支取 90%、10%的货物金额，其中 PART B 条款规定为：BENEFICIARY'S DRAFT AT SIGHT FOR 10PCT OF THE CARGO VALUE WILL BE PAID AGAINST FOLLOWING DOCUMENTS, WHICH SHOULD BE PRESENTED WITHIN THE VALIDITY OF THIS CREDIT:

THE CERTIFICATE OF ACCEPTANCE SIGNED AND STAMPED BY THE END-USER, THE BENEFICIARY AND THE APPLICANT OR 90 DAYS AFTER AWB DATE WHICH COMES EARLIER.

开证行I银行审核申请书条款后发现以下问题：PART B提交单据中提到“OR 90 DAYS AFTER AWB DATE WHICH COMES EARLIER”系非单据条款，建议申请人A公司将其单据化，修改为“IF THE CERTIFICATE OF ACCEPTANCE IS NOT AVAILABLE WITHIN 90 DAYS AFTER AWB DATE, BENEFICIARY'S DRAFT AT SIGHT FOR 10PCT OF THE CARGO VALUE WILL BE PAID AGAINST FOLLOWING DOCUMENTS PRESENTED WITHIN THE VALIDITY OF THIS CREDIT：COPY OF AWB SHOWING ‘FREIGHT PREPAID’ NOTIFYING APPLICANT AND CONSIGNED TO APPLICANT”。A公司接受了I银行的建议，于是I银行按照上述条款于5月17日开出信用证，其中最迟装运日为2017年6月30日，交单期为装运日后21天，效期为2017年9月30日，效地为议付行柜台。

2017年7月28日，I银行收到该证项下PART A部分的交单，经审核后发现空运单日期为5月31日，存在迟交单的不符点，联系A公司后决定放弃不符点，并在五个工作日内付款。9月4日，I银行收到该证项下PART B部分的交单，单据仅为一份PART A来单中已提交过的空运单的复印件，日期为5月31日，I银行审核后未发现不符点，随即通知A公司单证相符、需在五个工作日内付款。9月5日，A公司联系I银行，声称单据“不符”并要求拒付该笔业务，原因是验收该证项下货物“能谱仪”需要用到的货物零件包含在另一个信用证项下，而相关的交单还未收到，导致无法完成验收因而CERTIFICATE OF ACCEPTANCE无法签发，而受益人却利用信用证相关条款来要求提前支付尾款，此次交单不符合申请人的预期，因此希望I银行能够从单据中找到不符点拒付进而拖延一段时间。I银行告知A公司由于单据表面相符，必须根据信用证条款的规定支付款项，后A公司于9月6日对外付款。

二、 案例分析

从本案看，开证行、申请人、受益人三方均存在不同程度的问题。

首先，对开证行来说，在审核开证申请书时，虽然注意到条款规定不明确,但是却忽略了两个重要事项。一是申请书对于受益人未能收到验收证明的可容忍天数与基础合同不能完全对上,合同的条款虽然表述有瑕疵,但却清楚地写明最长为装运日后 120 天,而申请书却缩短到装运日后 90 天;二是开证行要求 CERTIFICATE OF ACCEPTANCE 的替代单据仅为一份 PART A 项下已经提交过的空运单副本,这对受益人来说几乎是轻而易举的事情,只要在效期内提交就能支取尾款,缺乏对申请人的利益保障。

其次,从申请人角度来看,在其与受益人签订基础合同时就应该明确合同项下各方的权利与义务,并与受益人协商好支款时所需要的单据。在向开证行提交申请书要求开立信用证时应严格按照合同要求,明确规定该信用证下需要提交的单据类型。本案中的申请人既没有在合同签订时考虑好提交单据的类型,也没有意识到开证行的条款修改建议所带来的风险。

最后,对受益人来说,明知两个信用证之间货物运输存在时间差,申请人尚无法完成验收并出具验收证明,却利用开证的漏洞直接提交副本空运单支取尾款,显然有损于买卖双方的贸易关系,不是良好的贸易行为。

就本案而言,根据 UCP 600 第五条"银行处理的是单据,而不是单据可能涉及的货物、服务或履约行为",即使基础贸易项下申请人与受益人之间有纠纷,在信用证结算中银行只能根据单据表面内容决定是否相符,而无须理会合同下的货物或者双方履约行为。除非确实存在不符点,否则开证行没有理由不按照信用证的条款进行承付。因此,本案因单据相符,开证行必须承担付款责任,相关纠纷只能寄希望于申请人与受益人双方协商来解决。

三、 案例带来的启示

根据 ISBP 745 第 V 段:"申请人承担其开立或修改信用证的指示中所有模糊不清导致的风险;开证行应确保其所开立的任何信用证或者修改的条款没有模糊不清或互相矛盾之处。"因此开证行在收到申请人提交的申请书时必须严格审核相关条款，应从以下几方面考虑：

（1）由于信用证独立性原则，银行在审单时无须考虑基础合同，开证也主要基于申请人提交的开证申请书。但如果在开证阶段能够确保开出的信用证条款满足基础合同项下的相关履约要求，则能更好地避免信用证下的付款纠纷。站在开证行角度，如果发现开证条款在合同框架内会对开证行自身或申请人的利益造成损害，应及时做出提示。

（2）由于信用证下单据需严格相符，开证行需通过单据审核确定受益人提交的单据与信用证条款之间是否完全相符。因此在开证阶段对单据条款的措辞拟定要慎之又慎，尤其是在提出条款修改建议时，应仔细考虑相关条款是否会涉及各方当事人之间的权利义务及利害关系，否则极有可能引发纠纷，如本案中的开证行一样陷入两难之地——单据本身与信用证“相符”，却与申请人意愿“不符”。

现今银行业竞争激烈，而信用证交易中开证行又不可撤销地承担第一性付款责任，所以作为信用证从业人员，在业务处理中更应该秉持合理、谨慎的态度，仔细研读基础合同和客户申请书，准确设置信用证条款，这样不仅能够提升客户体验，也能避免开证行自身遭遇风险，陷入纠纷。

（作者：金欣然，交通银行国际结算中心）

信用证中的常见歧义表述与避坑指南

在日常处理信用证业务时，我们往往会遇见表意不明条款。信用证中的表意不明条款，即指信用证文本中措辞混乱、词不达意，导致含义模棱两可或自相矛盾的条款。信用证是银行审单的基础，表意不明条款会使信用证各方当事人在理解上产生分歧，对单据不符点是否成立或单据的处理方式产生争议，从而增加银行的操作风险与出口企业的收汇风险。为了防范表意不明条款的风险，确保国际结算顺利进行，本文将分析信用证中常见的歧义表述，并分别从进、出口方银行与企业的角度提出应对歧义表述的操作建议。

一、 信用证中常见的歧义表述及分析

（一）关于日期

在一份标准格式的 SWIFT MT 700/710/720 信用证报文中，通常会包含许多日期信息，如信用证出具日、效期、船期等，以上日期信息对信用证业务具有举足轻重的影响。信用证中具体日期的最常见表述方式是阿拉伯数字的形式，如用 180607 或 20180607 表示 2018 年 6 月 7 日。这是因为 MT 700/710/720 等格式报文为重要的日期信息设置了特定栏位，如 MT 700 中的 31C、31D、44C 等栏位。根据 SWIFT 报文对具体栏位的格式设置，这些栏位必须以 6 位阿拉伯数字按年月日（YYMMDD）的顺序来表达日期。

实务中，因各国对用阿拉伯表示的日期，数字排列习惯有所不同，在日期填写时往往会产生歧义。比如，在 2018 年 5 月 8 日收到的信用证中，MT 700 中的 31C、31D、44C 栏位分别显示了 180805、181007、

181006。根据SWIFT日期格式，该信用证应是2018年8月5日开出的，效期为2018年10月7日，最迟装期为2018年10月6日的一份信用证。而开证行本意是于2018年5月8日开立有效期为2018年7月10日，最迟装期为2018年6月10日的信用证。出现以上错误的原因，主要是因为英国等国家习惯上把日期写在月份前面，不熟悉SWIFT报文格式的开证人员很容易错误地填写栏位。

（二）关于币种

除了日期，币种也是信用证中比较容易发生歧义的要素之一。信用证MT 700报文的32B栏位中显示信用证的币种，除此以外，在信用证的其他栏位里也会涉及一些和币种有关的条款，有些表述不当便会引起歧义。

比如，在45A货物描述栏位显示金额为DOLLAR 10000.00，或者欧元信用证的费用条款显示："A CHARGE OF USD95.00 (IN THE CURRENCY OF THE CREDIT) WILL BE DEDUCTED FOR EACH PRESENTATION BEARING DISCREPANCIES."在上述两个例子中，尽管信用证的32B栏位有明确的信用证币种，但信用证的具体条款，即货物金额、费用条款中的币种仍是不明确的。

在第一个例子中，信用证的货物定价币种并不天然等同于信用证币种，DOLLAR可以表示多种币种，如美元USD、澳元AUD等。在第二个例子中，(IN THE CURRENCY OF THE CREDIT)字面意思为欧元，与前面USD95.00矛盾，有人认为此费用条款应整体理解成不符点费用为95美元的等值欧元金额，但也有人认为应理解为"USD(OR IN THE CURRENCY OF THE CREDIT) 95"，即USD95.00 OR EUR95.00，开证行如果按信用证币种收费，则收取95欧元。

（三）关于条款

信用证中的单据条款、附加条款和交单期限也经常会出现歧义的表述，给制单和审单造成困惑。本文分享两个经典的案例。

案例一：信用证47A栏位规定："ALL DOCUMENTS MUST BEAR LC

NUMBER EXCEPT THE FULL SET ORIGINAL CLEAN ON BOARD B/L."受益人提交的运输单据上显示了信用证号码。开证行以"BILL OF LADING STATE L/C NO.WHICH IS NOT ALLOWED."为由拒付。开证行认为，除提单外的所有单据必须显示信用证号，此句已排除提单，则提单不应显示信用证号。受益人认为，除提单外的所有单据必须显示信用证号，并未对提单作出限定，即提单不是必须显示信用证号，但不代表提单不可以显示信用证号。

案例二：申请人意图装船 21 天后方可交单，开证申请书中交单期表述为："DOCUMENTS PRESENTED LATER THAN 21 DAYS AFTER SHIPMENT DATE IS ACCEPTABLE."开证行指出该表述不能反推装船后 21 天以内交单不可接受。

二、 如何化解信用证中的歧义表述

要减少歧义表述对信用证业务的不利影响，最有效的方法是在开证拟定信用证内容和条款时就采取尽可能严谨的态度，避免出现歧义表述，从源头上掐断争议点。但考虑到百密一疏，当在已开立的信用证中存在上述歧义表述时，出口方应及时识别并及时联系开证行澄清疑点。如未能在交单前取得开证行的明确回复，则应结合信用证上下文仔细分析开证意图，避免因理解错误造成不符交单。

（一）规避日期歧义表述的方法

开立信用证时，银行应严格按照 SWIFT 的日期规则填写日期相关栏位。此外，当非日期栏位（如 47A、79 等栏位）需要表述日期时，尽可能用文字形式而非阿拉伯数字形式。例如，2018 年 6 月 7 日，中国习惯写成 20180607，按照英国式应表示成 07062018，而按照美国式应写成 06072018。那么最好写成 JUN 7, 2018，这样不管中国人、英国人或是美国人都一眼看得明白。

那如果遇到信用证显示 06072018，从该表述无法直接判定日期时，如何避免歧义呢？首先可以从信用证的开证行国别来判定，是否惯用英式或是美式。其次可以观察开证日期的数字顺序来推断，开证日期一般为收报日期的前几日，通过确定开证日期的显示顺序可推断船期等日期的正确含义，轻松避免歧义。

（二）规避币种歧义表述的方法

为避免歧义，开证时应使用标准的货币符号或 ISO 货币代码，如使用美元的地方应明确表述为：UNITED STATES DOLLAR、US DOLLAR 或 USD。上文例子中的费用条款，明确表述为："A CHARGE OF USD95.00 (EQUIVALENT IN THE CURRENCY OF THE CREDIT) WILL BE DEDUCTED FOR EACH PRESENTATION BEARING DISCREPANCIES."

出口交单在遇到币种不清且无法取得开证行确认时，应按照信用证币种制单，除非信用证本身有足够证据表明应使用其他货币。对于费用条款中的币种不清，受益人在开证行澄清前没有特别有效的途径来提前锁定，但无论如何，开证行也须承担信用证条款模糊不清导致的争议责任。

（三）规避条款的逻辑陷阱的方法

开证行在开立信用证时，应尽可能少用 EXCEPT、ACCEPTABLE 等限定性不强的词语来表示对某种情形的禁止性规定。比如将上述"ALL DOCUMENTS MUST BEAR LC NUMBER EXCEPT THE FULL SET ORIGINAL CLEAN ON BOARD B/L."改为"ALL DOCUMENTS MUST BEAR LC NUMBER, BUT THE FULL SET ORIGINAL CLEAN ON BOARD B/L BEAR LC NUMBER NOT ALLOWED."将"DOCUMENTS PRESENTED LATER THAN 21 DAYS AFTER SHIPMENT DATE IS ACCEPTABLE."改为"DOCUMENTS MUST BE PRESENTED LATER THAN 21 DAYS AFTER SHIPMENT DATE AND IN ANY EVENT WITHIN THE VALIDITY OF THE L/C."就可以彻底避开误会和争议。

受益人在制单遇到类似歧义条款时，则可罗列歧义条款的多种不同解释，按满足所有种类解释的要求制作单据来避免争议。因为虽然 ICC

一贯支持开证不明确的责任方在开证行，但对于众多惯例和商会意见均没有提及的情况，开证行免不了会坚持己方意图，最后变成不符点争议事件。

三、防范信用证歧义表述的措施

信用证条款无法清晰、准确地表达信息，不仅会损害受益人的经济利益、影响贸易双方顺利合作，同时也会影响信用证功能的发挥。为了保障各方权益，确保银行与贸易双方顺利使用信用证进行结算和融资，银行和企业都应该重视防范信用证歧义条款隐藏的风险。

（1）开立信用证时，开证行严格审核开证申请人提交的开证申请书，秉持严谨的态度要求申请人对容易产生歧义的条款做出修改，保证信用证语言规范、准确、无歧义。开证行应当确保其所开立的任何信用证或修改的条款没有模糊不清或互相矛盾之处，切不可对开证申请中表意不明的条款视而不见。

（2）通知行通知信用证时，应仔细审核所有条款，对于语义不清、表意不明有歧义的条款，及时与受益人沟通，把握条款的确切含义，并在必要时联系开证行改证予以澄清，避免货物发运后再联系改证从而使受益人陷入被动局面。交单行在进行单据审核时，若发现有歧义的条款涉及不符点的认定，应该在充分了解贸易背景的情况下，合理谨慎地对受益人进行相关提示。对于可以通过修改单据避免歧义的情况，应积极联系受益人对单据进行更正。当收到开证行以表意不明条款为借口的无理拒付时，不能姑息迁就，应按照有理有据的原则，积极对开证行所提不符点进行反驳。

诚如 ISBP 745 开篇所言："各有关方如对信用证或修改申请，以及信用证或其任何修改的开立的细节加以谨慎关注，审单阶段出现的许多问题能够得以避免或解决。"我们应在日常的业务操作中，慎防信用证条款的歧义问题，避免因误会产生不符点争议事件。

（作者：门晓凤，交通银行国际结算中心）

大宗商品信用证常见支款条款存在的问题及分析

大宗商品国际贸易通常通过信用证结算，且信用证条款相对复杂。其中支款条款是信用证中的关键条款，影响开证行、申请人、受益人三方的利益，下面通过几个案例来谈谈大宗商品信用证中的常见支款条款存在的问题以及可能带来的风险。

一、 支款款项规定不完整

案例一：某进口铁矿砂信用证规定如下。

42C：DRAFTS AT ... PLS SEE 46A

在45A栏位的货物/服务描述规定：

DESCRIPTION OF GOODS：PILBARA BLEND FINES

QUANTITY：90,000WMT（+/-10PCT）

ORIGIN：AUSTRALIA

PACKING：IN BULK

CFR MAIN PORT(S) CHINA

DISCOUNT ADJUSTMENT：USD XXX

其中没有规定货物价格。

在46A栏位要求的单据中规定信用证金额分首尾款支取：

PART A：PROVISIONAL PAYMENT OF 100PCT OF CFR CARGO VALUE IS PAYABLE AT 90 DAYS AFTER SIGHT AGAINST BENEFICIARY'S DRAFT AND THE FOLLOWING DOCUMENTS ...

PART B：FINAL PAYMENT IS PAYABLE AT SIGHT AGAINST BENEFICIARY'S DRAFT AND THE FOLLOWING DOCUMENTS ...

细看信用证首尾款的支款规定,可以发现该支款规定存在以下问题:

PART A 部分规定的支取金额是发运货物的 CFR 金额,但未提及 45A 里的 DISCOUNT ADJUSTMENT, PART B 尾款部分同样没有提及,而且也没有对于该部分支取金额的规定。

大宗商品信用证除了涵盖货物金额外,往往还结算其他费用和利息。本案中,根据合同,DISCOUNT ADJUSTMENT 其实是要由申请人额外支付,即申请人承担远期付款产生的利息或受益人贴现费用。但如果没有在信用证中明确,银行将无法判断这部分金额是作为申请人应付的贴现调整金额还是应在支款中扣除的折扣,而交单中如果支取这部分金额可能因与信用证支款条款不符而产生不符点。

矿石等大宗商品信用证经常采用首尾款分开结算的方式,虽然在贸易实务中尾款金额通常是根据卸货港检测结果计算的货值与首款支取金额的差额,但信用证处理的是单据,其本身应对尾款支取金额同样加以明确,而且往往尾款支取金额还允许包含运费、利息等的调整。如果不在信用证中予以规定,可能使交单支取这部分费用产生争议。

二、 忽视影响支款的要素

案例二:某信用证进口安哥拉 HUNGO 原油,结算货币为人民币,45A 价格规定如下。

THE DES UNIT PRICE PER NET US BARREL OF HUNGO CRUDE OIL DELIVEREDSHALL BE SHALL BE EQUAL TO THE ARITHMETIC AVERAGE OF INTERCONTINENTAL EXCHANGE'S DAILY SETTLEMENT PRICE FOR SEPTEMBER 2016 BRENT CONTRACTS EFFECTIVE FOR THE DATE RANGE 19 TO 21 JULY 2016 (BOTH DATES INCLUSIVE), PLUS A FIXEDPREMIUM OF USD XXX PER NET U.S. BARREL, EXCEPT FOR THE DAY OF EXPIRY ONLY, WHERE SECONDLINEBRENT SETTLEMENTS SHALL APPLY.

上述规定是原油信用证的常见计价条款,即价格根据特定时间洲际交易所(ICE)的布伦特原油期货合约平均结算价格加固定美元升贴水得到。

本案问题在于忽视了该信用证结算货币为人民币。洲际交易所公布的原油期货合约价格和信用证规定的升贴水都是以美元为货币单位，而信用证却没有对汇率进行规定。虽然合同可能约定了汇率，但对于仅处理单据的信用证结算，却是一个漏洞。对于开证行来说，交单如果使用不合理的汇率，开证行也将因信用证没有明确规定汇率而无法拒付。

三、银行无法判断价格是否经买卖双方确认

案例三：某进口阿曼原油的信用证在 45A 栏位规定。

PRICE：

THE PRICE BASIS DDU YINGKOU，CHINA IN U.S.DOLLARS PER U.S. BARREL OF THE CRUDE OIL DELIVERED HEREUNDER SHALL BE DETERMINED ON THE BASIS OF FEBRUARY 2018 FRONT LINE PLATTS DUBAI WHICH IS THE MEAN OF THE FRONT LINE OF DUBAI PRICING AS QUOTED IN THE DAILY PLATTS CRUDE OIL MARKETWIRE OF MONTHFEBRUARY，2018 WITH A PREMIUM OF USD XXX /BBL.

ROLLING AND TRIGGERING TO A FIXED PRICE：

(1) THE BUYER HAS THE RIGHT TO TRIGGER THE PRICE BY MUTUALAGREEMENT BETWEEN SELLER AND BUYER.

(2) BUYER HAS RIGHT TO ROLL OVER PRICING TO THE FOLLOWINGMONTHS'ICE BRENT FUTURES CONTRACT AT A MUTUALLY AGREED SPREAD.

(3) SELLER AND BUYER SHALL MUTUALLY SIGN A CONTRACT ADDENDUMAFTER EACH ROLLING AND TRIGGERING ARE DONE TO CONFIRM THEAMENDMENT OF THE PRICE.

即规定原油价格以普氏 2018 年 2 月迪拜原油首行价格为基准，买方有权按合同进行点价，也有权按双方约定的价差将计价期滚动到洲际交易所的下月布伦特期货合约价格。像上述条款(2)这样允许改变基准价

的条款不多见，但原油证中设置此类点价/滚动点价的条款还是比较常见的。这是原油贸易实务中的通常做法，考虑了频繁波动的国际油价背景下买方的利益。

上述案例存在以下问题：对于信用证结算的银行来说，从单据表面将无法判断发票价格是否是买方点价的结果，如果不是，银行也很难以此作为不符进行拒付。原油交易的特殊性，决定了其目前基本以信用证方式结算且更倾向于把基础合同的定价条款规定到信用证里。虽然原油贸易企业通常是了解行业惯例的大型企业，实务中很少出现恶意欺诈现象，信用证中此类条款设置也很少出现问题，但不排除上述风险的存在。

为缓解此风险，建议在信用证中明确，申请人的点价或滚动计价的选择将以信用证修改的方式做出，或是要求受益人交单中提供价格确认函证明申请人的点价。

四、 短支与超支条款的漏洞

1. 未允许短支

案例四：某进口5万湿吨镍矿的信用证，规定价格为USD25.50/WMT CIF LIANYUNGANG PORT, CHINA（以镍含量1.30%为定价基础），同时在附加条款规定了对镍和水分含量的价格调整。其中，镍的调整为：如果含量高于1.30%，高出部分每0.01%每湿吨价格等比增加0.5美元；如果含量低于1.30%，每0.01%不足对应每湿吨价格减少0.5美元，但镍含量不得低于1.20%。另外规定，卸货港允许为中国任意主要港口，发票允许显示运费调整。货物数量和信用证金额允许有10%的上下浮，不允许分批装运。

本证值得注意的地方是，在实际发运货物的其他成分和运费不调整的情况下，镍含量若为1.20%（符合信用证要求），单价将变为USD20.50/WMT，如果按信用证规定的5万湿吨发货，会引起信用证短支。因此信用证如果不允许短支，实际可能对货物要求更高，这对受益人来说是不利的。

2. 超支允许

案例五：某原油信用证在附加条款中规定："THE AMOUNT AVAILABLE UNDER THIS CREDIT SHALL BE AUTOMATICALLY ADJUSTED IN ACCORDANCE WITH THE ACTUAL QUANTITY LOADED AND IN ACCORDANCE WITH THE INVOICE VALUE BASED ON THE PRICE CLAUSE STATED IN THIS CREDIT, WITHOUT ANY AMENDMENT ON OUR PART."

即规定信用证金额将按照实际发货数量和按价格条款计算的货物价值调整，无需开证行修改。这种条款在石油类商品中比较多见，以适应多变的国际油价。但对开证行来说，却存在信用证金额敞口的风险。因此，对于此类条款，以及其他一些大宗商品信用证中允许根据价格调整条款自动增加信用证金额的规定，开证时应该避免，或是明确支取金额不得大于上浮后的信用证金额。

五、 承兑后金额可变条款带来的问题

案例六：某石油类大宗商品信用证允许受益人先以临时价格支款，并在信用证附加条款规定："ONCE THE DRAFTS HAVE BEEN ACCEPTED BY THE ISSUING BANK ACCORDING TO THE PROVISIONAL PRICE, IF THE FINAL INVOICE AND DRAFT PRESENTED, THE ACCEPTANCE OF THE DRAFT AMOUNT WILL BE REVISED ACCORDING TO THE REVISED AMOUNT SHOWN ON THE FINAL INVOICE AND DRAFTS."

买卖双方考虑到货物最终价格可能要等到临时支款交单并被承兑后才会产生，便约定在信用证中加入这样的条款：如果最终发票和汇票在根据临时支款被开证行承兑后提交，则开证行承兑的金额将变为最终发票和汇票显示的金额。这种条款改变了通常情况下提交最终发票之外支取与临时支款金额的差额部分的做法，整批货物金额可以在一个到期日一次性支付，可减少银行分笔付汇的中间扣费，避免尾款利息承担问题。但需要注意的是，这个条款似乎没有对最终发票金额作出限定，也没有给开

证行留出审核的余地。如果最终货值大于信用证金额，开证行的已承兑金额是否也变为最终发票金额？在开证行已对临时汇票金额承兑的情况下，还能对最终汇票金额的超支拒付吗？

因此，开证行还是应避免开证条款规定不清给自己带来的风险，在信用证中明确最终支取金额不得超过信用证金额最大值。另外，此条款规定最终发票和汇票提交即意味着承兑金额修改，而信用证如果指定他行兑用，将意味着最终发票和汇票只要提交到指定行，开证行的承兑金额就发生了变化。如果最终发票交单时间离到期日过短，很可能开证行来不及准备头寸甚至尚未收到最终发票和汇票就已届付款到期日，那么差额部分的利息该由谁承担？开证行也应要求申请人对此风险进行涵盖或担保。

综上，受市场供求、政策环境、上下游行业等的影响，大宗商品价格往往波动较大且频繁，其价值也可能根据自身品质进行调整，加上其交易结算还涉及运费调整、利息及其他费用的支付等，都使得大宗商品信用证通常在开证时无法确定支款金额；各种商品的行业特点、交易习惯和买卖双方需求也使得其信用证支款规定多种多样。但支款金额无法预先确定不代表信用证支款要求可以随意规定，相反，大宗商品交易对金额非常敏感，其交易金额也往往很大，需要大宗商品交易结算的各方在信用证中对支款的款项、条件进行明确，堵住信用证支款条款中存在的漏洞。

（作者：张翼鹏，交通银行国际结算中心）

保单被保险人与背书问题探究

海上货物运输保险在国际贸易商事活动中是必不可少的一个环节，用于补偿保险标的所有者在运输过程中的损失。由于货物所有权或风险的转移会导致保险利益的转移，所以保单也时常需要流转，但在信用证实务中保单往往未规定被保险人的名称，给银行判断单证是否相符带来困扰，引发较多实务纠纷。本文将依据国际惯例、我国《海商法》以及英国《1906 年海上保险法》等规定，分析在信用证未规定被保险人的情况下，保单显示不同当事方为被保险人的利弊，对国际贸易相关方和银行的实务操作提出可行建议。

一、 保单常见条款及实务做法

实务中，信用证只要求保单空白背书却未规定被保险人的情况很常见，保单条款通常为："FULL SET OF INSURANCE POLICY/CERTIFICATE BLANK ENDORSED(空白背书)FOR 110 PCT OF THE CARGO VALUE, SHOWING CLAIMS PAYABLE AT DESTINATION IN CURRENCY OF THE DRAFT, COVERING ALL RISKS."

针对上述情况，受益人提交的保单中的被保险人及背书的常见做法有三种：一是被保险人为"TO ORDER"，受益人空白背书；二是被保险人是受益人，受益人空白背书；三是保单直接出具给申请人或者开证行。下面就此三种情况展开分析。

二、保单被保险人与背书各类情况分析

（一）保单出具成“TO ORDER”十受益人背书

以“TO ORDER”为被保险人，再加上受益人的空白背书，表面上满足了信用证要求，既有 BLANK ENDORSED，也看似满足 ISBP 745 第 K21(a)段：如信用证对被保险人未做规定，则保单不得表明信用证受益人或除开证行或申请人以外的任何实体为赔付的受益人，或根据其指示赔付，除非该保单由信用证受益人或该实体作空白背书，或背书给开证行或申请人。但是这种方式出具保单可能会带来两种风险：其一，索赔权利可能无法被及时、合法地转让；其二，不能满足某些国家或地区法律对单据抬头的要求。

保险索赔的要件之一便是保单持有者系合法持有保单。保单做成“TO ORDER+受益人背书”，从表面上看，经过受益人空白背书，索赔权利应该能够顺利被转让，但在某些情况下仍可能发生“被保险人主体不适格”的情况而产生瑕疵。例如，实务中信用证中的受益人可能并非货物的实际供货商，而保险可能会由供货商以发货人（SHIPPER）名义直接投保。又如，信用证受益人也可能为了操作方便或节省费用而通过货代或投保代理代为投保。上述这些情况下，保单的实际投保人并非信用证受益人，此时，如将保单的被保险人做成“TO ORDER”并由受益人背书，按照由某实体投保即由该实体背书的逻辑，应在受益人背书前由实际投保人（发货人）先行背书，后续的背书才构成连续，进而使得保单被合法转让给申请人。若仅有受益人背书，则保单背书的连续性存在一定缺陷，按照民法典中关于善意第三人的相关规定，此时取得保单的申请人如果明确知晓另有投保人的情况，则其善意并合法持有保单的权利是有争议的，在索赔时可能面临被保险人被拒赔的风险。

另一方面，ISBP 745 第 K20 段规定信用证不应要求保单出具成“来人（to bearer）”抬头或“凭指示（to order）”抬头，可见，国际惯例不支持保单显示被保险人为“TO ORDER”，但也未明确禁止。我国《海商法》第二百二十一条只规定了在保险合同订立环节，被保险人如实通知保险人保

险事项即可，没有规定谁才能作为被保险人。英国《1906年海上保险法》作为各国海上保险法的范本，第五十一条也只是规定被保险人需要对保险标的具有保险利益，在保险利益丧失之前或者之时转让。虽然国际惯例和相关法律都没有禁止被保险人做成“TO ORDER”，但是需要注意的是有些南美洲国家的法律不允许任何单据的抬头出具成“TO ORDER”，而是要求必须显示一个具名实体。所以显示被保险人为“TO ORDER”的保单无法满足某些国家或地区法律对单据抬头的要求，存在一定风险。

（二）以受益人作为被保险人并空白背书

在信用证未规定的情况下，以受益人作为被保险人，并由受益人做空白背书转让，是一种标准且普遍的可转让（negotiable）保单的形式，不仅可以确保满足信用证的要求，而且无论谁是投保人或者保险标的的第一手所有者，只要将保险单据出具给受益人，受益人便是第一个拥有背书权的被保险人，之后的保险背书都将是有效的。同时，受益人可以要求投保人从受益人仓库便开始投保，避免出具国内区间和国际区间两份保单的麻烦。

（三）以申请人作为被保险人

在信用证未规定保险人的情况下，需要考虑信用证是否要求保单背书。如果要求背书，那么保单出具为以申请人作为被保险人就无法满足信用证条款的要求，易产生业务纠纷；如果信用证既未规定保单的被保险人，也不要求背书，那么将被保险人做成申请人虽然能够满足相符交单，但是不一定能保证贸易双方享有相对平等的保险权益。

以申请人作为被保险人这种做法通常情况下能够满足保险覆盖装运港装船后至卸货港卸货时的区间贸易双方的保险权益，但是对于“仓至仓（warehouse to warehouse）”条款来说受益人的保险权益很可能会受到损害，简单来说就是受益人在本次保险合同中只是投保人，相对申请人来说，处于弱势一方。满足索赔的条件之一就是：对保险标的具有保险利益。直接将申请人作为仓至仓全程的被保险人，如果在受益人仓库至装运港的过程中出现保险事故，申请人无法提出索赔，而受益人因为不是保单的被保险人，也无法向保险公司索赔。此时的风险由受益人承担，受益人将面临货物损失无法得到补偿，重新备货后信用证失效、合同失效、价格波动等一系列问题，这对于受益人而言，是一种钱货两失的局面。

三、启示与建议

在国际货物贸易中，保险是一种非常重要的救济措施，无论买方还是卖方都希望借助保险保障自身利益。但被保险人的选择和相应的背书影响到保险权益的可实现性及正常流转，在国际贸易中就显得尤为重要。通过上述分析可以获得以下实务操作方面的启示与操作建议。

（一）建议保单将受益人作为被保险人，经过背书转让

对于由受益人投保的国际贸易来说，在信用证和合同都未规定被保险人的情况下，将受益人作为保单的被保险人，再经过背书转让是一种最为稳妥的做法。一般这种做法可以很好地保护保险标的的保险利益者，通常也不会导致单证不符。

（二）建议贸易合同中明确保险的被保险人和转让方式

在国际贸易实务中，CIF、CIP 条款下应由出口商购买保险。此时，申请人为了最大限度地保护自身利益，往往会坚持以自己为被保险人，出口商可能由于自身的弱势地位而妥协。然而以此种形式签发的保单不仅容易产生未按信用证要求进行空白背书的不符点，更会埋下潜在的保险纠纷隐患。贸易双方应遵循约定所适用 INCOTERMS 版本的相关规定，充分了解各种术语的风险转移界限及相关法律对保险索赔权益界定方面的规定，在订立贸易合同之时，就将保险事宜作出合理规定，明确保险的被保险人和转让方式。之后，严格依照贸易合同开立信用证，合理安排货运保险事宜，降低进出口货物运输中的风险，保证贸易顺利进行。

（三）银行开立信用证时应遵循惯例的相关指导

银行在开立信用证时，应遵守国际惯例，避免使用模糊不清和矛盾的

条款。对保险的被保险人如何规定，在 ISBP 745 中有明确的条款可以参考，如开证申请中关于保单的条款未规定被保险人却要求背书，可能会给受益人一方带来困扰，银行应向申请人提示相关风险。

（四）交单行和保险公司应该及时给出专业性风险提示

保险公司和交单行作为国际贸易中重要的专业机构，在熟悉受益人的贸易背景和投保事实的基础上，在向受益人签发保单和收到受益人交单时应对保单的被保险人及背书做出专业性的风险提示，使得客户的单据既符合信用证的规定，又满足投保的目的。

（作者：熊森，交通银行国际结算中心）

NEGOTIABLE FORM 保单背书之争

在国际结算信用证方式下，保险单据的提交十分常见。保险单据是保险人与投保人之间订立的保险合同的证明文件，是保险人对投保人的承保证明，也是反映双方权利、义务关系的契约。在被保险货物发生保险责任范围内的损失时，保险单据是保险索赔和理赔的主要依据。在信用证下要求提交保单时，且货物发运后，只有同时掌握了保单和提单才算真正掌握了货权。保单权利的取得可以通过背书转让的形式，因此背书这一动作是至关重要的。本文意图通过对一则有关 NEGOTIABLE FORM 保单的案例进行讨论分析，从定义和 ISBP 惯例出发，探讨此类保单该如何正确背书，才能确保在信用证下无不符点。

一、 案例简述

信用证要求如下保单：NEGOTIABLE FORM INSURANCE POLICY/CERTIFICATE IN DUPLICATE FOR 110% INVOICE VALUE COVERING ALL RISK AND BLANK ENDORSED。提交的保单显示被保险人为信用证的申请人，承保金额为发票金额的 110%，且承保险种涵盖 ALL RISK，但未空白背书。问此情况下保单是否存在不符点？针对此问题，持相反观点的双方各执一词。

二、 案例分析

对此笔信用证下的保单条款进行分析后，笔者发现存在以下三点值得思考的地方：第一，保单条款未明确规定被保险人。ISBP 745 第 K21(a)段规定:“如果信用证对被保险人未做规定,则保险单据不得表明信用证受益人或除开证行或申请人以外的任何实体为赔付的受益人,或根据其指示赔付,除非该保险单据由信用证受益人或该实体作空白背书,或背书给开证行或申请人。”本案中的保险单据将被保险人做成申请人符合 ISBP 745 第 K21(a)段的规定,从而满足信用证对被保险人的要求。第二,保单条款要求保单空白背书即 BLANK ENDORSED。ISBP 745 第 K21(b)段规定:“保险单据的出具或背书使其项下获得付款的权利在放单之时或之前被转让。”当保单在受益人国家时,被保险人为申请人时,申请人不可能完成背书这一动作。从审核单证是否相符的角度来说,无论是在交单行处还是在开证行收到单据并进行审单时,保单并未满足条款中 BLANK ENDORSED 的要求。然而在实务中,银行可在放单之时由申请人完成背书,从而满足 ISBP 745 第 K21(b)段的规定。且保单背书这一动作的目的是付款权利的转让,本案例中保单的被保险人已经是申请人,申请人已掌握了获得赔付的权利。第三,保单条款要求其为 NEGOTIABLE FORM。分析此点的关键是如何理解保单中的 NEGOTIABLE 一词。NEGOTIABLE 一词翻译成中文有可转让的、可流通的意思。信用证要求的 NEGOTIABLE FORM 在 UCP 600 及 ISBP 745 中均未定义,且证中也没有提出明确的要求。因此根据字面意义理解,保单 IN NEGOTIABLE FORM 即要求保单为可转让形式。

持不符点不成立的一方认为 NEGOTIABLE 一词的出现,要求保单在寄往开证行时是一个可通过背书转让的状态,而不仅仅表示保单已背书可转让的这一特性。

ISBP 745 第 K20(b)段规定:“当信用证要求保险单据出具成‘凭(具名实体)指示’时,保险单据无须显示‘凭指示’字样,只要保险单据表明该具名实体为被保险人,或者表明将赔付给该具名实体且没有明确禁止背书转让即可。”从中可以判断对于保单,只要被保险人为具名实体且未明确禁止背书转让即为可转让形式。而本案例的保单无疑是满足这一条件的。

在被保险货物发生保险责任范围内的损失时,保险单据是保险索赔和理赔的主要依据,保险单据的转让属于索赔权利的让渡(ASSIGNMENT)。在贸易术语为 CIF 和 CIP 的条件下,保险单据索赔权利的让渡显得尤为重要。由于CIF及CIP贸易术语的规定，保费由卖方承担，保险单据由信用证中的保险公司出具。而CIF贸易术语下，卖方承担货物装上船为止的一切风险，买方承担货物自装运港装上船后的一切风险。或在CIP贸易术语下，货物在发货地由卖方交给承运人时，即实现了风险的转移。因此卖方需要及时将索赔权利让渡给买方。在本案例中，保单的被保险人为申请人也就是买方，那么买方在保单刚出具时就获得了索赔权利，就没有再进行背书的必要了。因此该保单满足了信用证的要求，不存在不符点。同时本案例中的保单也满足了实务中索赔权利及时让渡的要求。无论从单证相符还是实务的角度，该保单都是可接受的。

持不符点成立一方则表示：信用证要求可转让的保单，若将被保险人做成申请人且在申请人无空白背书的情况下，不满足其可转让且空白背书的要求。ISBP 745第K19段规定："保险单据须做成信用证所要求的形式，如有必要，须由凭其指示赔付或以其为赔付受益人的实体背书。"保单条款中要求的NEGOTIABLE FORM就是"所要求的形式"，而NEGOTIABLE FORM这一形式需要通过背书这一个动作才完成，更遑论保单背书是信用证的明确要求。此观点可从苏宗祥《国际结算》一书中对保险单据的相关描述中得到印证："保险单如同指示性的海运提单一样，可以由被保险人背书后随物权的转移而转让。"强调了转让需要先经过背书，此案中缺乏被保险人的背书这一动作，就不能说此保单是NEGOTIABLE FORM保单，否则保单条款中加入NEGOTIABLE FORM一词就无任何意义。持本观点方认为保单加入NEGOTIABLE FORM一词排除了ISBP 745第K21(a)段中在未规定保险人情况下开证行和申请人可作为被保险人的可能性。NEGOTIABLE FORM强调的是交单时保单已拥有可转让的属性，并不能因放单时可能满足这一属性而认为此案例相符，假设申请人恶意欺诈或面临破产，则更不可能主动进行背书这一动作。因此该保单存在未满足NEGOTIABLE FORM这一形式的不符点。

三、案例总结

笔者认为双方分析均有可取之处。UCP 600和ISBP 745均未对

NEGOTIABLE FORM 保单做明确定义。事实上,法律层面保单并不存在 NEGOTIABLE FORM,只存在 ASSIGNMENT(英国海上保险法用词)。保险单据既不是流通票据(NEGOTIABLE INSTRUMENT)也不是物权凭证(DOCUMENTS OF TITLE)。保险单据的转让,是一种权利的让渡,所以保险单据的抬头不必与提单、流通票据相同,保险单据表明谁是被保险人以及谁是保险单据受益人即可,经由被保险人或保险单据受益人背书或其他方式让出即可转让,只要保险单据没有限制成不得转让。本案中信用证要求提交 NEGOTIABLE FORM INSURANCE POLICY/CERTIFICATE 并不合适,开证行自身应当为定义不清的用词承担责任。所以,单从惯例上来说,只要保单未禁止通过背书转让即满足要求,至于背书这一动作是完成还是未完成并不影响单据可转让的属性,也不影响单据的功能。但因信用证明确要求 BLANK ENDORSED,这是一个在交单时已经完成的状态,信用证本身要求可以高于惯例,从单证相符角度,保险单据应该背书。但具体到本案,因保单已经出具为被保险人为申请人,在受益人交单环节就让申请人背书几乎是一件不可能的事情。

作为开证行,需要了解保险单据中的 NEGOTIABLE FORM 没有意义,应当避免开出类似的条款。而作为受益人,建议将被保险人做成受益人自身,再经过空白背书即可满足要求。

(作者:邵凤希、施名玙,交通银行国际结算中心)

4

典型案例分析

国际贸易风险与收益并存，因其跨国的特性一旦产生纠纷则极为不易解决。信用证作为一种平衡买卖双方权责的结算工具，通过设立一套标准化契约，以银行信用取代商业信用，降低了国际贸易中的结算风险，极大促进了国际贸易的繁荣。但在信用证的使用过程中，也产生了诸多新的问题和风险，例如信用证欺诈、海运风险、保单权利纠纷、信用证条款纠纷、单据审核争议等。

本部分精选10个国际贸易中的典型案例，以信用证为主要结算背景，案情涉及信用证开立、通知、制单、审单、交涉等各个环节，涵盖了海运、保险、原产地证明等国际贸易体系中重要的第三方服务。通过立体生动的案例解析，向读者展现了国际贸易活动中错综复杂的概念判定、责任界定和身份认定问题，探讨如何应对和降低国际结算中的各类风险。

信用证通知谜案

信用证通知是信用证业务中最基本和最常见的业务之一，是银行受理出口信用证的首要环节。出口信用证通知是否处理得当，直接关系到后续受益人能否顺利支用信用证。本文拟通过一则信用证通知实务案例，探讨信用证通知业务中当事各方的责任与义务，分析其中的风险防控要点。

一、 案情陈述

一批缝纫机器从我国出口至孟加拉国。买卖合同由某离岸公司（卖方）和香港某公司签署，实际收货人（即实际买方）在孟加拉国。买方委托美国某公司作为开证申请人向美国某银行就本笔交易申请开证，先后共开立两笔信用证，受益人为卖方，通知行为我国国内某银行。

该美国开证行通过 SWIFT 向通知行发送的两份 MT 700 中均存在如下软条款："COPY OF AN AUTHENTICATED SWIFT MESSAGE SENT BY THE ISSUING BANK TO THE ADVISING BANK, STATING THAT AN AUTHORIZED REPRESENTATIVE OF THE APPLICANT HAS ISSUED AN ORIGINAL SHIPPING APPROVAL CERTIFICATE ..."（要求提交一份由开证行发给通知行的加押电副本，内容声明申请人的授权代表已经签发了一份正本装运许可证明……）

一个月后，受益人称从买方处获知开证行已经开出删除该软条款的修改，但期间通知行并未收到任何形式的修改，因此受益人要求通知行主动发电至开证行询问信用证修改的情况，但开证行并未予以回复。随即，通知行就收到邮寄的两份 MT 707 格式修改件，当日通知行即向开证行发送电文，要求证实修改件的真实性："RE YR MAILED MT 707 YOUR LC NO XXX AND NO XXX FAVORING XXX DD XXX. PLS CONFIRM US THE AUTHENTICITY OF THE AM MT 707 BY YR RETURN SWIFT FOR US TO ADV BNF."

开证行第二天以 MT 799 报文做出了回复："RE YR MT XXX DTD XXX，RE OUR TWO L/C'S XXX AND XXX FAVORING XXX. WE HEREBY VERIFY AUTHENTICITY OF BOTH OF ABOVE-MENTIONED L/C'S. KINDLY PLEASE URGENTLY ADVISE BOTH L/C'S TO THE BENEFICIARY."通知行据此将该两笔修改件通知给受益人。

一个多月后，受益人通过国内另一银行交单，但被开证行拒付，理由是未提交开证行以 SWIFT 格式发送给通知行的加押报文副本，即前述软条款要求的单据。交单行随即反驳称该单据条款已在修改件中删除，但开证行矢口否认曾在该笔信用证项下开立过修改件。

受益人将该情况反馈通知行，通知行立即与开证行展开交涉，开证行坚称其根本未开立过任何修改件，并辩称其证实电仅仅证实了两份信用证的真实性（WE ONLY "VERIFIED THE AUTHENTICITY OF THE L/C'S" NOT ANY MAILED AMENDMENTS）。

又一个月后，开证行退单。此时，货物已因滞港而被孟加拉国海关扣押。受益人钱货两空，于是将通知行告上法庭，认为正是因为其通知行为存在过错才造成了自身的损失，要求赔偿包括货款在内的各项损失共计数百万元人民币。法院一审、二审判决均认为通知行确认信用证修改件表面真实性具有合理的理由，其向受益人通知该修改件并无不当。

法院的认定归纳起来有以下两点理由：

(1) 从语法上考量。关于"L/C'S"的不同理解是本案争议的焦点所在。法院认为开证行在对通知行要求确认修改件真实性的回复中，对信用证有无修改、其是否邮寄过纸质 MT 707 格式报文均未做出否定表示，而是确认两份"L/C'S"的真实性并请通知行尽快通知。从本案报文交涉来看，"L/C'S"包含多重含义，如表示所属关系、复数、在特定语境时也包含信用证修改件。在通知行明确要求开证行确认 MT 707 真实性的情况下，通知行有理由相信开证行的上述回复电文确认了信用证修改件的真实性，而不是信用证本身的真实性并再次要求其通知信用证。同时，法院也将交单行的行为纳入考量因素，认为交单行反驳开证行拒付的相关交涉内容可表明交单行也认可通知行对开证行证实电文的理解。

(2) 从通知程序上考量。通知行收到邮寄的修改件后通过 SWIFT 系统向开证行确认，并根据开证行通过 SWIFT 回复的加押电文核实该修改件的真实性，符合信用证交易的国际惯例和行业实务，亦是确认信用证修改件表面真实性的合理手段。

即便抛开语法和程序问题，该案依旧疑云重重：是谁伪造了信用证修改？又是谁布下了信用证的通知陷阱？这些疑问均不得而知，因本案非刑事诉讼，法庭也没有做进一步的追究。

二、 案情分析

虽然这一信用证通知谜案在历时一年半多的疑问、争议和诉讼后最终尘埃落定，但其中确有不少值得剖析和借鉴之处。

(一) 通知行是否履行了职责

该案通知行收取区区不到 200 元人民币通知费，却被起诉要求赔偿数百万元，收益与风险毫不匹配，通知行的责任问题再次被推到了风口浪尖。

UCP 600 第九条 b 款规定："通知行通知信用证或修改的行为表示其已确信信用证或修改的表面真实性，而且其通知准确反映了其收到的信用证或修改的条款。"在上述通知业务处理过程中，通知行遵循 UCP 600 的相关规定，SWIFT 系统 MT 700 格式信用证表明密押已自动证实；对于信开修改，在收到开证行加押电 MT 799 报文的前提下进行了通知，符合银行惯常操作方式。但对于证实内容的理解上却存在歧义，证实电文中的"L/C'S"到底指什么，成为争执的焦点，因为这决定了信用证到底有没有修改，软条款到底有没有被删除，交单是否相符。对此开证行和通知行各执一词。

在通知行与开证行的交涉中，开证行坚持认为回复电 MT 799 仅仅是对信用证真实性的证实，L/C'S 是指两份信用证。通知行则认为开证行的 MT 799 系回复通知行前一天要求其证实信开修改件真实性的报文，且开证行证实电文中明确引用了通知行报文（RE YOUR MT XXX DTD XXX ...），这一措辞显然表明开证行已阅知通知行求证纸质修改件真实性的报文内容，因而后续的证实措辞理应视为对两份修改件真实性的证实，即该报文中的 L/C'S 在上下文背景下应被理解为 L/C'S AMENDMENT 的省略形式。同时，信用证系开证行出具的不可撤销承诺，后续如有修改，则修改件与修改前的信用证共同构成开证行的不可撤销承诺。因此，在一份信用证存在修改的情况下，"信用证（L/C）"这一表述自然包含信用证及其全部修改。而且，任何一家处理信用证的银行都知晓通过 SWIFT 系统发送的 MT 700 信用证报文无需证实，开证行对通知行报文中的"MAILED MT 707"视若不见，反而去证实一个多月前开立的加押 MT 700 的真实性，这一说法显然站不住脚。法院的判决最终也是支持了通知行的主张。

（二）开证行的行为是否得当

信用证作为开证行有条件的付款承诺，以银行信用代替商业信用，是风险和责任都较高的贸易融资业务。银行通过评估申请人的资信，落实相应的抵押担保，为其设定一定的开证额度。本案的开证申请人是美国一家公司，该公司网站显示其是一家可以为全世界范围内的外贸公司代理开证以及提供一站式金融解决方案的中介机构，且该公司还特别宣传其可以为缺乏授信额度的客户开立所谓的"有条件信用证（CONDITIONAL LC）"或"特殊条款信用证（SPECIAL CLAUSE LC）"，开立这种信用证只需缴纳开证费用，无需任何授信抵押。该公司的性质及信誉由此可见一斑。反观开证行，如果其任凭申请人的要求人为设置软条款制约受益人，说明开证行风控意识淡薄，其第一性付款责任是否能顺利履行值得怀疑。如果开证行如其所说对通知行要求核实修改真实性的报文回复仅仅是对信用证的确认，则是答非所问并存在故意误导通知行之嫌；如果其回复是对修改的确认，后又因种种原因矢口否认，则是出尔反尔，严重丧失信用。对于通知行的查询，开证行应予以正面回应，如果确实没有开出该信用证修改，则应该毫不延迟地如实告知通知行。

(三) 买方是否违约

本案的买方有些复杂，既包含签订买卖合同的香港公司，也包含受托进行开证申请的信用证申请人，而孟加拉国的实际买方则是整个交易能否履行的关键。本案使用 CFR 价格术语，卖方在装货港船上将货物交付给承运人时即完成其交货义务，货物灭失或损坏的风险在货物交到船上时随之转移。卖方将货物装上船，支付运费，拿到提单，即履行了其在买卖合同下的交货义务。买方支付货款，凭提单在卸货港或最终目的地提货，整个交易结束，信用证在这其中只是支付手段之一，开证行拒绝付款并不会导致基础交易最终无法执行。UCP 600 第十六条 c 款在规定有关拒付后的几种处理方式中就明确包括了“开证行留存单据直到其从申请人处接到放弃不符点的通知并同意接受该放弃……”，也就是说只要申请人选择放弃不符点进而付款就可以赎回包括提单在内的全套单据。这种从银行信用解除到商业信用继续履行的平滑流转本身也保障了国际货物买卖的正常交易完成。在本案中，买卖双方的贸易合同并没有将发货前取得买方授权的装运许可证明作为履约条件之一，在基础合同项下，受益人已完成交货。造成信用证项下单据不符的原因是买方不给予装运许可证明，并不是受益人的过失，不算合同项下的根本违约。而且受益人也得到了买方已开出修改的承诺并通过通知行向开证行进行了查询，在受益人完成合同交货义务的情况下，买方应依照合同付款。如果买方做出修改承诺诱使受益人发货从而造成损失，则买方就有欺诈之嫌。后调查得知，该案实际买方因未在孟加拉央行备案，根据孟加拉国法律，无论从付款还是清关角度来看，注定这个交易客观上无法完成。

(四) 受益人(卖方)该何去何从

前车之覆轨，后车之明鉴。本案基础贸易当事方众多，关系复杂，交易行为异常曲折，而且由于实际买方未在其央行备案，最终将是一场无法完成的交易。对于首次交易，受益人作为卖方应当采取更加谨慎的措施，如确认交易对手身份并调查其资金实力，妥善安排交易结构，而不仅仅是依赖于银行开具的信用证。其次，信用证付款基于的是银行信用，受益人收到信用证后，应对开证行的资信进行详细了解。通过设置软条款逃避第一性付款责任是一些无良银行的惯常手法，受益人若草率接受这样的信用证，无疑增加了收汇风险。另外，在拒付发生、修改谎言被戳破后，受益人可以积极采取停运、转运、转卖等方法进行止损，例如我国合同法就明确规定："在承运人将货物交付收货人之前，托运人可以要求承运人中止运输、返还货物、变更到达地或者将货物交给其他收货人，但应当赔偿承运人因此受到的损失。"（第十七章运输合同第三节货运合同第308条）

三、本案启示

第一，信用证以银行信用为媒介，以提交单据作为象征性交货，为买卖双方交易的顺利结算架起桥梁，极大地便利了国际贸易的发展。但信用证本身的独立抽象性原则、严格相符原则并不能使信用证免除欺诈，甚至有可能成为欺诈滋生的温床。信用证独立于合同，仅凭单据表面相符进行付款，银行对单据有效性、真实性或法律效力等概不负责。实务中利用伪造单据包括伪造信用证及修改进行诈骗的案例时有发生。为防范欺诈，除上述独立抽象性原则、严格相符原则外，信用证还具有欺诈例外原则，是指在基础交易存在实质性欺诈的情况下，可以构成信用证关系与基础交易相独立的例外，即独立抽象性原则不再起作用，但这一原则适用的前提是法律的认定。国际商会本身不是立法机关，所以并没有对有关欺诈的概念进行界定，只能将其交给法律。正如前国际商会银行技术与实务委员会主席B.S.惠布尔在UCP 400前言中所说的那样："我们应该注意目前存在的欺诈这个主要问题，清楚地认识到欺诈的起因首先是由于商业一方与一个无赖签订合约，但是跟单信用证只是为商业交易而办理付款，它不可能当警察来控制欺诈的发生。"防止欺诈最重要的就是避免和骗子打交道，不管采用何种结算方式，任何时候都需要了解你的客户。买卖双方签订合同前，应慎重选择交易伙伴，对交易对手的企业规模、资信情况、信誉状况有全面的了解，和诚实守信的企业做交易，才能从根本上避免欺诈。第二，具体到信用证结算，由于其是开证行对相符交单的付款保证，受益人在收到信用证时，也要调查开证行的资信，尽量要求由资信好、排名靠前的银行开出信用证，并结合交易对手、交易往来等综合情况决定是否接受一份信用证，或要求申请人另外寻找一家信誉好的银行对信用证进行保兑。第三，银行在 SWIFT 往来报文中，应本着诚信原则更加谨慎地处理，既要看清对方的来电，也要小心措辞自己的回电，严防死守，不留漏洞，避免给后续业务增加障碍或使自身卷入风险之中。正如本案所揭示的那样，如果开证行能对有关修改的确认给予正面回应，明确告知并无修改开出，通知行能在收到确认电后仔细推敲，多发一份报文进行询问，则后续有关欺诈的事件也许就不会发生。

（作者：江齐，交通银行国际结算中心）

海上货物运输的可保利益探究及对保单审核的思考

可保利益原则是海上货物运输保险的重要原则之一，也是保险索赔的必要条件之一。银行审单工作中经常会接触到保险单据，充分了解在不同贸易术语下的可保利益原则，对更好地保护我国进出口商的利益具有重要意义。

本文将从海上货物运输不同区段，探讨保单当事人的可保利益，并分析保险单据审核的几个要点。

一、 什么是可保利益

关于可保利益，杨良宜在《海上货物保险》一书中论述："可保利益就是主要针对受保人会因为海上航程或受保财产的安全到达而受益，或者会因为它们的灭失、损坏、被滞留而受损，也或因为受保财产而招致责任。""受保人需要对受保财产有'合法或公平的关系'……""合法或公平的关系可以包括许多不同的所有权、合约或风险的关系。"[1] 我国《保险法》强调，保险事故发生时，被保险人对保险标的不具有可保利益的，不得向保险人请求赔偿保险金。保险事故发生时，被保险人对保险标的应当具有可保利益。可见，在海上货物运输中，可保利益归属于承担货运风险的一方，且在货损发生时，被保险人应当具有可保利益才可以向保险公司索赔。

在(2001)粤高法经终字 147 号《黄春发有限公司诉中国太平洋保险公司广州分公司海上运输货物保险合同纠纷上诉案》中，买方深圳桂兴公

1　杨良宜:《海上货物保险》，法律出版社，第 110－111 页。

司和卖方泰国的黄春发公司签订了两份买卖合同，适用的贸易术语是CFR中国北海。由中国的买方深圳桂兴公司向保险公司投保一切险，且被保险人为深圳桂兴公司。

法院认为：一旦货物越过船舷，装上运输船舶，买方深圳桂兴公司就负有依合同约定承担民事责任的可能性，而责任利益就是可保利益之一（该案贸易术语适用规则为INCOTERMS 2000）。因此，深圳桂兴公司对保险标的具有可保利益。

从法院的判定可推断出两点：第一，在CFR贸易术语下，根据INCOTERMS 2000，风险在装货港货物越过船舷时转移，即由卖方转移到买方。根据可保利益的概念，承担风险的一方具有可保利益。因此，买方此时对被保货物具有可保利益。而在FOB、CIF贸易术语下，风险的转移时点同样是货物在装货港越过船舷时，风险转移后，可保利益从卖方转移到买方。第二，风险及货物所有权相互分离，相应的可保利益与货物所有权也可以是相互分离的。一般情况下，在海上货物运输中，货物所有权的转移是在买方最终付款赎单，取得货权凭证——提单时才转移。而上述案例中，货物在装上海运船只时，风险已经转移给了买方，但货权仍然在卖方手中。可见买方承担了海上运输的货物损失等风险，此时买方享有可保利益。

二、装货港前区段的可保利益及索赔权

装货港交付运输前区段的可保利益的归属与适用的贸易术语相关。杨良宜在《海上货物保险》中提到，在CIF术语下，如果在岸上运输期间就已经因为承保风险发生了货损，此时买方既没有货物所有权，也没有风险，不具有可保利益[1]。但是，如果买方以保单受让人的身份向保险公司索赔，则转让给买方的权利也就是转让人（卖方）的权利。转让人（卖方）在岸上具有可保利益，买方作为被转让人也就有了可保利益。

由此可见，CIF下，装货港付运前的可保利益由卖方享有，最终卖方

1 杨良宜：《海上货物保险》，法律出版社，第126－127页。

可将此项索赔的权利转让给买方(通过保单背书转让等方式),让买方享有可保利益。但是在FOB、CFR贸易术语下则有所不同。此时,一般是买方投保,若货损发生在付运前的区段,根据2020年1月1日生效的《国际贸易术语解释通则®2020》,风险转移点在装货港船上,买方在装货港船上风险转移后才享有可保利益,在付运前的区段无可保利益。因此,买方无权向保险公司索赔。因为,此时货物和买方没有任何关系,买方无风险责任也无货权,最终利益受损的是卖方。综上,FOB、CFR贸易术语下,解决付运前发生货损风险的方法可以是卖方在此区段单独投保。

探讨完在装运港前岸上运输期间的可保利益归属,我们再探讨下付运前的一个重要地点——"仓至仓"条款的起点的可保利益归属。"仓至仓"条款本质上是保险责任区间的扩展条款,将起运港扩展至发货人的仓库,目的港扩展至收货人的仓库。那么在CIF术语下,若货损发生在发货人的仓库,卖方是否一定具有可保利益呢?

在(2018)津民终54号《北京欣维尔玻璃仪器有限公司、中国人民财产保险股份有限公司北京市分公司海上、通海水域保险合同纠纷》一案中:北京欣维尔公司委托北京嘉信公司代理出口一批玻璃仪器,签订了代理出口协议。财保北京分公司签发运输保险单,载明被保险人为北京嘉信公司,保险区间是天津至费城,承保险别为一切险。经法院查明,北京欣维尔公司投保的一切险,保单背面条款(《海洋运输货物保险条款》PICC 2009版)规定:"本保险负'仓至仓'责任,自被保险货物运离保险单所载明的起运地仓库或储存处所开始运输时生效。"保险单记载的保险区间自天津至费城。而涉案货物在货物的堆场附近发生火灾爆炸,货物全部被炸毁。法院首先认定,北京嘉信公司与欣维尔公司之间是出口代理关系,因此,北京欣维尔公司在保险责任区间具有可保利益。但是,根据保单背面"仓至仓"条款的规定,保险责任区间是涉案货物运离天津的仓库或者存储地。而事实上,涉案货物发生火灾时尚未起运离开天津的仓库。因此,不符合"仓至仓"条款的规定,法院驳回北京欣维尔的上诉。

分析:根据本案的背景,虽然裁判文书中并未说明本案涉及的贸易术语,但是,根据出口方北京欣维尔公司办理海上货运保险,加上法院认定其具有可保利益的事实,笔者推定使用的是CIF贸易术语。本案承保条款为“仓至仓”条款，虽然在装货港付运前，被保险人具有可保利益，但是依然无法要求保险公司赔偿。杨良宜在《海上货物保险》一书中就提到，根据2009年协会货物条款，“仓至仓”条款的起点应当是“为了把货物马上装上运输工具，而在仓库或者储藏的地方首次移动货物”。[1]由此可见，在起运地仓库存放时，被保险人是不具有索赔权的，因为保单规定的保险区间并不包括仓库存放期间。因此，被保险人是否具有索赔权不仅仅须根据风险承担，还应当根据保险条款规定的保险区间，尤其是“仓至仓”条款的保险赔付起算点。

三、 装运港船上及海运过程中的可保利益及索赔权

根据《国际贸易术语解释通则®2020》，在FOB、CFR、CIF贸易术语下，海运货物灭失或损坏的风险在货物交到船上时由卖方转移给买方。虽然此时货物所有权并未转让给买方，但是不影响买方享有保险标的的可保利益。一般情况下，装运港船上及海运过程中的可保利益较为明确。下面通过一个案例了解此区间具有可保利益的重要性。

在(2008)沪高民四(海)终字第178号《艾米可资源有限公司与太阳联合保险(中国)有限公司合同纠纷》一案中，湖南工艺品公司与联合合金有限公司签订销售合同，湖南工艺向联合公司出售480吨电解金属锰粉。随后，艾米可公司向联合公司购买涉案货物后转卖给最终的收货人加拿大铝业公司，并与加拿大铝业公司约定涉案货物在中国装船时不得具有含水量。艾米可公司和加拿大铝业公司签订的贸易合同约定的贸易术语为CIF蒙特利尔。太阳公司签发保单，被保险人为艾米可公司。货物运至目的港后经过专业检验机构检测发现货物含有水分。收货人以含水量过高为由拒绝货物。随后艾米可公司向太阳保险公司索赔。根据保单的记载，艾米可公司是被保险人，太阳公司是保险人。法院认为，本案中当事人的纠纷焦点之一主要就是艾米可公司是否具有可保利益。由于艾米可公司以商业秘密为由拒绝提供其与加拿大铝业公司之间的销售合同，

1 杨良宜：《海上货物保险》，法律出版社，第375页。

因此无法明确双方就涉案货物的权属约定。法院也无法认定艾米可公司以支付对价的方式从联合公司处合法受让涉案货物，艾米可公司也并非涉案指示提单的托运人和通知方。艾米可公司无法证实其合法持有过全套涉案提单，从而无法认定货物是否由艾米可公司转让于加拿大铝业公司以及艾米可公司是否有权转让给加拿大铝业公司。

分析：在本案中，艾米可公司无法证明其与加拿大铝业公司之间的贸易关系，无法证明其曾具有货物所有权并将货物卖给加拿大铝业公司，无法判定贸易术语，故无法认定货物风险的承担和转移。因此，也就无法证明艾米可公司对保险标的具有可保利益，其也就无权向太阳保险公司索赔。

四、 当货物到港后至目的地仓库可保利益及索赔权

保险单据载有“仓至仓”条款的情况下，若货物由卸货港至仓库的实际运输路径与保单显示的承保范围相同，并且买方承担运输风险，则买方应当具有可保利益和索赔权。但是如果买方并没有按照保单上显示的运输路径运送货物，此段运输中是否依然享有可保利益和索赔权，我们通过如下案例进行探讨。

在(2010)沪海法商初字第101号《尤迪特包装私人有限公司(UDIT PACKAGING PVT)与大众保险股份有限公司海上、通海水域保险合同纠纷》一案中，原告耀科公司与原告尤迪特公司签订了一份贸易合同，尤迪特公司向耀科公司购买自动模切机。结算方式为不可撤销信用证，贸易术语为CIF。涉案货物的装货港为中国任何港口，卸货港为印度那瓦什瓦港。由原告耀科公司向保险人大众保险股份有限公司投保，且被保险人为耀科公司，保单显示投保一切险，运输路径为中国上海港至印度那瓦什瓦港，从受益人仓库至申请人仓库。当货物出运后，耀科公司将保单背书转让给了尤迪特公司。涉案货物运抵目的港后由尤迪特公司报关，将货物从印度那瓦什瓦港集装箱散站提出，装上集装箱卡车，运往尤迪特公司在印度浦那的场所。但是该卡车在离印度潘维尔市约3公里的高速公路上驶向浦那的一侧发生翻车事故，造成了严重的货损。后印度尤迪

特公司持有保单向保险人索赔。被告大众保险股份有限公司拒绝赔付。法院认为,货损事故发生地点已经离开了印度那瓦什瓦港,因此被告的保险责任自涉案货物提离目的港开始运输时终止。

分析:在本案中,由于货物出运后,被保险人耀科公司就将保单背书转让给了尤迪特公司。涉案适用的贸易术语是CIF,因此货物出运后,风险由耀科公司转移至尤迪特公司,尤迪特享有对货物的可保利益,成为保单的合法被保险人。但是,本案的保单上显示承保的是"仓至仓"条款,且保单的背面对此条款也进行了解释:"本保险负'仓至仓'责任,自被保险货物运离保险单所载明的起运地仓库或储存处所开始运输时生效,包括正常运输过程中的海上、陆上、内河和驳船运输在内,直至该项货物到达保险单所载明目的地收货人的最后仓库或储存处所或被保险人用作分配、分派或非正常运输的其他储存处所为止。"本案中保单显示的目的港是印度那瓦什瓦港,且承保"仓至仓",但是并未注明目的地的仓库的具体信息,此处目的地的"仓"因此被认定为在目的港的任意一个仓库。而事实上,货物在印度那瓦什瓦港范围之外发生了货损,不在所谓的目的地的仓库。则根据保险条款,保险公司不承担赔偿责任。被保险人尤迪特公司索赔权也相应地丧失。

换句话说,当保险公司的承保风险终止时,买方的索赔权也相应地终止,此时即便可保利益已经转移给买方,买方也无权索赔。

五、对保单审核的思考

通过以上对可保利益的探究,了解可保利益的含义和保险权益的转让方式,对于保单的承保责任有了更进一步的理解。这有助于我们对惯例的理解,有助于平时对保单的审核。

(一) 保单的被保险人和背书

在平时的审单过程中,经常遇到的关于保单的条款是:"FULL SET OF INSURANCE POLICY/CERTIFICATE FOR 110% OF THE INVOICE VALUE SHOWING CLAIMS PAYABLE IN DESTINATION, IN

THE CURRENCY OF DRAFT, BLANK ENDORSED, COVERING ...”这种要求空白背书的保单较为常见，且通常的做法是保单被保险人显示成受益人，然后由受益人空白背书。当申请人付款赎单后，取得全套保单，同时成为保单的被保险人，取得了可保利益。若货物在保险承保区间发生承保风险内的损失，可向保险人索赔。但是，有时也会出现受益人提交的保单将被保险人出具成申请人。这样在交单的时候，无法满足信用证要求的空白背书。并且，在货物通过装上船并转移风险前就将申请人作为被保险人，可能导致受益人的保险权益丧失，申请人最终也无权索赔。

(二) 保单的运输路径

平时审核保单运输路径的原则就是能够覆盖提单或者信用证上约定的运输路径。准确审核装货港和卸货港的正确性具有重要意义。例如，笔者在平时审单时经常遇见这种情况：提单上显示的装货港是 NINGBO，而保单的装货港却错写成 SHANGHAI。这将改变承保的风险区间，给受保人的索赔带来巨大风险。若把卸货港写错也会面临同样的问题和风险。因此，应当细心审核保单运输路径。

(三) 保单中的“仓至仓”条款

“仓至仓”条款是保险责任区间的拓展。在平时的审单过程中，经常会遇到这样的保单，承保险别显示：“... ICC(A) ... FROM BENEFICIARY’S WAREHOUSE TO APPLICANT’S WAREHOUSE ...”若 L/C 规定了具体收货人的仓库的名址，则保单须按 L/C 上规定的显示。若未规定，而仅仅要求“仓至仓”，那么目的地的“仓”就默认为收货人在目的港的任意一个仓库。而这正突显了仓港异地时保单显示目的地仓库名址的重要性。

(四) 保单的出具日期

一般来说，如果保单上未显示保险责任开始时间，则保单的出具日期须早于货物装运日期。这是根据 UCP 600 第二十八条 e 款：“保险单据日期不得晚于发运日期，除非保险单据表明保险责任不迟于发运日生效。”

在商会意见 R 766 TA 709rev 中,保单的出具日晚于装运日,但是明确了“仓至仓”的运输区间,因此不是不符点。对此,商会的解释是:根据 UCP 600 第二十八条 e 款,若保单注明的是“仓至仓”条款,那么在此情形下,保单的签发日期并不重要,因为保险责任在发运日前就已经生效了。因此,若保单的出具日晚于装运日,且显示“仓至仓”,是可以接受的。但是,商会的这一理解实际上是对 UCP 600 第二十八条 e 款的误读。因为根据以上的案例,保险责任区间认定较为复杂,不可仅凭保单显示“仓至仓”就认定保险责任开始时间在保单出具日之前。而之后出版的 ISBP 745 第 K10(c)段也推翻了该条商会意见,“保险单据显示保险基于‘仓至仓’或类似条款已经生效,且出具日期晚于装运日期,这并不表示保险生效日期不晚于装运日期”。可见,在审单时,若保险单据未显示保险责任开始时间,出具日晚于装运日,即使保险单据显示“仓至仓”条款,仍可以提出“出具日晚于装运日”的不符点。

(作者:袁婷婷,交通银行国际结算中心)

从湖美案看原产地证价格栏位的审核

一度热议的湖美公司与星展银行信用证纠纷一案[1]，让业内对原产地证的审核有了一个新的关注点，即原产地证的FOB价格栏位。事实上，在笔者审单经验中，也曾发生过原产地证FOB价格栏位显示了发票CIF价格的情况，经提示后，受益人一般都会承认误填并修改。而此次案例的审判结果以"不符点不成立"而告终，让相关从业人员不得不思考：以后遇到类似情况，银行该如何把握审单的尺度，才能确保控制风险的同时维护好客户的利益呢?

一、案情简介

被告新加坡星展银行(以下简称星展银行)以原告无锡某公司(以下简称湖美公司)为受益人开立了即期付款信用证，湖美公司提示付款后，星展银行以原产地证明第9栏所列FOB价格与发票显示CIF价格相同，构成不符点为由予以拒付。湖美公司诉称星展银行提出的拒付信用证项下款项的理由不能成立。历经三年两次公开审理后，江苏省高级人民法院判定星展银行主张的不符点不成立，其应当向湖美公司支付涉案信用证项下款项。

二、原产地证FOB价格栏位的用途

业内人士都知道，原产地证主要是进口国用来实施外贸管理措施、

1　参见：(2017)最高法民终327号《新加坡星展银行、无锡湖美热能电力工程有限公司信用证纠纷二审民事判决书》。

进行外贸统计以及确定税率待遇的依据。目前世界上大部分国家的进口关税采用的计税标准是从价税,计算进口关税税款的基本公式是:进口关税税额=完税价格×进口关税税率,而除美国、加拿大的进口完税价格是以FOB价格为税基以外,大多数国家规定以商品的CIF价格为进口商品完税价格的税基。因而当贸易以FOB价格条款成交时,海关会根据《海关估价协议》将运费、保费等计入买方实付或应付价格中来确定完税价格。

然而,并不是所有的原产地证都要显示FOB价格(见附表一),因为清关的时候已经随附了发票,那么为什么有些原产地证还必须要显示FOB价格呢?从地方出入境检验检疫局网站查询原产地证书的填制说明可以发现,凡是带有FOB价格栏位的原产地证书,都要求FOB价值列项应与项目编号栏位、包装数量及种类栏位、协调制度编码栏位、原产地标准栏位和毛重或体积或件数栏位一一对应,因为当商品含有进口成分时,原产地标准栏位涉及区域价值成分计算,与FOB价格密切相关,公式是RVC=(V-VNM)÷V×100%。RVC指以百分比表示的区域价值成分;V指按照《海关估价协议》规定,在船上交货价格(FOB)基础上调整的货物价值;VNM指按照《海关估价协定规议》,在成本、保险费加运费价格(CIF)基础上调整的非原产材料的价值。例如,FORM E含进口成分,区域价值≥40%——"RVC"。由此可见,原产地证FOB价格栏位主要是为确定区域价值成分服务的。

三、 原产地证书FOB价格显示了发票CIF价格的影响

根据国际商会INCOTERMS规则,FOB表示指定装货港船上交货,因此FOB价格被称为离岸价格,而CIF表示货物到达指定目的港的成本、保险费加运费,CIF价格俗称到岸价格。从定义上就可以理解,正常情况下,商品的CIF价格必然大于FOB价格。在特殊情况如存在转让的情况下,产地证由第二受益人出具,其显示转让后的FOB价格,通常不会大于第一受益人出具发票上的FOB价格,更不会大于或等于第一受益人发票的CIF价格。

当原产地证上FOB价格显示了发票CIF金额时，相当于提高了货物的FOB价格，就会影响区域价值成分的计算，进而有可能导致进口商无法享受税收减免的优惠待遇，甚至可能清不了关。

即使在运费保费均为零的极端情况下商品的FOB价格等于CIF价格，根据前文所述，海关会根据《海关估价协议》来确定完税价格，运费保费均为零很有可能会被认为是一种低价倾销手段而遭受处罚。

因而，原产地证FOB栏位的填写，对进口商无论是享受关税优惠还是进行清关手续，都会带来影响。

四、从银行审单层面探讨交单是否相符

法院判定不符点不成立的依据之一是UCP 600第十四条d款，单据中内容的描述不必与信用证、信用证对该项单据的描述以及国际标准银行实务完全一致，但不得与该项单据中的内容、其他规定的单据或信用证相冲突，并进一步解释无须"等同一致"是允许同一类数据之间存在一些细微差别，但不导致矛盾或歧义。而事实上，本案中并非是同一类型数据间出现细微差别，而是不同标准的数据相同。FOB价格与CIF价格是两种不同交易方式的贸易术语，其各自的金额不可以直接拿来比照，只有当发票上也显示了FOB价格时，才能与原产地证上的FOB价格进行比照。那么星展银行擅自对货物的FOB价格进行审查，将FOB价格与CIF价格进行比较，并推断出这两个数据间冲突了，是否违背了UCP 600关于银行审单不得介入基础交易的基本原则呢？

换句话说，当发票没有单独显示FOB价格时，原产地证上的FOB价格是否就可以作为额外信息不予审核呢？笔者认为需要根据实际业务进行考量。尽管根据前文分析，理论上讲，FOB价格栏位关系到原产地标准栏位的填写，而原产地标准影响到关税优惠的适用，进口商之所以要求原产地证书，也许就是为了享受中国—东盟自由贸易区关税减免的优惠。但国际惯例强调银行审核的是单据的"表面相符"，UCP 600第十四条f款规定的审核标准是"单据内容看似满足所要求单据的功能"。作为银行审单人员，对国际贸易中五花八门的单据，如何把握其"单据功能"，各人

有各自不同的尺度。在目前的法院判例和国际商会案例框架下，为便利国际贸易的达成，审核单据最重要的是准确抓住其基本功能。如果信用证没有做出更详细的规定，那么原产地证的基本功能就是ISBP 745第L1段所称的“证实货物原产地”。

当然，此案中湖美公司援引的一个很有力的驳斥依据是，产地证的(FOB)并不必然是国际贸易术语的FOB，因而无须与发票上的价格进行比对。由于没有任何明文规定，产地证FOB价格的定义确实存在争议，完整的国际贸易术语应当在FOB后面紧跟装货港，而且不同版本的国际贸易术语中FOB价格的构成也确实不完全一致，湖美公司的驳斥理由能够得到法庭采信就不足为怪。

五、结论与启示

银行如何在确保控制风险的同时维护好客户的利益？

对于进口方银行，收到此类来单，应提示给申请人/进口商。但基于法院判决，应避免凭此拒付，建议买卖双方在信用证之外解决。同时，为了更好地保护进口商和银行自身的利益，建议申请人在开证时明确要求发票分别显示FOB价格、运费和保费，以免后期来单出现本案中的争议。

而对于出口方银行，收到类似交单，应及时提示客户修改，避免后续给进口商享受关税减免或办理清关造成麻烦。如果受益人未做修改，交单行照此交单给开证行之后开证行以此拒付，出口方银行也可根据法院判决的理由尝试反驳，维护出口商的利益。

（作者：石燕峰，交通银行国际结算中心）

附表 1　我国出具各类原产地证书用途与价格栏位一览表

原产地证书种类	作用	适用范围	优惠幅度	是否要显示发票价格
一般原产地证书(C/O)	享受进口国正常关税(最惠国)待遇的证明文件,用于征收关税、贸易统计、保障措施、歧视性数量限制、反倾销和反补贴、原产地标记、政府采购等方面	各国	按最惠国税率征税	否
普惠制原产地证书(FORM A)	我国出口产品在给惠国享受在最惠国税率基础上进一步减免进口关税的官方凭证	目前适用范围缩小至挪威、土耳其、加拿大、新西兰、澳大利亚、日本、白俄罗斯、俄罗斯、乌克兰、哈萨克斯坦 10 个国家	在最惠国税率基础上进一步减免进口关税,优惠 25%～45%	否
中国—东盟自由贸易协定(FORM E)	在协定成员国之间就特定产品享受互惠减免关税待遇的官方凭证	文莱、柬埔寨、印尼、老挝、马来西亚、缅甸、菲律宾、新加坡、泰国、越南 10 个国家	自 2004 年 1 月 1 日起,各国关税降到 0～5%不等	是,FOB
中国—巴基斯坦自由贸易协定(FORM P)	在订有区域性贸易协定的国家或地区间相互给予关税减免的凭证	巴基斯坦	至 2008 年 1 月 1 日原产于中国的 486 个 8 位零关税税目产品关税降为零,平均优惠幅度为 22%	是,FOB
中国—新加坡自由贸易协定(FORM X)	同上	新加坡	于 2009 年 1 月 1 日起,取消所有自中国进口产品的关税	是,FOB
中国—韩国自由贸易协定(FORM K)	同上	韩国	于 2015 年 12 月 20 日开始实施,随附上述证书的出口货物按协定规定在韩国享受关税优惠待遇	否
亚太贸易协定(FORM B)	同上	韩国、斯里兰卡、印度、孟加拉国、老挝	自 2006 年 9 月 1 日起,降税幅度从 5%到 100%不等	否

续表

原产地证书种类	作用	适用范围	优惠幅度	是否要显示发票价格
海峡两岸经济合作框架协议	同上	中国台湾	2011年1月1日起，我国台湾地区对267项产于大陆的产品实施降税	是，发票价格
中国—新西兰自由贸易协定(FORM N)	同上	新西兰	2016年前分阶段逐步取消从中国进口产品的关税，直至关税降为零，其中63.6%的产品自2008年10月1日协定生效时起即实现“零关税”	是，发票价格
中国—澳大利亚自由贸易协定	同上	澳大利亚	于2015年12月20日开始实施，随附上述证书的出口货物按协定规定在澳大利亚享受关税优惠待遇	否
中国—智利自由贸易协定(FORM F)	同上	智利	自2006年10月1日起，对原产于我国的5 891个6位税目产品关税降为零	是，FOB
中国—秘鲁自由贸易协定(FORM R)	同上	秘鲁	2010年3月1日起，中秘双方将各自90%以上的产品分阶段实施零关税，双方全部产品分五类实施关税减让	是，发票价格
中国—哥斯达黎加自由贸易协定(FORM L)	同上	哥斯达黎加	2011年8月1日起，中哥双方将对各自90%以上的产品分阶段实施零关税	是，发票价格
中国—瑞士自由贸易协定(FORM S)	同上	瑞士	2014年7月1日起瑞方将对中方99.7%的出口立即实施零关税	否
中国—冰岛自由贸易协定	同上	冰岛	冰岛自2014年7月1日协定生效之日起，对从中国进口的所有工业品和水产品实施零关税	否

数据来源：作者于2017年6月查阅各地方出入境检验检疫局网站整理而成。

国际商会意见中的“中国元素”启示[1]

国际商会(ICC)2018年全球贸易金融调查报告显示,当前传统贸易金融业务在全部贸易金融交易金额上的占比达85%,其中商业信用证占比约为一半,其次是托收和保函。作为主要使用信用证、托收和保函为贸易结算工具的国家之一,中国已在这一领域发挥出日益重要的作用,国际商会银行委员会(ICC BANKING COMMISSION)每年发布的官方意见中也越来越多地出现“中国元素”。虽然信用证、保函等传统贸易金融工具的拒付率和争议率仍然相对较高,但通过对这些包含“中国元素”、充满“中国特色”的商会意见进行分析和总结,笔者发现,理解惯例、尊重实务和真诚沟通仍然是减少无谓争议、便利交易结算的催化剂,更是保障信用证活力、促进外贸发展的压舱石。

一、 理解惯例、减少争议

包括UCP、ISBP、URDG等在内的一系列国际惯例是处理信用证、保函等结算业务的基本规则,是解决相关争议的重要准绳。如果能做到对国际惯例的充分理解和准确使用,那么实务中的绝大部分争议纠纷都可以避免。

2017年的商会意见TA 864rev就是一个未准确理解惯例规则而导致争议的例子。这个意见的咨询方是ICC澳大利亚,争议焦点围绕“中澳自由贸易协定原产地证”展开,案例中的受益人一方是澳大利亚,开证一方未提及,但可推测是中国。基本案情是中方开立了一份进口信用证,要求

1　本文发表于2019年9月15日《中国外汇》2019年第18期。

的单据包括由澳大利亚商会出具的“中澳自由贸易协定”下的特定格式原产地证，澳大利亚出口方提交了该特定格式的产地证，但产地证中未表明货物原产地，被中方拒付，中澳双方就不符点产生争议。

咨询中，出口方认为ISBP 745第L2段可支持其交单相符的观点，因为已经提交了信用证所要求的特定格式产地证，但这一辩解显然有意无意忽略了L1段的存在，该条清楚规定产地证应“证实货物原产地证(CERTIFY THE ORIGIN OF THE GOODS)”。UCP 600第十四条f款也规定，单据应满足自身功能，而产地证的功能显然是证实货物原产地。案例中开证行的拒付理由和商会的分析结论也主要基于这两条惯例规则。

当然，这个案例中不可忽视的一点是“中澳自由贸易协定原产地证”本身的格式中没有“证实上述货物原产自×××国”的印就信息，取而代之的是在第10栏“原产地证标准(ORIGIN CRITERION)”中显示诸如“WO”“WP”和“PSR”的代码。暂且抛开这些代码背后的具体含义，从惯例赋予银行的审单权责而言，银行无义务透过单据查究货物的真正产地，但有责任从交单表面确认单据符合信用证及惯例的要求。如果当事各方真正理解国际惯例的这一原则以及涉及产地证的相关规定，TA 864rev中的原产地争议就将得以避免：开证行的正当拒付不会引发质疑，而另一方面，交单行也许就能事先注意到产地证未注明原产地的瑕疵，并通过提示受益人在产地证货描等内容中额外加上“原产地：澳大利亚”这样的方式做到单证相符。

2017年的另一个商会意见TA 877同样和中国有缘，意见中两个“真假”江阴港打起了架。中国幅员辽阔，城市众多，有很多“同名同姓”或是音形相近的城镇，在信用证中又被转换成英语或是拼音，连中国人自己都可能搞出误会。TA 877咨询案例中，信用证要求提交海运提单，同时规定44F为“JIANGYIN FUJIAN CHINA”，受益人提交的提单在卸货港栏位内显示“JIANGYIN JIANGSU”，同时在货描栏位内显示“PORT OF DISCHARGE: JIANGYIN FUJIAN CHINA”，被开证行以“提单卸货港不符”为由拒付，但交单行认为提单货描栏内的批注信息优先于卸货港栏位信息，因此已满足信用证要求。双方就此产生争议。

看到案例中的“JIANGYIN”，很多人的第一反应可能是江苏无锡下辖的江阴市，但其实福建也有一个“JIANGYIN”，位于福建福州，而且巧合的是，两个江阴都有港口，只不过前者是长江沿线港口，而后者是东临台湾海峡的东海港口。案例中，在排除信用证开立错误的情况下，“JIANGYIN FUJIAN CHINA”的规定正常应被理解为福建江阴港，但提单卸货港栏位却显示“JIANGYIN JIANGSU”，表面就已不符，加之本案的开证行较大概率是福建当地银行，该行审单人员定然不会将“江苏江阴”和“福建江阴”画上等号而接受这样的提单。但是，交单行却援引ISBP 745第E8(b)段辩称，提单货描栏内卸货港批注的效力大于卸货港栏位信息，应以批注为准。这样的解释显然属于对惯例规定的误读，第E8(b)段的规定本身已足够清楚，并且还列举了实例以便于理解，即“在信用证规定的卸货港被显示在提单最终目的地栏位的情况下”，可通过批注实际卸货港的方式予以纠正。本案案情中，信用证规定的卸货港仅体现在货描批注中，并未出现在卸货港或最终目的地栏位，因此不属于第E8(b)段所述情形，意见结论判定不符点成立。如果交单行和受益人能准确理解ISBP 745第E8(b)段的具体适用情形，那么上述不符争议便可避免。

二、尊重实务、放下偏执

除了准确理解和运用惯例外，尊重业界实务、放下固有偏执也是近年来诸多“中国特色”商会意见给出的启示。所谓国际标准银行实务，不仅指代UCP、ISBP、URDG等国际惯例，还包含国际商会OPINIONS、GUIDANCE PAPER、DOCDEX DECISIONS等国际商会意见和文件，同时也理应包括全球政治、地理、人文等各类常识。这并不是要求银行单证人员无所不知、无所不晓，而是希望从业人员能够拥有更加开阔的眼界和更加包容的心态。只有更加尊重实务才能更好地处理实务。

前文TA 877中提到的江苏江阴港是内河港口，如果信用证要求海运提单而提单的港口栏位内显示了“JIANGYIN JIANGSU”，是否满足要求。这种“河港非港”的争议由来已久，且多与中国有关。中国沿江沿河港口众多，内陆外贸企业发货时可能会就近从水路起运，顺流而下，运至沿海港口后再换船出海。在信用证未限定具体港口的情况下，提单本可据实显示内河港口作为装货港，这样的操作符合实务，但却极易被境外银行视为不符。国际商会 2019 年 8 月发布的一批商会意见（草案）中的 TA 894 就是这样一个典型案例。信用证要求提交海运提单，44E 装货港规定“ANY SEAPORT IN CHINA（任意中国海港）”，提交的提单装货港显示为“WUHU CHINA”，开证行调查发现“WUHU”实际位于中国内陆，远离海岸线，因此对“WUHU”是否属于信用证要求的“SEAPORT”产生了质疑。对此，商会在分析结论中明确指出，国际惯例并不区分“SEAPORT（海港）”和“PORT（港口）”，提单装货港显示“WUHU”符合信用证要求。

其实，“河港是港”是国际商会的一贯立场。早在官方意见 R 495 中，商会就明确表态“提单只要在对应栏位内显示信用证要求的港口即可，而无须考虑港口具体是海港还是河港（Provided the stipulated ports are mentioned in the respective boxes on the bills of lading, it is of no consequence as to whether they are sea or freshwater ports.）”。在 TA 863Final 中，商会进一步指出，“提单中的‘港口（port）’视同为‘海港（seaport）’，港口名称后无‘seaport’字眼不视为不符”。所以，内河港口也是港口，银行无须辨别提单装卸货港栏位内港口的具体性质，装卸货港栏位内的港口名称也无须体现“SEAPORT”字眼。银行应当知晓并尊重这些操作实务，避免在业务处理中“固执己见”，引起不必要的争议。

另一个充满“中国特色”的商会意见是 TA 770rev2，该意见起初争议较大，几经易稿，最终版意见简洁明了，确认“HONG KONG”属于“Chinese Port”。不过，商会在意见分析中仍然特别提示：中国香港港口的海关体系、管理制度等有别于中国大陆港口，买卖双方应注意“Any Chinese Port”这一表述可能带来的不确定性。的确，作为“东方之珠”，香港的历史、政治、经济、文化的变迁为各国人民所熟知，但更应为全世界所共知的是香港一直以来属于中国的一部分，并且已经回归祖国二十多年。因此，任何“CHINA”和“CHINESE”的表述都必然包括“HONG KONG”，连同 TA 770rev2 意见内容本身在内，这些常识和观点共同构成重要的国际标准银行实务，各个国家、银行、企业和个人都应理解并尊重这一实务，在信用证交易中准确把握与之相关的各类要求，避免无谓的争议与摩擦。

三、真诚沟通、存异求同

即便银行尽最大努力做到理解惯例、尊重实务，信用证交易中仍然会发生争议和纠纷，这很大程度上也是由信用证交易大多为跨国跨境的性质所决定的。不同国家或地区的银行在专业水平、业务经验、操作习惯和管理制度上不尽相同，对惯例和实务的理解也存在一定偏差。这些不同和偏差所导致的交易阻障就需要通过真诚和积极的沟通来化解润滑。

在前文的“中澳自由贸易协定产地证”一案（TA 864rev）中提到，该原产地证的格式较为特殊，没有一般原产地证和普惠制原产地证中预先印就“货物原产自×××国家/地区”的信息，取而代之的是在“原产地证标准（ORIGIN CRITERION）”栏位中标注“WO”等代码。这样的格式信息本身满足中澳自由贸易协定及相关附件的要求，并且产地证背面也明确解释了“原产地证标准”栏位的填写要求和各个代码的含义，例如“WO”表示“货物在缔约一方‘完全获得’”，“WP”表示“货物在缔约一方或双方领土内由符合规定的原材料生产”等。因此，在货物由澳大利亚出口至中国、产地证由澳方出具的背景下，“WO”“WP”等代码在事实上可以间接证明货物系原产自澳大利亚。在这种情况下，交单行如能连同受益人积极向开证行和申请人做出沟通和解释，定能有助于问题的妥善解决。虽然这样的动作不能改变单据表面不符合惯例规定的事实，但在单据功能实际已被满足且不导致任何实质性不符的情况下，积极的沟通和充分的解释能够给予开证行和申请人更多理由放弃不符并撤销拒付。国际商会在TA 895rev意见中也表明了类似的立场。该案中，由于信用证条款和交单面函的瑕疵导致开证行“错误”拒付了单据，对此商会认为：交单行在收到这样的“错误”拒付后应立即向开证行发报做出相关解释，而非一味地强调单证相符；同样，开证行应接受交单行合理的事后解释并撤销拒付、承付单据。

“江阴港”（TA 877）和“芜湖港”（TA 894）这两个案例也可以通过积极的沟通来化解争议、存异求同。在“江阴港”一案中，有一种可能是买卖双方基础合同中约定的卸货港是“JIANGYIN JIANGSU”,但申请人搞混了中国的两个“江阴港”而误将信用证44F规定为“JIANGYIN FUJIAN”,受益人发货时按双方约定安排船只将货物运抵江苏江阴,因而提单卸货港栏位据实显示“JIANGYIN JIANGSU”,同时为了尽力做到单证相符而在货描栏位内打上“PORT OF DISCHARGE: JIAGNYIN FUJIAN”。虽然在惯例的明文规定面前,这种行为无异于掩耳盗铃,并不能改变卸货港不符的事实,但这并不妨碍受益人和交单行在交单之前积极联系申请人和开证行,告知对方两个“江阴港”的区别,并相应修改44F栏位,从而避免产生不符纠纷。在“芜湖港”一案中,境外银行对提单装货港栏位内陌生的“WUHU”字眼产生怀疑情有可原,特别是在发现芜湖位于中国内陆而国外审单人员又对中国内陆江河知之甚少的情况下,极易得出芜湖非海港甚至非港口的结论。此时,如果交单行能够客观地向开证行解释芜湖的地理位置及其作为中国长江流域主要港口的身份,应当更加容易取得对方的认同和理解,从而消除误会,促进交易顺畅进行。

四、结语

党的十八大以来,中国对外开放的进程上升到了一个新的维度,对外开放程度和开放水平不断加深。伴随“一带一路”倡议的提出与实施、新的自贸区/自贸港以及自贸区新片区的不断设立,中国正以举世瞩目的速度融入全球经贸体系之中,扮演着愈发重要的角色。可以预见,在包括信用证、保函等支付融资工具的国际贸易结算活动中,“中国元素”会越来越多,世界各国会更加了解“中国特色”,更加尊重“中国实务”,也会建立更多“中外对话”。相信在理解国际惯例、尊重彼此实务、积极有效沟通的基础上,信用证交易将焕发出新的活力,对提振全球各国经贸发展产生积极影响。

（作者:胡捷,交通银行国际结算中心）

出口信用证欺诈风险辨析及应对

随着新冠肺炎疫情在全球范围内不断肆虐，实体经济持续萎靡，各种欺诈勾结、违约失信、骗钱骗货的案例随之接踵而来。本文从一则进口商串通货代公司无单提货的欺诈案例谈起，从出口商的角度探讨风险防范策略。希望在当今受新冠疫情影响的变幻时局下，能助力我国出口企业防范此类风险。

一、 案例经过

2019 年 10 月，国内某出口商向交单行提交全套议付单据（包含全套正本提单）。经审核，单据存在实质不符点，出口商授权交单行将不符单据寄给国外开证行。开证行收到单据后向交单行发出拒付电。几个月后，出口商告知交单行，国外进口商已经提货，交单行遂应出口商要求，发报开证行，要求其立即付款或退回单据，开证行不予理会。其后，交单行向开证行进行多次交涉，开证行均没有任何回应，既未付款，也没有退单。几经周折，又过了一个月，开证行才退回全套单据。

二、 案例分析

在上述案例中，进口商串通货代公司，在没有提交正本提单的情况下先行提货，且提货后故意拖延、迟迟不履行付款责任，蓄意欺诈，信用极差。开证行操作不规范，拒付后未按出口商来报要求退单，无视交单行的多次交涉，使出口商一直不清楚开证行是否已经放单。约定贸易术语为FOB，也给了进口商可趁之机。因为在 FOB 术语下，进口商负责订舱租船、联系货代等运输事宜。货代公司违规操作，无视行业规范，在没有提交正本提单的情况下放货给进口商，极大损害了出口商的利益。

出口商损失惨重，令人惋惜。究其根本，部分原因在于自身对相符交单的忽视。出口商与该申请人并非第一次展开贸易合作，此前带不符点交单的议付，均能从开证行处顺利收汇，因此在本次交单时也同样抱有侥幸的心态，对收汇十分笃定。但从单证角度来讲，单证不符，出口商就已经处在被动的地位，为后续进口商无单提货的欺诈行为提供了契机和温床。

三、常见欺诈类型

在国际贸易中出口商负责交付货物，进口商负责支付货款。对于出口商而言，面临的最主要的风险是进口商骗货，出口商备货发运后，收不回货款，最终钱货两空。笔者结合实务中遇到的欺诈案例，归纳了以下三类常见的欺诈情形。

（一）进口商单独欺诈

进口商虚设公司，诱骗出口商签订合同，以伪造的 SWIFT 或者伪造的银行开出信用证，该类信用证大多采用非标准格式，并经多国多家银行层层转递，借转递行的银行信用混淆视听，降低出口商的警惕性。甚至故意“放长线、钓大鱼”，前期进行几笔小金额交易，带不符点出单，正常付汇，降低出口商的警惕性，后期大金额出单，出现欺诈，拒不付款。

（二）进口商串通货运代理欺诈

进口商把握订舱租船主动权，选择对自己有利的货代公司，与其合谋，骗取货物。货代公司在没有收到出口商电放保函的情况下，指示承运人电放货物。承运人的目的地代理人未经托运方指示，直接签发小提单给进口商提货。或者进口商有意利用进口地强制性法规便利（比如：巴西海关“1.356/2013”号令规定，进口商、收货人提货时不再需要向海关、码头交付正本提单），实现无单提货。

（三）进口商联合开证行欺诈

进口商蓄意欺诈，同时开证行资信不良。开证行不落实相关授信，而是以软条款招揽开证业务，通过在信用证中设置陷阱条款和付款障碍，加入开证行免责条款，推卸开证行第一付款责任，或者直接在未支付货款的情况下放单给进口商提取货物，应对交单行交涉时又消极对待、不理不睬。

四、应对建议

面对进口商层出不穷的欺诈手段，出口商可以从交易方选取、货权把控、结算链畅通这几方面入手，防范欺诈风险。

（一）选择可靠的交易方降低信用风险

全面了解交易对手，避免与信用不良的进口商开展贸易。出口商要谨慎选择交易伙伴，在订立基础贸易合同前，做好进口商资信调查，摸清对方的资质状况、履约能力、交易记录等底细，谨慎对待位于诈骗多发地国家的交易对手，避免选择有不良记录的贸易商，以免钱货两空。如果出口商与进口商初次合作，对进口商了解有限，又缺乏有效的调查工具，或者进口商恰巧位于欺诈多发地国家，出口商可以选择向中国出口信用保险公司投保，借助中信保公司来调查贸易对象的资信，同时规避当地国家风险。诚如"防范犯罪最好的方法就是不和骗子打交道"，如果交易对手是诚信可靠的，不管外部环境如何多变，后续的风险也是可控的。和资信良好的进口商合作是防范欺诈的第一道屏障。

谨慎选择开证银行，规避银企勾结隐患。UCP 600 第七条 h 款规定："开证行自开立信用证之时起即不可撤销地承担付款责任。"在信用证项下，对于相符单据，开证行承担第一付款责任。如果进口商到期不履行付款义务，出口商还是会得到开证行的付款保障。退一步说，即使交单存在不符，信誉良好的开证行也会依据 UCP 600 第十六条对不符单据处理的规定，妥善保管单据，在未得到申请人放弃不符点前，不会将单据放给申请人，并随时做好退单的准备。因此，资信良好的开证行是防范进口商欺诈的第二道屏障。在订立贸易合同初期，出口商应尽量指定信用评级较高的银行作为开证行。对于进口商指定的开证行，出口商可上网查询该开证行的资信情况、有无涉嫌欺诈等不良记录，也可咨询自身的往来银行，借助银行家年鉴，结合中国国际商会有关无理拒付银行的通报，综合判断，避免选择声誉不佳、曾恶意拒付的开证行。倘若出口商对进口商坚持指定的开证行存在疑虑，也可要求另一家资信较好的大银行加保，由保兑行到期承付货款。

（二）稳妥的物流确保货权可控

选择合适的贸易术语，掌握订舱主动权。在订立合同时，选择对出口商较为有利的C组贸易术语（水运项下选择CFR或CIF）。在C组贸易术语项下，出口商承担运费，并负责租船、订舱、联系货代等运输事宜。这类贸易术语有利于出口商自主选择信誉良好的船公司安排运输，避免进口商串通其指定的货代公司合谋骗取货物。通常船公司自己拥有船只，规模较大，操作较规范，资信普遍较好。货代公司只是货运代理人，代理客户向船公司订舱，不是实际承运人，通常规模较小，资信良莠不齐，较易被有欺诈企图的进口商钻空子。有些国家为了扶持本国保险业和航运业，鼓励进口商使用FOB贸易术语，由进口商负责安排航运和保险事宜。如果在订立合同初期，进口商坚持使用FOB贸易术语，为防范后续进口商与货代勾结的隐患，出口商可先行指定信誉较好的船公司，并在信用证中列明。

约定代表货权的运输单据，掌控货物所有权。提单是海上运输合约，每份正本提单都代表货权，可单独用来提货。《海牙规则》从国际法的角度确立了海运提单作为"收货人在货物到达地提取货物的书面物权凭证"的重要作用。所以在信用证条款的设定和单据要求方面，规定提交全套正本提单，有利于出口商控制货权，进而使后续的顺利收汇更有保障。

（三）顺畅的结算保障资金安全

对出口商而言，相比托收（OC）和电汇（T/T），信用证（L/C）结算方式风险较小，只要单据相符，开证行就需承担第一付款责任。但即便如此，也无法避免欺诈风险的发生。出口商应在信用证结算的各环节积极应对，确保单据的安全流转和资金的顺畅支付。

信用证通知环节，仔细审证，识别欺诈风险，规避陷阱条款。收到信用证通知时，从信用证本身就能看出一些风险端倪，比如：开证行 SWIFT 第 8 位为 1，信用证经多国层层转递，货运路线曲折反常。排除这些欺诈隐患后，出口商还应该仔细审核信用证条款，保证自身能满足信用证的要求，实现相符交单。关注信用证中是否含有不利于收汇的陷阱条款或限制性付款规定，比如开证行除了相符交单外，是否还另行规定其他的支款或信用证生效条件，意图削弱自己不可撤销的付款责任；或者要求提交的某单据是否需要申请人或开证行协助出具或提供。遇到此类条款，出口商需考量自己能否在交单期内顺利获取该单据。另外，出口商还要注意效期、装期、交单期的规定是否合理，与自身的生产、备货、装运的时间点是否能衔接妥当。如果信用证某些条款超出了出口商的能力范围，或时间节点规定不合理，出口商应尽早与对方客户沟通，要求开证行及时修改信用证。

出口交单环节，力求单证相符。确认信用证的条款清晰、设置合理后，出口商应在规定期限内尽量提前交单，给自己留足改单的时间和余地。在交单环节，出口商切勿心存侥幸，不能认为过往和进口商有良好的交易记录，或私下进口商口头承诺了会接受不符单据就万事大吉，而是应该尽量做到单证相符，唯有如此，开证行才有责任履行其第一付款责任，出口商才能掌握资金安全的主动权。

单据寄出后，出口商要密切关注单据的付款情况，如出现付款延误，积极联系交单行发报交涉，同时了解已发运货物的去向，并暂停后续的货物发运，实际贸易若存在纠纷情况也应及时反馈给交单行，使交单行前期介入客户解决方案时，能站在一个全局的角度为客户考量。

五、总结

总而言之，面对当下多变不稳的局势，出口企业应充分做好交易对手的尽调，确保贸易背景真实，在货物的运输流转过程中确保物流安全、货权可控，并在整个贸易流的各环节谨慎操作，依靠银行信用，确保资金流的安全，进而实现顺利收汇。

（作者：朱琦华、张珏怡，交通银行国际结算中心）

新冠疫情背景下进口信用证欺诈案例分析与风险防范

2020年年初爆发的新冠疫情给全球经济带来了巨大不确定性。数据显示,2020年二季度,全球经济呈现自二战以来最差的数据表现,西方主要国家经济下滑更严重,负增长达到-5%左右。我国是最早受新冠疫情影响的国家,2020年一季度经济几乎处在停摆状态,GDP负增长-6.8%,但我国政府及时采取强有力且得当的应对措施,在短时间内控制住疫情,并快速实现全国范围内的复工复产。二季度,我国经济扭转一季度颓势,实现正增长,GDP同比增长3.2%,成绩显著。一方面,我国在全球经济如此低迷的背景下经济仍实现了正增长,带动我国大宗商品等原材料进口的增长;另一方面,世界主要经济体推出的救市措施和国际市场对疫情后经济复苏的预期,推动包括原油、铜等大宗商品价格在二季度触底后反弹强烈。受利益诱惑,一些诈骗分子也盯上了我国大宗商品进口商。下面就通过对新冠疫情背景下发生的一起大宗商品欺诈案进行分析,从客户和银行角度探讨如何防范大宗商品信用证欺诈。

一、 案情经过

某银行客户A公司向境外B公司购买价值几百万美元的电解铜,在双方签订的协议中明确规定通过信用证结算。开证申请人A公司在大宗商品贸易方面缺乏足够的经验,特别是对电解铜这样的大宗商品贸易,更是从未涉及,一下子掉入受益人B公司设计好的陷阱中。

首先,受益人B公司报出一个比国际市场价明显偏低的价格来吸引申请人A公司,让申请人A公司感觉捡到了"便宜货",以此来套住申请人A公司。其次,受益人B公司使出的第二招是,为了提高贸易欺诈的成功率,特意找一家受益人B公司当地的没有多少进出口贸易经验的小银行H银行做通知行兼融资行。相对来讲,缺少国际业务经验的银行更容易为资信不高的公司开立外汇账户并提供融资。当申请人A公司按照受益人B公司设计好的“套路”向开证行I银行申请开立由H银行通知的自由议付信用证后,受益人B公司很快(约两周内)提交信用证项下的表面相符单据,H银行在第一时间按其要求进行议付融资,这样,H银行就成了善意第三方。融资完成后,H银行向开证行I银行寄出单据,并在交单面函上明确表明已对此交单做了议付。开证行I银行收到单据审核单证相符,通知申请人赎单,申请人A公司在赎单后,I银行按国际惯例及时对外发出了承兑电。随后,A公司派员前往船公司提货,发现集装箱内货物是废料而非电解铜。此时,申请人A公司才发现自己被骗了。A公司于是立即联系开证行I银行,要求马上发报,通知交单行H银行停止做融资,如已融资,应立即冻结或追回。但H银行回复称,他们在交单日已经做了融资,并要求开证行I银行确认到期日并到期付款,否则将起诉开证行。I银行收到报文后回复申请人A公司,按国际惯例和相关法律,一旦开证行对远期信用证项下的单据做出了承兑,且善意第三方银行又做了融资,那么即使遇到受益人欺诈,法院也不会出具止付令,开证行必须对外付款。

二、 案例分析

从案例经过来看,受益人B公司在实施欺诈前做了精心策划,选择容易得手的进口商品(货物价值较高又以集装箱运输的大宗商品电解铜),在铜价上升时期报较低的固定成交价,选定通知行并提前做融资等,这些准备工作为日后的欺诈成功“奠定”了基础。而申请人A公司这边,由于不熟悉这类大宗商品的价格形成机制和交易流程,不了解通知行在信用证结算过程中的重要作用,再加上对受益人B公司的过于信任,将信用证交易风险完全抛之脑后,造成无可挽回的经济损失,追悔莫及。

事后从第三方角度分析,开证行I银行如果对申请人A公司申请开证的资料进行深入的分析，可以从申请书的条款及内容看出一些不同寻常的蛛丝马迹。其一，申请书上45A货描部分，给出了进口货物电解铜的具体价格，而且这个价格明显要低于开证时国际市场上的价格。一般情况下，电解铜价格在开立信用证时还无法确定，这个价格通常是买方在合同约定的一定时间内通过点价最终确定的，而不是在订立合同的当时或者在开证的当下就确定。其二，通知行是受益人B公司当地的一家规模很小的银行，开证行I银行对它比较陌生。

三、 进口信用证欺诈的特点及风险防范

（一）进口信用证欺诈的主要特点

信用证项下针对进口方的贸易欺诈通常有几个共同特点：一是诈骗分子会精心挑选诈骗标的物。随着我国疫情得到有效控制，经济在快速恢复中，国内对大宗商品的需求有明显增长，价格也是水涨船高，于是诈骗分子将大宗商品之一的电解铜作为诈骗标的物首选，其具有体积小、价值高、金额大的特点。电解铜在大宗商品中属于体积较小的，一般用集装箱运输，不容易一眼识破欺诈行为。其进口价值大都在几百万、甚至几千万美元之多，一次欺诈可获利更大。二是诈骗分子会精心迷惑进口方，以提高诈骗成功率。一方面骗子选择的诈骗对象首先是对大宗商品交易规则不熟悉、缺少进口大宗商品经验的公司；另一方面，利用诈骗对象占便宜心理，故意把商品价格做低，以吸引诈骗对象“上钩”。一旦对方“上钩”，立马签订合同，同时要求对方按自己的意图开立信用证。三是诈骗分子往往故意挑选跟自己有一定业务往来、银行规模小、国际贸易结算经验积累少、辨识诈骗能力弱的小银行作为信用证交单行以及融资行，这样做的目的就是保证日后的诈骗行为不被识破且更容易获得融资。四是诈骗分子通常要求进口方开立自由议付远期信用证，这样只要交单相符，融资后议付行因“欺诈例外的例外”原则，可拥有“善意第三方”地位，因此议付行就更愿意仅占用开证行的同业额度提供议付融资，无需受益人在议付行有授信额度。

(二) 如何防范进口信用证欺诈

疫情时代国际经济形势的波动，可能会增加跨境贸易欺诈出现的频率，无论银行还是进口商，只有不断累积防骗经验，谨慎操作，才能不给骗子以可乘之机。从上述案例分析看，笔者认为进口商和银行可以采取如下一些应对措施来防范欺诈。

1. 了解业务本身和价格

充分了解大宗商品的交易习惯、交易流程。无论是矿石、原油、化工产品还是电解铜等有色金属都有自己不同的交易流程和定价过程，如果发现任何没有按照标准流程走的交易，应提高警惕，以探究原因。及时更新和掌握大宗商品国际市场价格变化信息，一旦发现对方给出的价格跟国际市场不符，应引起警觉，多问问为什么。

2. 了解客户和客户的客户

对于进口商来说，应该详细调查了解交易对手的规模、资信状况和以往交易记录及对象。大宗商品行业专业化程度比较高，基本每种商品都有几家规模大的专业跨国交易商，新入行的进口商在业务摸索期不妨先向这些交易商采购来积累经验，也更有利于防范风险。对于开证行来说，也应加强对客户和贸易背景的了解。如果发现客户之前未涉足相关商品领域，可加强对客户的风险提示，并采取严格的内部风险审查、增加保证金要求等措施提升风险保障。

3. 信用证结算时谨慎选择信用证兑用方式和指定银行

如有可能，建议选择指定开证行兑用的延期付款信用证，而非自由议付信用证。这样信用证没有允许他行融资，从而不存在案例中的“善意第三方”，即便发生欺诈，申请人也可以利用“欺诈例外”原则向法院申请止付。如果对方不同意，也应选择全球著名的、规模较大的银行作为通知行和指定行。一般来讲，跨国大型银行对客户开户背景审查较为严格，操作较为规范，流程较为严谨，骗子较难得手，而小行就比较容易被骗子利用。上述案例中，开证行得到消息后立即发报给交单行告知存在欺诈，要求其不要融资，如已融资则应立即追回或冻结，但对方只是一味发报告知其已在交单时融资，只字未提款项去向或采取任何挽回措施，而其他大行就可能会更在意银行信誉和代理行间的合作关系，采取一定的弥补措施。

4. 进口商须重视货物检验

买卖双方应在合同中约定货物检验事项。如有可能,进口方可以派人或指定信誉好的第三方到对方仓库或码头验货,以确保进口货物真实存在并监督相关货物装上货船。如果选择信用证结算,可以在信用证中增加一些第三方出具的检验单据的要求,以增加受益人利用信用证进行欺诈的难度,譬如第三方出具的质量和重量报告等。

(作者:陆新民、蓝燕,交通银行国际结算中心)

转通知信用证下的银行信用风险[1]

鉴于MT 710报文类型的特殊性，如何建立切实可行的风控机制，加强对转递信用证真实性及贸易背景的审核，尤其值得我们关注。

一、案情经过

2015年6月10日，交单行/通知行D银行（中国）收到转通知行T银行（中国）用MT 710发来的以C公司为受益人的转通知信用证，金额USD491250.00，相关栏位显示：

52D(ISSUING BANK)：RBS(NEW ZEALAND)AG, NEW ZEALAND

42C(DRAFT)：180 DAYS AFTER INVOICE DATE

42D(DRAWEE)：RBS(NEW ZEALAND)AG, NEW ZEALAND

44F：MOCOW, RUSSIA

47A：PAYMENT WILL BE MADE THROUGH ABNANZ2X (F银行)

57A(ADVISE THROUGH)：D银行

72："RGDS, CIBGRUMM"

因T银行为D银行的代理行，且开证行RBS(NEW ZEALAND)为国际知名银行，俄罗斯银行CIBGRUMM因仅在72栏处提及且身份不明而被忽略。此证来源未引起D银行的关注。D银行将T银行认作第一转通知行，并按正常流程将此证通知受益人C。

2015年6月23日，D银行收到T银行邮递方式转来的该证下第一次修改，报文正文措辞表明，修改内容系CIBGRUMM自RBS NEW ZEAL-

1　本文发表于2016年9月1日《中国外汇》2016年第17期。

AND(开证行)处原文转递。运输单据由“OCEAN B/L”改为“AIRWAY B/L”。

2015 年 7 月 3 日,D 银行再次收到 T 银行通过 MT 799 报文转来的该证下第二次修改,来报引述的原文中再次落款 CIBGRUMM,表示其从开证行 RBS(NEW ZEALAND)处收到修改。

2015 年 7 月 17 日,受益人 C 依据原证和前后两次修改要求,向 D 银行提交包括一份空单在内的全套单据,经 D 银行审核,发现单据存在诸多瑕疵。

2015 年 7 月 23 日,经客户确认,D 银行凭客户担保,向信用证所提供的开证行所在地址寄单。

2015 年 7 月 30 日,D 银行收到 T 银行再次从 CIBGRUMM 转来的 MT 799 报文,CIBGRUMM 声称,其已收到开证行对该笔单据的承兑电,但该报文未确认具体付款日期。

2015 年 7 月 30 日,D 银行向信用证付款行 F 发报,要求确认付款到期日。

2015 年 7 月 31 日,D 行收到开证行的澳洲分行(ROYAL BANK OF SCOTLAND N.V., AUSTRALIA BRANCH)发来的 MT 799 报文,告知其新西兰分行已于四年前停止业务处理。

D 银行由此领悟到:既然开证行已被证实停业,信用证不可能凭空造出,相关经手当事方都是伪造开证行的嫌疑人。

D 银行随后与 T 银行做进一步确认。T 银行表示,其自 CIBGRUMM 收到的也是 MT 710 转递信用证。D 银行最终得出结论:信用证中关于开证行的信息系由表面上的第一通知行 CIBGRUMM 伪造,CIBGRUMM 才是真正的开证人和承兑方。

二、案例分析

本案问题在于,实际开证人 CIBGRUMM 设置了较正常信用证更复杂的当事人关系,借以制造单据由开证行承兑的假象,达到其隐秘的目的。

在本案中，实际开证人利用银行业务人员的惯性思维，通过以下设局，巧妙地避开了议付行对其资信的审核。

一是虚拟开证行。CIBGRUMM 通过 MT 710 格式向 T 银行发报，52D 栏位显示 RBS(NEW ZEALAND)，汇票付款人和后续信用证修改中，也均表明 RBS(NEW ZEALAND)为开证行，而在 72 栏位附言中却晦涩地落款为“RGDS, CIBGRUMM”，并无其他转通知行的指示，似乎仅转递原文信息，以解除其付款责任。SWIFT 作为环球同业银行金融电讯协会，并未将非银行金融机构排除，这为别有用心者留下了可乘之机。CIBGRUMM 正是利用其协会会员身份，通过加押电文向 T 银行发送所谓的由 RBS(NEW ZEALAND)开立的信用证。

二是 CIBGRUMM 在 57 栏位选择 D 银行作为最终通知行，为 T 银行的再次转手预作铺垫。因多层转递，极易造成原始发报人信息的缺失，转通知行及相关修改信息的缺损，对交单行判断各信息的来源造成一定障碍，埋下了风险隐患。

CIBGRUMM 利用这一错综复杂的关系，巧妙避开了信用证其他当事方对其身份的审核，为后续一系列的活动做好了铺垫。

三是虚拟收单行地址。由于时滞，对于银行地址的变更，D 银行未能及时调整。CIBGRUMM 利用信息的不对称，拟定与虚拟开证行对应的收单地址(该地址可能是 CIBGRUMM 控制之下相关公司的地址)，交单行按此地址寄单便正中其下怀。本案中，虚拟开证行 RBS(NEW ZEALAND)早于四年前停业，即便交单行发现并及时终止后续业务，CIBGRUMM 的欺诈成本几乎为零。而 D 银行疏于对代理行信息进行维护，未于第一时间将相关信息向业务部门提示，确实值得警惕。

四是虚拟付款行。为避免议付行向开证行索偿，CIBGRUMM 假造了付款行 F，意图将付款责任推向另一虚拟的局外人，而通知行/交单行很少会就信用证条款与付款行进行交涉。

五是以货权凭证做诱饵。融资贸易中，银行对货权凭证的运输单据管控较严，通常需提交代表货权的全套正本海运提单。原证起先要求全套海运提单进行试探；此后，CIBGRUMM 通过修改，将海运提单改为空运单据，比较隐蔽地绕过了监控。受益人最终提交了空运单。在极端情况下,很可能钱货两空。

六是虚拟承兑电文。由于开证行/付款行并非实际存在,承兑电文是经由 CIBGRUMM 告知 T 银行,谎称其已收到开证行付款承兑。但百密一疏,电文遗漏了付款到期日这一要素,交单行得到的是一份不明确的付款承诺。倘若该电文未疏漏到期日,交单行据以买断融资,日后追索货款之际,恐怕情况就不会那么乐观了。

尽管本案尚未掌握有关欺诈的确凿证据,但从 D 银行角度分析,解读全部往来函电,诸多疑点仍是有迹可循的。

其一是跨国转递,且转递过于频繁。该证受益人 C 公司在中国,正常路径应是开证行直接将 MT 700 发送至受益人账户行或所在地其他银行。本案开证行明知受益人在中国,却将报文发至俄罗斯银行,再由其据 57A 栏位转通知,显然不符合逻辑。

其二是议付证中另行规定付款行。设定付款行目的有两种:一是使付汇路径更便捷有效。为此,一般会选择开证行对外付汇部门或其境外分支机构作为付款行。二是因开证行本身存在受制裁风险而采取的规避手段。而本案中,F 银行与开证行并非关联或分支机构,且就所属地来看也同属新西兰,因此,选择 F 银行作付款行既不能简化付汇流程,也不能起到规避目的。将 F 银行作为付款行,在信用证兑付方式为自由议付的情形下,其背后的真实意图值得关注。

其三是措辞中开证行称呼异常。与信用证通常条款不同的是,报文多处引用"ISSUER"而非"ISSUING BANK"或"WE",尤其在 78 栏位指示"UPON RECEIPT BY ISSUER DOCUMENTS AND DRAFT DRAWN IN STRICT CONFORMITY WITH ... ISSUER SHALL REMIT ...",有意将开证人指向某一第三方,回避其自身作为开证行的责任。作为一家有信誉的开证银行,其在报文中自称为"ISSUER"是值得怀疑的。

三、 结论与启示

其一,明确通知行/转通知行的责任。UCP 600 第九条规定,"通知行/转通知行有义务在通知信用证及修改前对其表面真实性进行核查"。

随着具有核押功能的 SWIFT 报文的广泛应用，银行业务人员往往过度依赖自动核押功能而忽视对信用证真伪进行甄别。本案中，转通知行 T 在收到来自俄罗斯银行的加押转递报文后，没有注意到开证行 RBS(NEW ZEALAND)已于四年前停业，转出时也没有明确提示俄罗斯银行作为第一通知行；而 D 银行则未对信用证的来源提出质疑，也未对受益人做出必要的提示。鉴于 MT 710 报文类型的特殊性，如何建立切实可行的风控机制，加强对转递信用证真实性及贸易背景的审核，值得我们深思。

其二，重视融资行的出资风险。出口贸易融资通常涵盖出口押汇、福费廷等。叙做福费廷买断业务时，出资行据开证行/付款行的承兑或保付，向受益人进行无追索权贴现，后续货款到期不付的风险由融资行承担，因此融资行尤应注重对承兑报文真实性、有效性的审核。贸易融资出资行，应审慎受理无追索权的放款融资；若收到转递的承兑电，应及时向付款行发报核实。

其三，及时维护代理行信息十分重要。本案中的通知行和转通知行若能在获悉开证行关闭的第一时间就及时更新资料，做好内部信息共享，CIBGRUMM 就不可能获得假借开证行名义的机会。

其四，谨慎处理高风险国家或地区的业务。随着反洗钱力度的加大，受制裁方会用尽一切手段来规避制裁方对其货源、资信、资金流向等方面的审查，往往通过掩盖真实交易方来实现目的。这对我们的日常风险监控提出了新的挑战。对于涉及高风险地区的业务，尤需审慎查证。

（作者：杨光、陆成荫，交通银行国际结算中心）

非单据化条款之“货物到港时间”风险浅析[1]

一、案情回顾

2016年9月初,H公司向开证行C银行提交了若干份进口开证申请书,要求提交的单据中含有:

+2/3套正本海运提单

+受益人装船通知,即:BENEFICIARY'S CERTIFIED COPY OF E-MAIL DISPATCHED TO APPLICANT WITHIN 7 DAYS AFTER SHIPMENT ADVISING NAME OF VESSEL, B/L NO., INVOICE NO., PORT OF LOADING, SHIPPING DATE, E.T.A., CONTRACT NO., L/C NO., COMMODITY, QUANTITY, WEIGHT AND VALUE OF SHIPMENT.

另外,申请书的附加条款还规定:THE GOODS NOT ALLOWED TO BE ARRIVED AT QINGDAO SEAPORT FROM SEP.28, 2016 TO OCT. 7, 2016. OTHERWISE THE BENEFICIARY BEARS THE CHARGES OCCURRED (INCLUDED CONTAINERS DEMURRAGE, LATE CUSTOMS CLEARANCE, STORAGE AND HANDLING).

开证行审理之后发现,上述附加条款为合同原文条款之一,并认定以上为非单据化条件,提请客户修正,即在上述附加条款后加注:DOCUMENTS SHOWING E. T. A. FROM SEP. 28, 2016 TO OCT. 7, 2016 NOT ACCEPTABLE。

---

1 本文于2021年5月修改,原文《“货物到港时间”非单据化条件》发表于2017年6月《中国外汇》(金融&贸易)。

那么,开证行关于该条款的建议是否合理?申请人如果根据开证行的建议将此条件单据化后,来单如存在不符是否有权拒付呢?笔者试析如下。

二、 条款解析

首先,本案中关于货物到港安排的附加条款在合同框架下合情合理。鉴于开证行所在国家十月初的全国性长假安排,申请人为了避免货物在长假期间到港而无法提货从而产生各种滞港、清关、仓储费用,在合同中特别做了规定。虽然发货人理论上无法决定货物的到港时间,但他们掌控发货时间。双方既然有此约定,那么发货人(一般情况下也就是受益人)有能力履约,并主动控制货物的生产、配送和发运节奏,可以在一定程度上避免货物在假日到港,从而满足申请人的要求。

其次,该条件为非单据化条件,在信用证框架下不具备操作意义。根据国际惯例 UCP 600 第四条 a 款"就其性质而言,信用证与可能作为其开立基础的销售合同或其他合同是相互独立的交易,即使信用证中含有对此类合同的任何援引,银行也与该合同无关,且不受其约束……"和第五条"银行处理的是单据,而不是单据可能涉及的货物、服务或履约行为"的规定,信用证与合同互相独立,银行不对单据相关的货物或服务负责。这种单证与合同分离、单证与货物分离的原则,贯彻信用证开立、单据审核的始终。同时,根据 UCP 600 第十四条 h 款"如果信用证含有一项条件,但未规定用以表明该条件得到满足的单据,银行将视为未作规定并不予理会。"的约定,对于非单据化条件,银行亦不负责审核。本案申请书中的条件,符合非单据化条件的特征,因完全是合同条款,实务中银行无从审核,也无义务去界定受益人是否履行了该条件。

再次,即使如案例中的开证行一样将该条件单据化,也难以符合实务操作需求。实务中,货物具体的到港时间非人为可以控制。本案要求的装船通知是受益人在货物装船完毕发运后缮制的,受益人无法得知精确的到港时间,船公司亦无法控制具体的到港日期,因此,受益人不可能在单据中注明实际的到港时间。本案中的装船通知也只是要求注明预计到港时间 ETA,即 ESTIMATED TIME OF ARRIVAL,这与合同、申请书要求的货物“实际到港时间”存在差异。因此,要求受益人在单据中注明到港日期不具备操作性。即使单据中注明 ETA,如果信用证没有明确约定,它也无法被视作“货物到港日期”来审核。

三、 开证行的处理

那么,为满足申请人的需求,该如何处理这个非单据化条件,使信用证表述严谨并具备审核的可操作性呢?

根据 UCP 600 第十四条 d 款“单据中的数据,在与信用证、单据本身以及国际标准银行实务参照解读时,无须与该单据本身中的数据、其他要求的单据或信用证中的数据等同一致,但不得矛盾”。笔者认为,从遵循非单据化条件审核有据可依的原则出发,银行应在信用证中明确建立单据与非单据化条件的关联性。

本案中,与货物到港时间最直接相关的单据就是装船通知。鉴于以上分析,银行应明确:信用证要求的单据,无论是装船通知还是其他单据,只要注明预计到港时间(ETA)是在上述假日期间的,即视作不可接受,从而对受益人的装船发货做了更严格的限制(即:DOCUMENTS SHOWING E.T.A. FROM SEP.28,2016 TO OCT.7, 2016 NOT ACCEPTABLE)。换言之,虽然实务中任何一方都无法预知货物具体到港时间,但只要预估时间不满足合同要求,则视为信用证项下的单证不符。例如,装船通知显示了 ETA SEP.30, 2016,但实际上是 SEP.27, 2016 到港,鉴于信用证已经明确规定 ETA 必须符合期限规定,则无论实际到港时间如何,都将视作不符。反之,如果信用证未明确加注这句话,单据即使显示了 ETA 等任何表示“预计到港时间”的内容落在了假期范围内(参照上例),由于预计到港时间与实际到港时间的差异,信用证并未明确界定审核标准,都难以将此视为不符点。

值得一提的是,本条款除了限制货物到港时间,还对相反的情况作了约定,即:OTHERWISE THE BENEFICIARY BEARS THE CHARGES OCCURRED(INCLUDED CONTAINERS DEMURRAGE, LATE CUS-

TOMS CLEARANCE, STORAGE AND HANDLING)。简言之,就是货物在假日期间到港,受益人应承担所有相关费用。显然,费用的承担和解决是信用证之外的安排,但实务中如果装船通知注明了ETA为假日,申请人是否依然可以就此提出拒付呢?合同和信用证都声明受益人承担所有相关费用,是否可以视为申请人必须接受单据和货物呢?笔者认为可以从费用的性质角度进行分析,深入理解该项规定的蕴意。

四、 费用的比较分析

进口开证一般会涉及货物降价、减额或罚金等费用类条款,同样是费用,性质却不一。笔者认为,费用可分为内生和外生两类。这些费用有的是作为买方接受货物或单据的退让条件;有的只是作为合同违约的规定,与买方是否接受货物或单据无关。常见的信用证费用列举如下。

第一类费用:进口大宗商品,如矿石、大豆等产品时,货物的品质出现超标,信用证列明超标的降价处理和拒付底线。例如:"BASIS FOR PROTEIN IS 34.5PCT. THE BENEFICIARY SHALL DEDUCT FROM THE INVOICE AN ALLOWANCE OF 1PCT OF THE UNIT PRICE FOR EACH 1PCT(1:1) DEFICIENT, FRACTIONS IN PROPORTION, DOWN TO 34.0PCT. PROTEIN ABOVE 34.5PCT SHALL BE FREE TO THE APPLICANT. PROTEIN BELOW 34.0PCT IS REJECTABLE."

第二类费用:信用证规定了最晚装运日,但同时约定超过了装运日若干天可以减额:"AN EXTENSION OF THE LATEST SHIPMENT DATE IS ACCEPTABLE BY A PERIOD UP TO 8 DAYS. IN CASE, BENEFICIARY MAKES USE OF THIS OPTION, A SHIPMENT EXTENSION PENALTY TO BE DEDUCTED FROM THE INVOICE AMOUNT AT THE RATES AS FOLLOWS:

0.5PCT OF THE INVOICE AMOUNT FOR 1-4 DAYS.

1.0PCT OF THE INVOICE AMOUNT FOR 5-6 DAYS.

1.5PCT OF THE INVOICE AMOUNT FOR 7-8 DAYS."

第三类费用：即本案中的货物未按约定时间到港受益人应承担的费用。

以上三类费用中，第一类费用涉及货物的品质或属性，属于内生费用，是因为货物的规格、品质不达标，双方根据约定做出的降价处理。受益人因货物本身的问题付出了减额的“代价”，申请人退而求其次，以削减金额作为接受货物的条件，双方达成共识。因此，一旦申请人在信用证中列明了该安排，允许接受降价，则不应拒付。第二类费用涉及发货安排，与货物本身无关，属于外生费用。虽然与货物的属性、品质无关，但在信用证中已经做出明确的罚金约定，依然视为受益人未按合同履约做出的退让。以上两类费用都是在商品价值的基础上作了扣减，均具有“退让”属性，属于申请人接受货物的退让条件，受益人在缮制单据的时候即可以计算出最终金额；即使受益人提交的发票没有注明相应的减额，银行也可以根据信用证规定自行计算。因此，信用证如没有其他相反规定，只要单据没有其他不符点，申请人应该以减额后的金额付款赎单，不得拒付。

然而，第三类费用即本案中的港口费用，与货物本身无关，也属于外生费用。但是，它的得益者不是买方（申请人），而是港口，不具备申请人接受货物的“退让”属性，不必然构成“只要受益人承担费用，就必须接受货物”的条件。受益人安排不当或者船只航程本身等不可控因素导致货物在假日期间到港，在合同框架下，属于违约，无论合同交易最终是否达成，这笔费用都将由受益人承担；在信用证项下，列明该费用仅仅是重述了合同约定，应视作非单据化条件不做审核，而不应视为申请人接受货物的必然条件。合同和信用证都没有将此视为申请人接受货物的退让条件，而只是对费用的承担做了约定。因此，只要单据显示的到港信息不符合信用证要求，根据银行审单表面一致的原则，即视为不符点，可以拒付。

本案中，开证行建议添加条款“DOCUMENTS SHOWING E.T.A. FROM SEP.28, 2016 TO OCT.7, 2016 NOT ACCEPTABLE”的做法，从保护银行和申请人的权利出发，明确基于单据表面审核原则依然享有拒付权利，在信用证中声明此立场，使信用证表述更严谨。

五、结论与建议

综上所述，银行在遇到诸如本案的非单据化条款时应谨慎、客观并合理地应对。首先，开证行不应机械化地对待所有非单据化条件，贸然地让申请人删除这些条款，而应从该条款本身出发，结合背景深入理解条款的来龙去脉，并从服务客户的角度思考，试图站在客户的立场上，了解做此规定的意图，并提供相应的解决方案。其次，开证行应在查阅合同并向客户了解原因之后，对条款做出妥善处理。如果非单据化条款确与信用证关联度不高(如纯属买卖双方的履约条件，不适合列入信用证等)，完全不具备可操作性，应建议客户删除；如果非单据化条款与信用证的单据具有一定的关联性，银行可以考虑列入信用证，适时对条款做出改良，建立与相关单据的关联性，或进一步考虑将非单据化条款直接转化成单据化条件，作为独立的单据提交，以利审核。最后，开证行应合理、灵活地横向、纵向比较各种非单据化条件，对非单据化条款进行分类总结，归纳出共性和个性，并制定相应的解决方案。

当今的国际金融形势日趋复杂，中美贸易摩擦、全球新冠疫情等，都对全球企业进出口贸易和银行间信用证结算造成了极大的影响。复杂的大背景对银行操作提出了更高的要求，如何更好地遵循国际惯例，通过完善的信用证条款来保护银行及各方的利益，是银行面临的迫切问题。作为信用证的开立方，基于信用证的性质，开证行应牢记单证与货物分离的原则，开立百密而无一疏的信用证，合理保护申请人和银行的权益。银行有其局限性，仅处理单据而非货物。然而，这也是其优势，将一切化繁为简。作为开证行，我们一定要从单证表面牢牢把控风险，避免加入模棱两可或容易引起争议的非单据化等动摇信用证独立性的条款，必要时谨慎、合理地“咬文嚼字”，使开立的条款清晰、明确、无争议，将漏洞严格防范在第一环。作为服务出口方的银行，在收到条款不明晰的信用证时，切不应含糊对待，想当然地仅从自身角度去理解条款，而应即刻要求开证行澄清或修改，从而扫清非单据化条件的雷区，以确保客户及自身的权益不受损害。

(作者：张欣、陈泳伽，交通银行国际结算中心)

由一份矿石进口开证申请引发的思考

矿产品国际贸易的单笔金额往往较大,矿产品的质量是影响其价格的关键,而且有些质量指标直接关系到是否允许进口。为此,买方通常非常重视对进口矿石的质量检验,由于卸货港的检验结果直接影响进口许可及转售价格,因此除发运前检验外,买方在进口矿石合同中通常会要求由买方指定机构或官方机构在卸货港再次检验,作为最终结算依据。

一、 案例背景

申请人向开证行提交了一份进口镍矿石开证申请,兑用方式为AVAILABLE WITH ANY BANK BY NEGOTIATION。货描栏位规定SPECIFICATION: NI 0.90PCT BASIS。单据分两部分提交:PART A部分凭受益人的PROVISIONAL INVOICE、全套提单、受益人出具的装货港质量证、重量证等单据支付95%货值,交单期为装运后21天内;PART B部分凭受益人的FINAL INVOICE、CCIC出具的卸货港质量证、重量证支付剩余货值,交单期为效期内。两部分期限均为90 DAYS AFTER SIGHT。附加条款中规定:如果CCIC出具的卸货港质量证显示镍(NI)含量低于0.85%,申请人有权拒收货物。信用证适用UCP 600。

开证行审核后向申请人提示:因CCIC证明只在PART B部分提交,只能在PART B部分交单时审核,如果CCIC质量证显示镍含量低于0.85%,也只能对PART B部分支取的剩余货值拒付。而PART A部分,不管单据显示镍含量多少,都不能以此拒付。

申请人回复:以卸货港检验结果为准是合同的约定,并提出:可否在信用证中约定,开证行对 PART A 部分的承付要以 PART B CCIC 质量证显示 NI 含量不低于 0.85%为条件。

二、信用证以卸货港检验结果为承付条件的影响分析

首先,UCP 600 第二条规定:信用证意指一项约定,无论其如何命名或描述,该约定不可撤销并因此构成开证行对于相符提示予以兑付的确定承诺。

信用证已明确 PART A 和 PART B 分别提交,对应不同款项,且 PART A 的装运单据通常先提交。如果在信用证中加入上述条件,将使银行在审核 PART A 部分的交单时,无法知晓卸货港的检验数值是否符合信用证要求,而 UCP 600 又要求开证行在收到单据后五个工作日内决定交单是否相符,否则将失去拒付的权利。即便 PART A 部分的交单符合信用证要求,开证行受制于信用证加入的条件,也将无法给出确定的付款承诺,只能对 PART A 部分的交单给出附条件的付款承诺,这便有悖于 UCP 对信用证的定义。

再者,如果信用证要求提交汇票,对汇票的附条件承兑在一些国家的票据法中是不被认可的。例如,我国票据法第四十三条规定,"付款人承兑汇票,不得附有条件;承兑附有条件的,视为拒绝承兑"。受益人提交了与信用证 PART A 相符的单据,也收到了开证行的承兑,只是承兑里加上了对卸货港检验要求的条件,受益人在票据下的收款权利却可能得不到法律保障。而此时,开证行可能认为其已完成承兑,将货运单据放给开证申请人提货。

可见,在信用证中加入上述约定,将使原本对申请人不利的开证条款变成对受益人不利。

三、卸货港检验条款对开证行的影响分析

那么申请人若称买卖双方已同意如此约定,开证行能否在信用证中加入此约定条款?笔者认为这样约定,对开证行来说也是有风险的。

一方面，开证行如果在承兑PART A部分交单时漏写上述条件，议付行可能以为信用证要求已得到满足，即便最后卸货港检验值不符合信用证要求，议付行也可能被认为取得了善意第三方地位。开证行有卷入争议或纠纷的风险。另一方面，即便开证行在承兑PART A部分交单时注明了上述条件，也会有很大的问题：因为附条件承兑在我国票据法下被视为拒绝承兑，加了条件承兑的票据可能会被中国法院认定为无效；而若指定银行国家的票据法允许附条件承兑，则指定银行可能会成为该已承兑票据的善意第三方。一旦发生纠纷，其可在境外起诉开证行及其海外机构，要求付款。此外，基于这样一个可能是无效的承兑，开证行是否完成了信用证下的承付责任，从而获得单据的处置权，也会存在争议。在信用证中加入影响开证行承付确定性的条款，不是良好的银行操作实务，在法院判决或仲裁时可能对开证行不利。

因此，申请人不应要求开证行在信用证中加入对PART A部分交单的承兑受PART B卸货港检验值约束的条款。

四、如何解决矿石品质检验的两难问题

在矿石等大宗商品买卖中，买卖双方指定不同检验公司在装卸货港对货物质量和重量进行检验是惯常的做法，而且通常以卸货港检验值为最终结果。在使用信用证结算的时候，如何满足申请人对货物质量的要求呢？笔者认为应注意以下几点。

1. 重视发运前检验

在矿石买卖合同中，一般会规定由卖方负责发运前检验，买方负责卸货港检验。为保证装货港检验的可信度，可尽量在合同中规定由国外信用较好、资质较强的检验机构开展装运前检验，或是由卖方负责装货港检验时，买方有权派人到场监督。

2. 将装货港检验结果纳入信用证考虑

使用卸货港检验结果作为结算最终依据是对买方利益的保护，但卖方发货后通常需凭发运单据马上得到开证行承付，买方也需要拿到发运单据报关提货。矿石信用证结算中通常需要按临时价格先支付大部分货

款，如果按卸货港检验结果计算的最终货值大于已付款项，再在信用证下支取剩余货值。在本案中，这个临时价格是买卖双方按矿石规格的典型值和该品位货物的市场价格约定的，实际交易的矿石肯定与典型值有差异，如果在首款也就是本案的PART A部分的结算中不对货物质量进行相应约束，就有可能发生本案设想的情况：即无法对占货款主要部分的PART A部分交单拒付，卸货港检验值又不符合合同要求。考虑到如果装卸货港检验方法相同且检验结果可信，那么对于装货港检验超标或不符合合同要求的货物，卸货港检验超标或不符合合同要求的可能性就很大。故建议在信用证结算时，不仅尾款结算需要规定依据卸货港检验结果做价格调整或拒付，而且首款也应依据装货港检验结果做价格调整或拒付。如本案中的附加条款可调整为：如果镍(NI)含量低于0.85%，开证行有权拒付。

3. 注意完善合同保障

由于信用证结算中处理的是单据，而不是单据涉及的货物，费用、赔偿、仲裁、退运等事项，买卖双方应协商后在合同中明确。这样即便在信用证下交单相符，对不符合合同规定的货物，买方利益还能在合同下得到保障。

（作者：张翼鹏，交通银行国际结算中心）

从一则判例看煤炭进口开证的质量控制

我国目前是全球最大的煤炭进口国家，煤炭贸易往往存在煤炭质量数量不稳定、涉及的贸易金额较高、物流周期较长等情况。因而煤炭信用证的特点主要表现在：信用证金额大；货描中罗列大量的质量指标，并规定相应的价格调整条款；单据要求提交租船提单和由装货港第三方独立检验机构出具的质量报告和重量报告。

不同于矿石类信用证要求提交装货港和卸货港的检测报告并据此支付首尾款，煤炭信用证往往不分首尾款，仅要求提交装货港检测报告。因此，若到港煤炭与装货港检测结果存在较大差异时，买卖双方需在信用证外根据合同约定协商解决。

本文以一个信用证欺诈纠纷案[1]为例，分析和反思当前煤炭进口贸易中如何应对到港货物质量的异议，以期最大程度保证各方利益，降低风险和损失。

一、案情摘要

2017年6月20日，ST公司向泰国AGE公司购买高挥发动力煤，并签订《动力煤供销合同》，合同中约定动力煤原产地为俄罗斯，货物数量：45000MT（+/-10%），动力煤质量主要指标之一：收到基低位发热量，典型值4 800千卡/千克［NET CALORIFIC VALUE（AS RECEIVED BASIS）TYPICAL 4800 KCAL/KG］，价格术语CFR NANTONG（INCOTERMS 2010），凭信用证结算货款。另外，合同还规定动力煤在装货港

1　参见：（2017）鲁01民初1345号《山东三特能源有限公司与ASIA GREEN ENERGY PUBLIC COMPANYLIMITED信用证纠纷一审民事判决书》。

的取样分析报告由第三方独立检验机构SGS出具，装货港的取样分析报告是最终依据，且对双方有约束力。

6月23日，ST公司和NT发电厂签订《煤炭供需合同》，转售上述45000MT动力煤。

6月27日，Z银行根据《动力煤供销合同》开立金额为USD2 673 000.00的即期信用证，申请人：ST公司，受益人：AGE公司，单据包括全套正本提单、装货港的检验报告等。

AGE公司收到信用证通知后装船发货，并委托第三方独立检验机构SGS取样检验货物质量并出具分析报告，报告显示煤炭符合合同约定。

7月3日船公司签发租船提单。7月7日，ST公司向AGE公司出具《无正本提单保函》。保函中明确要求，AGE公司同意并配合ST公司在未收到正本提单的情况下，在货物到港后将货物卸载，并放货给ST公司或能代表ST公司的一方，ST公司承诺："保证AGE公司不受到任何由于AGE公司接受ST公司要求可能产生的责任、损失、损害或开销所造成的伤害，并承诺如因前述事由使AGE公司卷入任何形式的麻烦时，ST公司保证提供充分的费用和支持来帮助AGE公司解决问题。该保函依据英国法律解释，任何该保函项下纠纷提交英国高等法院进行裁决。"

7月16日货物抵达中国南通港，7月17日完成报关，7月23日完成卸货，随后由ST公司的下游买家NT发电厂提取。在卸货期间，ST公司委托日照港城煤炭检测有限公司和南通出入境检验检疫局、下游买家NT发电厂委托上海英斯贝克商品检验有限公司检验货物质量。上述三家机构的检测报告中显示到港煤炭低位发热量分别为：4328 KCAL/KG、4398 KCAL/KG、4390 KCAL/KG，到港煤炭质量与合同约定质量相差超过5%，ST公司就此质量问题多次与AGE公司进行邮件沟通。

8月1日，AGE公司通过泰国KTB银行向开证行交单。8月4日，开证行收到信用证项下交单，经审核为相符交单，于是通知ST公司五个工作日内付款，即最迟8月11日付款。8月21日，NT发电厂向ST公司支付货款人民币2 000万元。

8月8日，ST公司以欺诈为由向法院申请止付令，并提交了等额担保保函，法院依法裁定开证行中止支付涉案信用证项下款项，并立案审理该信用证欺诈纠纷案。

ST公司主张AGE公司构成信用证欺诈，提出的主要理由是：(1)AGE公司提交的信用证项下单据——装货港检验报告记载内容虚假；(2)AGE公司恶意不交付货物，或者交付的货物无价值。经法院审理，ST公司的诉讼请求和理由均不成立，Z银行作为开证行有独立审单的权利，应该履行付款义务。

二、案情分析

（一）出口商是否构成信用证欺诈

1. *ST公司关于装货港检验报告内容虚假的主张不成立*

信用证46A单据条款中明确要求的是SGS在装货港出具的检验报告。AGE公司在装货港委托检验机构SGS取样并出具分析报告，随后AGE公司通过交单行在信用证项下提交该单据，完成了其合同项下和信用证项下的义务。

ST公司既然质疑SGS分析报告的内容，则应申请重新检测SGS在装货港封存的样品，将样品送到买卖双方共同接受的仲裁机构检测，而不是在出口方未参与的情况下在卸货港提取样品，并委托非合同约定的检验机构出具检测报告。

2. *ST公司关于受益人恶意不交付货物，或者交付的货物无价值的主张不成立*

AGE公司通过租船将货物运输到中国南通港，并根据ST公司出具的《无正本提单保函》，将货物放给代表ST公司的一方，即ST公司的下游买家NT发电厂，可见受益人实际交付了货物。

另外，ST公司就到港动力煤的低位发热量低于合同约定表示不满，并多次与AGE公司进行邮件沟通，变相也证明了货物已交付。此外，涉案货物悉数被最终买家NT发电厂提取并使用，且NT发电厂向ST公司全额支付了货款，可见交付的货物并非无价值。

综上，AGE公司并不构成信用证欺诈。

（二）开证行处理纠纷是否妥当

开证行Z银行作为上述信用证欺诈纠纷案中的涉案第三人，在案件审理过程中，多次要求法院尽快撤销止付裁定，希望不要通过信用证来解决基础贸易纠纷。信用证独立于贸易合同，按照国际惯例UCP 600第五条规定：银行处理的是单据，而不是单据可能涉及的货物、服务或履约行为；同时第七条规定：只要规定的单据提交到开证行或被指定银行，并且构成相符交单，则开证行必须承付。本案中的交单为相符交单，开证行应当及时履行付款义务。止付令约束了开证行的付款行为，在一定程度上会影响银行的声誉和信用。

（三）进口商的行为是否合理

本案纠纷追本溯源是源于ST公司不满意动力煤的到港质量，从而质疑装货港检验报告内容的真实性，并认为出口商是信用证欺诈。仔细分析进口商在该笔交易中的行为，存在以下不合理之处。

1. 不按合同约定机制解决质量争议，随意声称欺诈

本案中买卖双方签订的《动力煤供销合同》中有约定：货物质量由装货港的分析报告确定，装货港分析报告是最终依据，对买卖双方均有约束力。同时约定：若质量有争议，按照国际商会仲裁规则由三名仲裁员组成的仲裁庭在英国伦敦进行仲裁。

因此，信用证以装货港而非卸货港的检验结果确定煤炭质量，并结算货款。而ST公司对到港货物质量提出质疑时，应该按照合同约定的机制，提交仲裁来解决争议，而不应该通过声称欺诈来规避信用证下的付款义务。

2. 擅自交货给下游买家，故意模糊己方承担的责任与风险

ST公司在本案中，一方面主张货物没有交付，自己没有货物所有权，货物所有权只有在其付清货款后才由AGE公司转移给自己，一方面又将货物卖给下游买家，通过《无正本提单保函》，由NT发电厂提取货物并使用。

不仅ST公司的主张和行为自相矛盾，ST公司还存在模糊责任与风险的问题。ST公司主张自己只有付清货款以后才有货权，然而合同中约

定的贸易术语是CFR,根据国际贸易术语解释通则2010的规定,AGE公司将货物装船即完成交付货物的义务,收货人ST公司承担货物在装船后一切风险,卖方AGE公司有权按照合同约定的信用证结算方式取得货款。

三、 总结和反思

在煤炭进口贸易中,虽然大多以装货港检验结果为最终判断依据并对买卖双方有约束力,但是进口商仍然可以采取正确的方式积极应对装卸货港货物质量的差异。

首先,在合同签订时,应注意在合同中约定质量异议的条款,规定货物到港后的复检协议。

其次,妥善拟定信用证条款,列明货物质量指标的同时,明确拒付的限值、适用调整的范围等。

最后,注意关注货物的装运进度、质量与重量检验的结果,督促出口商信用证项下尽早交单,到单后经银行审核相符,应及时赎单提货,并按照合同约定检测到港货物。若对到港质量有异议,及时按照合同约定取样仲裁。

此外,从银行的角度来看,信用证是独立文件,不依附于买卖双方的贸易合同,开证行应按照国际惯例处理单据并履行义务。对于类似进口煤炭这样的大宗商品类煤炭信用证,开证前应充分了解基础贸易背景落实风控;开立信用证时,应合理拟定信用证条款,尤其要求单据条款齐全,包含第三方权威机构的检验证明等;到单后,应仔细审核单据,尽到合理审慎之责。若发生纠纷,及时了解基础贸易进展情况,尽量避免被牵涉进基础贸易纠纷中。

(作者:吴斌斌,交通银行国际结算中心)

5

制裁合规风险

近年来，世界格局发生深刻变化，国际形势风云变幻，在国与国角力的过程中，国际制裁被越来越多地使用，手段也更加精准，已逐步进入“聪明制裁”的阶段。同时，国内监管对反洗钱的要求也日趋严厉。商业银行在开展国际业务时所面临的国内外合规环境日益复杂，如何有效应对日益严峻的监管环境和制裁措施，高质量地开展合规工作，为业务拓展提供支持和保障，对商业银行跨境业务经营和风险防范能力提出了很高的要求。

本部分精选10篇相关分析文章，主要由交通银行国际结算中心反洗钱合规研究小组成员执笔撰写，是该研究小组多年来从事国际单证业务反洗钱工作和对国际制裁形势跟踪研究的经验梳理和总结，具有较高的实务操作借鉴意义。

浅谈制裁及洗钱风险的防范

当前国际局势环境日益复杂,大国力量对比加速调整,多个地区动荡不定,一些国家内部政治动荡、社会分化趋势加剧。在此过程中,以美国为首的国际制裁汹涌袭来,各国各机构都加大投入应对由此带来的变化。同时,我国的反洗钱监管理念和监管措施紧跟形势快速发展,日趋严厉。这无疑对从事国际业务的商业银行提出了更高的合规要求。本文将从制裁及洗钱内涵入手,阐述在日趋严峻的内外部形势下如何应对相关风险。

一、制裁合规及反洗钱的内涵及内在联系

(一)制裁与洗钱的关系

制裁,一般指经济制裁,是在经济上包括财政、金融、贸易等领域,对破坏国际义务、条约和协定的国家采取惩罚性措施,还可以表现为其他形式的经济封锁,例如:进出口禁令、武器禁运、禁飞、技术基础设施禁运等。经济制裁还可分为贸易制裁和金融制裁,贸易制裁指限制国家的进出口活动,而金融制裁是借助金融及货币力量针对特定的国家、组织机构、个人实施金融领域的惩罚性与强制性措施,从而强迫目标对象改变其政策和行为的过程。而洗钱及恐怖融资分别是指将非法所得转为合法的过程,以及以非经济为目的对谋求政治合法性和影响力、传播意识形态等而采取的恐怖活动进行资助。虽然两者概念不同,但在实务中有着密切的联系,被制裁的对象往往会运用洗钱手段规避制裁,而洗钱活动中也时常会涉及制裁因素。

（二）制裁合规与反洗钱的关系

反洗钱和反恐怖融资是针对或潜在的违法犯罪行为所涉及资金运转而展开的立法、机构设置和法律实施。而制裁常常被作为经济实力强大的国家削弱敌对国家的打击手段，其正义性在世界范围内，不像反洗钱、反恐怖融资（简称反洗钱）被广泛认同。同样地，制裁合规和反洗钱虽有着不同内涵，但两者却有内在紧密联系。下文将以美国为例进行相关分析。第一，它们通常遵循相同的法律依据。美国的制裁政策主要依据是《爱国者法案》《国家紧急状态法》《国际紧急经济权力法》《恐怖主义融资法》以及美国总统行政令、联合国相关制裁法律等；而其反洗钱监管的主要依据《爱国者法案》《银行保密法》《洗钱控制法案》等。可以看出，《爱国者法案》是两者共同遵循的法律基础。第二，在开展制裁合规和反洗钱的过程中，对客户身份的识别和认证、严格尽职调查等都是美国政府、监管当局对制裁或是反洗钱的共同要求。第三，违反制裁和洗钱常常并发，涉制裁对象大多涉嫌洗钱行为，由此导致金融机构无论是主观还是客观原因，会因涉及非法资金转移而牵扯其中，构成洗钱事实。美国政府认为金融制裁在操作上必须和反洗钱合规监管结合起来，利用双重手段在世界范围来孤立和打击这些违规个人、团体、机构（包括金融机构），乃至国家，才能有效防范各种规避手段，形成强大的威慑力。

二、 制裁合规要求及反洗钱网络不断延伸

美国制裁援引国内法的“长臂管辖”具有浓重的单边主义色彩，排除在美元交易系统之外的二级制裁和直接的二级制裁更是霸权的体现。美元以及其代表的清算支付延伸了美国制裁、反洗钱法律的管辖权，美国的产品和技术延伸了美国法院的管辖权，基于《出口管制改革法案》产生的《出口管制条例》在美国域外有强大且致命的效力。美国制裁反洗钱网络，在美元以及其代表的清算支付、美国的产品和技术及域外效力的作用下，在长臂管辖的“最低限度联系原则”下不断延伸。该网络不仅包括美国的金融机构及其境外分支机构，还延伸到与美国金融机构有业务往来和关系的其他国家金融机构。对于违反美国制裁决定和反洗钱合规监管

的其境内外金融机构或其他国家金融机构，将面临直接被列为制裁对象，遭受巨额罚款的风险，包括但不限于干预业务经营、责令限期整改、实施市场禁入等惩罚措施。类似美国这种对制裁合规要求及反洗钱网络的不断延伸，使得制裁合规及反洗钱的形势日趋严峻。

三、 制裁合规及反洗钱形势严峻

以美国制裁为代表的制裁措施通过经济、金融制裁和反洗钱监管合规手段形成了完备的打击体系，金融制裁涉及面广，与美元流动相关的主体都可能成为制裁的对象，包括国家、机构和个人，关闭支付清算通道成为金融制裁的打击重器。从美国对于俄罗斯针对浓缩铀协定、人权问题、克里米亚危机、网络安全、生化武器滥用等领域进行制裁来看，打击不断升级，打击对象从特定的人、非金融机构、金融机构最后到政府部门；制裁手段从出入境限制、贸易管制、金融交易限制、资金融通限制最后到资产冻结、禁用美元清算系统；制裁范围不断扩大，涉及金融领域股权、债权融资活动以及国防、原油、能源行业，美国对俄全面制裁直指俄罗斯金融、能源、国防，逐步形成复杂、多层次、多样化的系统性精准打击态势，产生的后果和影响也是巨大的。而中国面临的外部环境则更加不容乐观。2018年中美经贸摩擦发生以来，中美关系面临巨大挑战，形势十分严峻。美国针对中国的制裁及限制措施不断加大，除了对多家中国公司实施制裁外，还加强了审查技术、基础设施和数据领域的海外投资，包括涉及卫星、炼油厂、金融市场体系和饮用水公用事业公司的交易，这项措施其实也是意在针对中国企业在美投资。2020年美国国会提交涉港法案，授权美行政机构制裁涉及《香港国安法》的官员、机构以及与之进行往来的银行和实体，相关银行、实体可能面临无法使用美元支付清算系统和被切断美元来源的风险。

四、 制裁及洗钱风险的防范措施

随着以美国为首的经济制裁和反洗钱合规监管高压态势持续高涨，

反洗钱监管环境日趋严苛，监管范围和力度不断加大。中资金融机构、企业单位，在“走出去”的过程中，反洗钱合规风险不断扩大，面临的经营环境更加恶劣。在当前百年未有之大变局和国内国际两循环的大背景下，应积极采取相应措施来应对制裁反洗钱合规风险。

宏观层面上，一是建立制裁合规及反洗钱救济制度。对他国以涉嫌洗钱或涉恐融资为由制裁本国金融机构、企业单位、团体或个人实施救济，多渠道调查核实，对不实指控积极通过外交部门协调交涉，争取取消制裁措施，同时也要积极研究反制裁的法律措施及应急机制，推进相关阻断办法的切实落地。二是完善反洗钱政策框架体系。随着我国相关反洗钱、反恐怖融资管理办法、风险管理、框架指引等制度政策的出台，使反洗钱政策框架体系等到进一步完善，相关法律的修订也要加快步伐，进一步夯实法律基础，提高我国在反洗钱领域中的话语权及国际形象。三是加快推进人民币国际化进程，建立和完善人民币跨境支付清算全球系统，避免受制于美元清算体系。

微观层面上，对金融机构而言，首先要形成高级管理层对制裁合规及反洗钱工作履职的管理机制，工作理念需从形式合规向实质合规转变，根据自身实际情况形成制裁合规及反洗钱制度体系，识别、评估主要风险驱动因素，监测业务风险，实施相应的制裁及洗钱风险控制措施，确保制度和管控措施实质有效。其次，加强对制裁合规及反洗钱动态的前瞻性研究，促进信息共享共用，借鉴境外金融机构经验和实施体系，完善反洗钱监控的制度建设和机构设置及专业人员培养，借鉴国际最佳实践并严格标准，推进反洗钱合规管理工作。另外，对于“走出去”的金融机构、企业单位，应当深刻研究、理解掌握各国当地监管当局的法令、法律法规和政策，严格遵守制裁及反洗钱游戏规则，避免遭受相关处罚，并对跨境业务合规风险管理上给予更多的重视和资源投入。最后，在技术上利用大数据和人工智能等金融科技实现智能化反洗钱，全方位、多角度监控，使反洗钱监控高能有效，降低反洗钱监管人力成本和监督漏洞，以金融科技技术手段科学防范制裁及洗钱风险。

（作者：李杰，交通银行国际结算中心）

警惕乌克兰潜在的国别风险[1]

乌克兰是第一个积极响应中国“一带一路”倡议的欧洲国家，是我国在独联体地区的第三大贸易伙伴。根据中国外交部官方数据，2017 年中乌贸易额增长迅速，同比增长 9.9%。从中乌两国历史贸易水平来看，乌克兰因其资源、地缘和人口优势，市场仍具有巨大潜力，但相关风险也不容忽视。

一、 动荡不安的“边界之地”

说起乌克兰，不得不提及其地缘政治。乌克兰意为“边界之地”，位于亚欧交界处。特殊的地理位置使其成为俄罗斯与欧盟、北约政治博弈的主要战场之一。

近年最典型的政治事件莫过于 2014 年的克里米亚公投。克里米亚人口中 60%以上为俄罗斯族，对于俄罗斯的民族认同感非常强烈。同时，俄罗斯的黑海舰队就驻扎在克里米亚南部城市塞瓦斯托波尔，且克里米亚对俄罗斯来说有着极其重要的战略意义。因此，克里米亚与俄罗斯一拍即合：2014 年 3 月中旬，克里米亚通过公投宣布独立，申请入俄。

在乌克兰东部还有多个与克里米亚情况类似的地区，最具代表性的是顿涅茨克和卢甘斯克。这两个地区相继于 2014 年 4 月 28 日和 5 月 12 日宣布独立。2017 年年底，两地局势急转直下，内斗愈发激烈，外部环境也不断恶化，先是俄罗斯退出停火隔离带联合中心，继而美国宣布向乌克兰提供杀伤性武器。

1　本文发表于 2018 年 4 月 15 日《中国外汇》2018 年第 8 期。

乌克兰不稳定的政治环境使其时刻面临着因战争升级导致的不可抗力风险，如顿涅茨克地区交通、能源系统瘫痪等；也使得恐怖主义蔓延，如车臣、伊斯兰国势力的渗入等。

二、 脆弱敏感的经济环境

政治环境的动荡也危及了乌克兰的经济稳定。2014 年至 2015 年，乌克兰格里夫纳兑美元的汇率下跌了约 70%。据乌克兰官方数据，其 2015 年出口总额下降了 30%，主要原因之一就是顿涅茨克和卢甘斯克两个主要工业区的商品产量下跌。同年，乌克兰 GDP 下跌了 9.8%，尽管 2016 年起有所恢复，然而一旦外部环境恶化，其经济随时可能再现类似 2014 年的衰退情况。

经济不稳定使得乌克兰国际收支极度不平衡。乌克兰政府为了遏制这一现象，频繁采用临时外汇管制措施，限制外汇外流。在对乌出口业务中，因临时外汇管制而导致的收汇延迟屡屡发生，给出口商带来极大风险。

此外，我国驻乌克兰大使馆经济商务参赞处网站显示，为保证国家支付平衡和维护国内商品市场秩序，某些情况下，乌克兰会对进出口商品实行许可证配额管理，每年公布一次进出口主动配额许可证商品名单。另外，乌克兰对转让出售武器、军事和特种技术、部分军用品生产原材料、设备和工艺等，实行国家出口管制，经营这些出口管制商品的企业，需向政府申请特别经营权。

经济不稳定也给贸易欺诈的滋生提供了温床。众多案例显示，乌克兰银行由于内控失效或缺乏专业性，往往被不法分子利用来实施诈骗。这类骗局的典型特点是，通常由其他国家（如斯洛伐克、英国等）的非银行金融机构开出信用证，再由乌克兰银行进行转通知，利用我国出口商对银行电文的信任实施诈骗。出口商在此类信用证下交单后，货物会被立即提走，而单据则被无理拒付，最终钱货两空。该类信用证的其他特征包括：通常为 MT 798 等非标准格式的信用证通知电文，开证人未被银行家年鉴收录或在银行家年鉴上的资信较差，货物流和资金流不匹配，含有排除开证人第一性付款责任的软条款，排除通知行责任的条款等。

三、 腐败和制裁风险的高危地带

除了经济环境不稳定，腐败也一直困扰着乌克兰。2016 年的透明国际世界腐败指数排名中，乌克兰位于 176 个国家中的第 131 位。美国国务院的洗钱评估报告也指出腐败是乌克兰非法收益的主要来源之一，加剧了乌克兰的洗钱问题。乌克兰不是 FATF 成员国，但其加入了 MONEYVAL（一个地区性的类 FATF 组织）。2017 年 12 月，该组织公布了针对乌克兰反洗钱及反恐怖融资措施的第五轮互评估报告。该报告指出，腐败和非法经济活动（包括虚构的创业，逃税和欺诈）是乌克兰主要的洗钱威胁。对于外国公司而言，腐败严重影响了其贸易和其他商业活动的开展。在商业许可、税收和海关方面，乌克兰公职人员普遍收受贿赂和疏通费。有报道称，外国公司如不进行贿赂，或贿赂的数额没有其竞争对手高，往往就会失去合同。乌克兰虽已设立相应的反腐败机构，制定了反腐败的法律，但其执行有效性还有待提高。腐败问题虽在改善，但要真正解决尚需时日。

自 2014 年俄乌冲突以来，乌克兰与俄罗斯的领土争议地区面临着其他国家的制裁，这也给涉乌业务带来了制裁风险。美国、欧盟均已发布针对克里米亚地区的制裁令。其中美国的第 13685 号总统行政令禁止美国人向克里米亚地区投资，禁止从克里米亚地区向美国进口任何货物、服务或技术，禁止向克里米亚地区出口任何货物、服务或技术，美国人也被禁止参与到外国人的上述交易中。同样，欧盟也在其第 2014/386/CFSP 号议会决议中规定，禁止进口原产于克里米亚地区的货物，也禁止为进口克里米亚地区的货物提供金融或保险服务；同时，欧盟还禁止投资位于克里米亚地区的房地产或企业，禁止向克里米亚地区出口涉及交通、通信、能源及适用于勘探生产方面的商品，禁止船只停靠位于克里米亚地区的港口。

在如今加强制裁风险管理的大背景下，美国与欧盟的制裁规定也往往是各大银行制定行内政策的参考依据。直接违反制裁规定的业务可能会被拒绝接受，与之相关的业务则可能会受到进一步的强化背景调查。如在一则实务案例中，客户提交的提单显示装货港为“CHORNOMORSK”，该名称的港口有两个，一个位于乌克兰的敖德萨州，另一个位于领土争议地区——克里米亚。如在未确定上述港口不属于克里米亚地区范围之前就贸然开展业务，就有可能会被银行拒绝，相关货款也可能会因违反制裁规定而被清算行冻结。

四、风险防范的主要措施

针对乌克兰上述政治、经济等状况，在开展与乌克兰的国际业务时，可以采取以下措施防范相关风险。

一是对运输路径应严格把控。由于地缘关系，乌克兰和克里米亚地区共享同一片海域，而克里米亚是被美国和欧盟全面制裁的地区，因此，如货物通过海运方式运输，应严格审核其船只是否经停克里米亚地区；如发现港口与克里米亚地区港口重名，则更应仔细核实该港口的实际位置。具体可通过贸易双方基础合同信息，判断货物的实际位置，或通过船只的 IMO 号码查询其实际航线，以免因违反国际制裁规定而遭受处罚。

二是对货物描述应严格审查。乌克兰在一定情况下会对某些货物进行出口限制，出口时需要配额许可证；对于某些特殊货物，乌克兰也会进行出口管制，出口时需要政府授予特别经营权。因此在处理业务时，应尽可能掌握乌克兰的出口货物限制和管制措施，充分了解相关货物清单及所需程序和材料，避免违反出口限制和管制措施。

三是加强信用证审核及条款优化。出口业务中，遇到来自乌克兰 MT 798 等非标准格式的信用证通知电文，应加强审证力度，如发现信用证条款中含有明显的欺诈警示信号，应拒绝开展相关业务。进口业务中，为避免繁琐的查询与核实，开证时可以设置一些特定条款进行约束。如在上述案例中，可以对运输单据的港口进行明确规定，在运输港口规定中排除克里米亚地区的“CHORNOMORSK”或直接明确为乌克兰敖德萨州的“CHORNOMORSK”。这样，既可以在第一时间杜绝克里米亚地区的业务，也可以避免对中乌正常贸易的“误伤”。

四是应避免与政局动荡地区发生业务往来。对于涉领土争议的克里米亚地区，应禁止开展涉该地区的国际业务。此外，对于其他一些政局不稳定的地区，如顿涅茨克和卢甘斯克等，也应尽可能减少业务往来；如确有需要，应密切关注这些地区的政局发展，谨慎办理相关业务。

五是做好贸易背景调查。对贸易背景真实性应做好严格审查；对上游资金应尽量了解其来源，确保不涉及腐败等违法行为；对交易获得资金的后续使用，应进行一定的跟踪，确保不涉及恐怖融资；对交易相关方的资信情况应做好核实，包括对相关银行机构，也要通过各种渠道如银行家年鉴、各类新闻报道等，了解其声誉情况，确保其资信良好。

六是密切关注外汇管制措施的变化。应时刻关注我国有关部门（如我国驻乌克兰大使馆经济商务参赞处等）发布的乌克兰外汇管制信息；在外汇管制较严格时，应谨慎开展涉乌业务，避免因外汇管制而导致延迟收汇或无法收汇。

（作者：反洗钱合规研究小组，交通银行国际结算中心）

国际业务中的反洗钱特殊名单识别方法[1]

每个银行都有针对国际业务的反洗钱制度，可能还会外购反洗钱特殊名单库，但银行业务处理人员在进行反洗钱特殊名单识别的具体操作时，仍会感到手足无措。本文整理了一些实际操作的经验，谨供参考。

一、 完善识别“地图”

反洗钱特殊名单识别是否有效，首先取决于反洗钱筛查是否全面。以下是在筛查时容易忽视的地方。

1. 第三方机构单据上的信息

银行在对国际业务进行反洗钱筛查时，通常会重点关注货运信息等与业务有直接联系的信息，但事实上，在第三方机构单据上也会出现涉及反洗钱特殊名单的信息。例如，在进口来单业务中有时会发现检验证出具人国别涉及受制裁国家。所以，处理此类业务的人员对这些单据上的信息也应认真筛查。

2. 合同上的信息

合同上有很多贸易背景细节信息，筛查时也应对其仔细审核。但投标保函合同等一些合同较复杂，页数较多。此时，处理此类业务的人员更应耐心谨慎，避免遗漏。

3. 客户关联企业的情况

即便银行已非常重视对客户的尽职调查，但对客户关联公司的了解难免会有疏漏。很多银行会借助第三方反洗钱特殊名单库，但名单库未

1　本文发表于 2018 年 6 月《中国外汇》(金融 & 贸易)总第 26 期。

必能涵盖所有与反洗钱特殊名单相关的实体或个人。比如母公司下两个子公司会因为不存在控股关系，一个命中名单时，另一个不会在名单库系统里被提示。所以银行业务人员不应仅凭名单库系统，须结合客户及其关联企业的情况综合判断。

4. 客户其他业务的信息

对客户多笔业务间的信息比对，有助于业务人员做出更准确的判断。一笔汇款业务的附言中发票号显示为ST 118118，交易信息与业务背景资料相符，但业务人员调阅了该客户当天其他三笔汇款业务资料，发现三笔业务的附言分别显示发票号为ABC、ABCD、ABCDE。这种随意乱编发票号的情况，不得不使人产生怀疑，应对其开展进一步的调查。但如果业务人员只关注手上处理的那笔业务，就无法发现该可疑情况了。

二、 优化判断方法

判断筛查出的信息是否命中反洗钱特殊名单，是操作中的难点。以下提供一些实际情况的判断方法。

1. 同名或名称相似的情况

此时可以先判断所涉信息的类别与特殊名单中的是否一致。例如系统提示命中的信息为人名，而在业务资料中的信息是城市名，那显然这两者是不同的。当然这是最基础的一种判断，实际操作中的情况会更复杂，往往要借助互联网等渠道获得更多的信息来帮助判断。获得的信息越全面，银行业务处理人员才能更准确地做出判断。

2. 公司股东涉及反洗钱特殊名单

当公司与反洗钱特殊名单中的实体、个人或国家有股权关系时，应层层核查，计算出涉及名单的公司股东的股权情况，并结合客户背景和交易背景对相关洗钱风险进行合理评估，再根据银行的风险偏好判断是否可以办理此业务。

3. 对客户提供信息的可靠性判断

一笔汇款业务的附言显示了受全面制裁的国家，客户称这是收货人人名，并非是国家，但经银行业务人员调阅该客户历史记录发现，之前附言的同样位置显示了其他国家,处理人员谨慎考虑后最终拒绝了该业务。因此,银行的业务处理人员不能仅凭客户提供的信息草率判断,而应结合贸易背景调查的情况做出独立判断。

三、 有效识别的注意事项

首先,要全面且有效地进行反洗钱筛查。反洗钱筛查是否全面,决定了反洗钱特殊名单识别的基础数据,数据不完整必然会影响识别的有效性,所以应适当扩大反洗钱筛查的范围以确保涵盖所有可能涉及反洗钱特殊名单的信息。当然,全面不代表重复筛查,应通过经验累积,精简范围,提高效率。

其次,要抓住信息判断的关键点。所谓关键点就是用以判断的主要依据,如同名银行可以用SWIFT代码作为主要区分依据。找到关键点就可以迅速、准确地排除嫌疑或确定命中,提升业务处理效率。

再次,要做好尽职调查。银行应做好尽职调查,确保贸易背景真实。有时银行业务人员才是最了解自己的客户的,对客户的一些微妙变化,可以见微知著,这是无法通过外购名单库实现的。

此外,要及时掌握相关外部信息。银行有关业务人员应熟练掌握银行家年鉴、查询船只信息的网站等工具网站的使用方法,尽可能多渠道、全面、详细地了解需要核实的信息。另外,还须即时掌握国际制裁形势的发展动态,把握制裁的风向标,提前做好预警并制定预防措施。

(作者:苏亮,交通银行国际结算中心)

反洗钱特殊名单认定纾困

近年来，银行对反洗钱合规越来越重视，要求也越来越严格。对于确实命中反洗钱特殊名单的国际业务，会有合规人员进行专门审核，但是在这之前，一线的业务人员需要对业务信息是否命中名单做大量的认定工作。有时，业务人员会碰到难以认定的情况，而客户又会催促其尽快完成业务处理，这时就会产生一种困境，即既没有合理的理由拒绝客户，又没有足够理由排除风险。下面就谈一谈如何让名单认定这项工作更加高效、流畅。

一、 全面准确的筛查

在做名单认定之前，其实有一个非常重要的步骤不能忽视，那就是名单筛查。如果没有全面、准确地进行名单筛查，那么后面的认定工作做得再好也于事无补。虽然，随着技术的革新，很多的名单筛查工作可以通过系统开展，但是，仍存在一些疏漏的情况需要通过人工弥补。

最为常见的情况就是对于业务资料中无须录入系统的信息会疏于筛查。严谨的做法是，将所有业务资料中涉及个人、实体、船舶、地点等信息全部人工录入业务系统进行筛查，但这往往取决于一线业务人员个人的判断，因此须建立相关制度对业务人员的处理要求做详细规定。

第二种情况是对尽调材料中涉及的相关信息疏于筛查。业务人员对业务资料中的信息还能保持一定的敏感度，但是对于尽调材料的信息可能就放松了警惕。其实尽调材料中的信息更能反映业务背景情况的关键，万万不能忽视。比如涉及运费的汇款业务中，对于运输工具的筛查是必不可少的。

第三种情况是由于无法掌握确切信息而无法筛查。一是无法获取相关信息。由于出于隐私保护等原因,部分个人和实体的信息难以获得,如一些涉制裁国家人员的旅游项目,旅行社可能不会提供具体的人员名单和信息,导致无法判断旅行人员中是否有受制裁的个人,又如赴涉制裁国家周边国家的旅游项目,旅行社可能不会提供实际的行程单,导致无法确定行程中是否包括涉制裁国家。这种情况风险较大,应和相关机构做进一步沟通,尽量获取信息。二是由于业务材料中的信息不清导致无法筛查。如一笔议付录入交易,正本信用证丢失,单据皆为副本,客户出具说明并要求担保出单,其中提单为模糊副本,船名看似 ABC 或者 ABD,无法进行准确筛查,后经核实船名为 ABC,而 ABC 为 OFAC SDN 名单列名船只。从这个案例可以看出,对于模糊的信息,务必要进行核实,如果确实无法核实就应把所有可能的情况都进行筛查。三是由于语言问题无法筛查。如运输单据为小语种,而系统筛查只支持英文。这种情况下应要求客户提供翻译件,以方便系统筛查。

二、 精准有效的认定

实务中,名单认定还是有一定规则可循的,通过这些规则可以快速地进行判断,当然也会有一些和一般认知有出入的"陷阱",需要在认定中格外留心。

(一) 关于个人的认定

个人的认定最快速的方法就是用业务信息中的个人全名和名单中名称的所有拼写变化去比对,如果个人的全名中有包含名单中名称所有没有的部分,则可以判断为误命中,如业务信息中为 MOHAMMED ALI 而名单中为 MOHAMMED。但是往往业务中出现的个人名称只是名字的一部分,而非全名。这就需要提供额外的信息才能判断,如个人全名、性别、国籍、出生日期等。需要注意的是,证件种类相同但证件号码不同的情况是无法直接用来判断误命中的,因为部分证件更换可能导致的证件号码变更的情况,所以这种情况还是要结合国籍、性别、出生日期等身份信息综合判断。

(二) 关于公司的认定

公司的认定一般应通过尽调获取进一步信息,并根据证件号码、国别、关联方等信息综合判断。但有一种情况可以通过名称直接认定,即公司注册使用同一种官方语言的情况下,可以通过该官方语言的名称做快速判断。如一笔进口开证,受益人在香港,英文名称为 ABC CO LTD,中文名称为甲乙丙有限公司,英文名称命中名单的名称 ABC CO LTD,是一家台湾公司,但名单中的中文名称为一二三有限公司。从香港特别行政区关于《香港公司名称注册指引》中可以看出,在香港注册公司的中文名称或者英文名称都是唯一的,也就是说中文和英文都是公司注册时使用的官方语言,两种语言都不会有重名。而台湾"经济部"关于《公司名称及业务预查审核准则》中则可以看出,在台湾注册公司使用的官方语言是中文。所以虽然两者的英文名称相同,但是注册公司的官方语言实际都是中文,此时由于中文名称是不同的,可以判断为误命中。另外,在对公司做认定时,定冠词(如 THE)、有限公司等字词、字母大小写及标点符号等通常不能被视为判断误命中的依据。

(三) 关于银行和船舶的认定

银行和船舶的认定可以分别通过 BIC CODE 和 IMO 号码来直接认定。但为了谨慎起见,对银行的认定还应通过银行家年鉴查询股权及分支机构做进一步确认,而船舶认定则需验证获取的 IMO 是否准确。

(四) 关于地点的认定

地点的认定通常通过地点名称所代表的具体范围来快速判断。比如,有的是某个非制裁国家的城市与某个制裁国家同名,有的则是某个非制裁国家的某个街道名称与制裁国家的某个城市同名。但也有无法判断的情况,如业务中的城市与制裁国家城市名相同,但业务信息中的城市未注明具体属于哪个国别,这就需要做尽调加以确认。

三、合理验证的尽调

认定的相关尽调通常是需要获取个人、实体、船舶、地点等详细信息。对于个人和实体的尽调,一个最常见问题就是要不到相关信息,这时客户通常会出具一个不涉制裁的证明作为代替,此时业务人员不应直接以此判断,需尽量获取更多信息加以佐证,如确实无法判断应报送合规人员。而船舶认定的尽调,则关键是要确认 IMO 是否准确。船舶的 IMO 由于往往是从客户处获得,应通过权威的航运信息提供商查询相关航迹信息与运输单据上的信息作比对,避免 IMO 错给的情况。地点认定的尽调,通常是发生在需要认定的地点无法判断是否在制裁国家时,此时应通过查询航迹来做进一步判断。如运输尚未开始、无法查询航迹时(一般出口业务中会出现类似情况),则应获取报关单、第三方产证等材料,从这些材料中了解真实的运输信息,进行进一步判断。

(作者:苏亮,交通银行国际结算中心)

由几则涉 OFAC 制裁案例引发的思考

当今国际政治形势变化多端,国际制裁不断升级。在经济全球化的贸易背景下,参与到国际业务中的各方不可避免地会受到国际制裁的约束。而在众多的国际制裁项目中,因美元在全球结算中的强势地位、美国长臂管辖的制裁范围以及违反制裁所受严厉处罚等原因,使得美国OFAC 制裁成为影响最大的制裁项目之一。无论银行还是企业,一旦违规将面临声誉损害、高额罚款、禁止进入清算系统乃至制裁等严重后果,因此,国际业务中的各方都不得不审慎处理相关涉制裁业务,以免受到此类惩罚。本文将站在银行角度,通过分析在国际结算业务中遇到的几则涉 OFAC 制裁实例,以点及面,总结实务中的一些注意事项,为后续业务中的相关风险识别与防范提供一些借鉴思路。

一、 案例分析

(一) 涉敏关注,化繁为简

案例所涉业务类型为进口信用证开立。某日,A 银行收到一笔美元进口信用证开立申请,结合开证申请书与贸易合同来看,贸易背景较为复杂。首先,开证申请书中,申请人为国内公司,受益人位于阿联酋,同时又规定发货地为俄罗斯。可以看到,本业务中货物流与资金流是不匹配的,初步推断受益人并非货物的实际供货商。然后,进一步审核合同,合同显示货物产地为俄罗斯,并且发运人和制造商均为俄罗斯的同一家公司。由此基本可以确定信用证下货物应在本次交易前已经过转手,货物的最终来源为俄罗斯公司。在对业务所涉要素进行全面筛查后发现,该俄罗斯制造商属于制裁关联方,进一步查询后确认,该公司拥有决策权的董事长被美国OFAC列入了SDN名单。根据OFAC规定，任何与美国人或与美国相关的交易均被禁止与SDN名单主体发生业务往来，因此，客户的开证申请不能被接受。

本笔业务中，有以下两点值得我们注意：(1)业务涉及洗钱高风险国家阿联酋，阿联酋市场环境宽松自由、地理位置特殊，因而常常被利用，为涉制裁交易提供便利；(2)基础贸易为转口或者转卖，复杂的业务背景使得单从信用证上很难找到货物的真实来源。有些交易为了规避制裁或掩盖实际交易对手，常常采用交易复杂化的手段增加涉制裁筛查的难度，所以银行不能因交易的复杂性降低筛查的力度，反而更应提高警惕。遇到类似业务，既要对高风险地区引起警觉，又要在复杂的贸易背景中厘清所有相关方、关联方，对涉及的各当事方进行一一筛查。

（二）追根溯源，抽丝剥茧

案例所涉业务类型为进口代收。某日，B银行签收一笔美元进口代收到单，委托人位于瑞士、付款人为国内客户。经筛查，各当事方及业务要素等均未涉及受制裁国家或实体。但提单的通知方栏出现了一家地址位于中国的第三方公司X.X.X.(CHINA) INTERNATIONAL TRADING CO LTD。某些情况下，提单的通知方很可能为客户在目的港的代理商或贸易商，或者说下游客户，因此业务人员同时对这家公司进行了核查。结果查询到，该公司名称虽含有“中国”字样，并且公司地址位于中国，但实则为一家纯外资公司，资料显示该公司及其母公司均被伊朗政府控股，且母公司被列为受制裁实体。美国OFAC对伊朗实施全面制裁措施，对于涉及全面制裁国家的国际业务基本上都是被禁止办理的。所以，该业务不能办理。

这笔业务虽不复杂，但风险点较为隐蔽。如果当时业务人员因为公司位于中国而麻痹大意，放弃进一步核查，则不能有效识别涉制裁风险，酿成大错。因此，业务处理中，对于客户及其关联方、交易相关方等个人或实体，不能主观臆断，应主动借助各种查询途径进行核查，以帮助我们识别、规避风险。

(三) 严防死守,明察秋毫

案例所涉业务类型为出口信用证下交单。某日,一非经常性办理业务的客户前来C银行交单,整个交单过程无论从业务本身还是客户行为都较为异常。一方面,所提交信用证及相关单据存在诸多问题,比如,信用证由他行通知且为副本信用证,另外,提交的全套单据(包括提单在内)均为副本。另一方面,客户声称正本信用证不慎遗失,且为避免到港货物滞期已将正本单据证外寄给申请人,并一再强调本笔交单不要求审核,再三催促将单据尽快寄出。虽然单据不要求审核,但合规审查却必不可少。经审查,信用证下的当事方并未涉及制裁,但副本单据模糊不清,增加了货运信息的筛查难度。经过单据间仔细比对,以及与客户核实之后,发现船名命中SDN名单,且与客户提供的IMO号一致。因此,业务不能叙做。

近年来,美国不断加大制裁力度,但仍有些客户对于制裁不甚了解,或者没有意识到处理涉制裁业务可能带来的后果,往往在某些业务中仅仅为了促成交易而忽视制裁风险,并在通过银行结算的过程中采取一些规避措施避免被银行工作人员发现。对于此类客户行为异常的情况,更应采取较为严格的筛查和调查措施,以避免银行陷入不必要的风险之中。本笔业务中,业务本身不符合正常出单惯例,而客户给出的解释又很牵强,客户行为又存在诸多异常,客户很可能是在规避制裁,此时处理业务更应提高警惕,多加留意。若当时迫于客户再三催促的压力,未能详尽地进行制裁合规检查,忽视单据中模糊不清的船名,则可能造成严重的后果。

二、 风险防范

结合上述案例分析,现将银行业务处理中的相关风险识别注意事项总结如下。

(一) 加强高风险国家或地区业务的审核

如前文所述,由于美国日趋严厉的制裁措施,受制裁方可能会想方设法通过一些监管较为宽松的国家或地区,曲线完成交易以规避制裁。银行应根据相关官方组织公布的数据、同业交流以及日常业务积累,根据自身风险偏好,制定高风险国家或地区名单。如业务中发现涉及高风险国家或地区,应对业务进行强化型的尽职调查,以穿透性审查为原则对客户前手交易背景、后手交易信息等进行深入的尽职调查,以确保不涉及制裁风险。

(二)全面有效地进行风险筛查

国际业务中应全面有效地做好客户尽职调查和贸易背景核实,包括但不限于筛查客户或其关联方、交易相关方、货物、资金来源、运输信息等。在信用证、合同以及单据的审核中,要加强对业务背景的审核,查看交易是否涉及其他前后手,核实货物的真实来源和实际去向。承运人、船舶等涉制裁可能导致船舶被扣押、货物被冻结等严重后果。所以,也要做好运输相关要素的审查。同时,如有必要,还应结合客户历次交单,纵向对比分析业务是否有可疑之处。

(三)重视异常客户行为及业务情况

日常业务处理中,银行应加强对业务的整体把控,提高风险防范意识。除了对交易本身进行审查之外,如存在客户异常行为、单据异常情况,更应加强业务合规审查,以防客户刻意规避制裁,把银行拖入制裁风险的泥潭。

(四)充分借助、利用查询工具

目前银行大多采用专业信息机构提供的外部数据,将制裁名单嵌入业务处理系统,然后人工对业务中提示的疑似命中信息进行甄别判断。因此,业务处理人员可以充分借助系统,将所涉实体、船只等信息交给机器去做初步筛查,既可以减少人工工作量又能避免漏检。另外,要善于利用外部资源(道琼斯、劳氏、运输机构官方网站等),对于可疑交易进行多角度、多渠道的调查核实。

(作者:任向津,交通银行国际结算中心)

从涉伊朗案例看提单制裁审核

提单是货物贸易的核心单据之一，其上的信息反映了货物的买卖及运输情况。充分审核提单上的货运信息能帮助银行等金融机构尽早发现相关制裁问题。本文从一则案例出发，浅析美国伊朗制裁项目下的提单审核要点，希望能为金融机构对提单的制裁合规审核提供些许启示。

一、案例经过

开证行I银行为申请人A公司开立了一份信用证，向位于英属维京群岛的B公司进口聚乙烯原料，所需提交的单据为发票、装箱单与提单。在收到来单后，A公司告知I银行货物原产自伊朗，希望引用信用证中的制裁条款退回单据。但B公司所提交的提单显示货物于阿联酋的阿里山港装运，运往中国上海，其余单据上也并未显示与伊朗相关。

二、提单的制裁合规审核要点

一边是来自客户的警示，一边是简单"干净"的单据，I银行该如何进行审查，从而保护自身和客户的利益。

(一) 交易相关方

在美国对伊朗制裁项目下，美国人禁止进行与伊朗有关的进出口等交易，同时外国金融机构也会因为与伊朗政府、伊朗革命卫队及SDN名单中的伊朗人员等进行交易而面临二级制裁。因此有必要将提单中的发运人、收货人、通知方及背书提单的各交易相关方纳入制裁名单筛查范围。筛查所使用的名单库不仅应包括完整的制裁名单，还应根据 50%原则，将被列入制裁名单的指定实体所控股的机构也纳入其中。阿联酋、维京群岛等地因其特殊的地理位置和宽松的监管环境，成为一些不法分子的洗钱和避税天堂，其中不乏受制裁国家或地区的公司在这里开展金融活动。如交易相关方涉及上述地区，则可以考虑进一步强化调查，追溯实际控制人，以更好地防控制裁合规风险。

(二) 货物

在美国对伊朗制裁项目下，禁止美国人对原产伊朗的几乎所有货物开展业务(另有授权的除外)，并对参与特定货物重大交易的外国金融机构实施二级制裁，如与伊朗汽车产业有关的货物、石油、石油产品、石油化工产品及可被用于大规模杀伤性武器的货物等。本文案例中提到的货物聚乙烯便属于石油化工产品。因此为了充分识别所面临的制裁风险，银行有必要识别提单上货物的产地及种类是否属于受制裁限制的敏感类别。OFAC 对原产伊朗的货物定义主要有两点：一是在伊朗种植、生产、制造、提取或加工的货物。二是进入伊朗商业领域的货物。银行可以通过进一步核查货物原产地文件取得货物的原产地信息。

(三) 船只及承运人

随着伊朗制裁形势的逐渐严峻，许多伊朗航运企业如 the National Iranian Tanker Company, the Islamic Republic of Iran Shipping Lines 及其控制的船只已被列入 SDN 名单。为了避免制裁风险，银行有必要对提单上的船只、承运人及其代理人进行制裁合规审查。部分受到制裁的船只可能会通过改名以图规避。因此银行在针对船只进行制裁合规审查时需要将现用船名和曾用船名都纳入数据库以供比对，在有疑似命中时通过 IMO 号码定位特定船只。银行也可以从航运数据库中进一步获取船只的所有人和控制人，以筛查其是否属于 SDN 指名或视同指名的实体。

(四) 航运路线

通过分析提单上的装运港、转运港及卸货港等港口信息，银行可以了解货物的运输路线。将港口信息与受制裁国家港口名单进行比对可以简单审查该笔交易是否涉及制裁。但为了规避制裁，涉及此类国家的交易往往会采取手段隐匿其真正的装卸货地，如果银行怀疑交易涉及伊朗等制裁国家，可以通过船只的航行轨迹、集装箱的运输路径等确定其实际停靠的港口。

在上述案例中，I银行通过查询船只的航行轨迹，发现其自阿联酋的阿里山港出发后，中途停靠了伊朗的阿巴斯港，这加重了I银行的警惕。在实务中也可以发现，有的银行因为船只在航程中停靠制裁国家港口，甚至因为船只在承运本次货物前停靠过制裁国家港口而拒绝业务。但在美国的伊朗制裁项目下，这点可能并不构成制裁事项。根据OFAC规则，在确定货物是否属于制裁范围时，由船舶或飞机运输的不在伊朗种植、生产、制造、提取或加工的货物，未以其他方式与伊朗接触，仅在前往伊朗境外的目的地途中经过伊朗水域或在伊朗港口或地点停留被排除在外。如货物由船运至伊朗港口卸下，装上卡车在港口区域内运输并装上另一条船开往伊朗境外，这样的行为并不单独构成制裁事项。但如果货物由船运至伊朗港口卸下，通过了伊朗海关，或装上卡车运往伊朗境外的目的地，或仅仅是运出了卸货港口区域，则会被认为是以其他方式与伊朗接触，相关货物会被视同伊朗货物。银行可以通过查询报关单，装卸货港记录等单据来确定货物是否以其他方式与伊朗产生了接触。

为了规避制裁，相关船只可能会采取一些非常规的手段，如船对船转运，关闭AIS系统等。这增加了银行通过审核船只航行轨迹防范制裁风险的难度。在审核时，如发现可疑船只的AIS数据在敏感地段出现长时间中断或异常停留，可以考虑作为警示标志触发进一步的审查。

三、制裁审核需考虑的其他内容

上面详述了美国对伊朗制裁项目下提单审核的几大要点。作为银行，除了对单笔业务的运输单据进行技术性审核之外，也应同时将下列问题纳入考虑范围。

其一，制裁审核的口径随制裁项目的不同而不同，从业人员需要了解自身业务涉及的制裁规定。美国的制裁项目涉及部门众多，条文繁复，变化迅速。适用于某一制裁项目的审核口径很可能在其他更严格的项目下构成制裁事项。

其二，银行可以基于风险，制定符合自身风险偏好的内部制裁审核标准。银行比较难以获取与交易无直接关联的第三方单据和数据，且对所获单据和数据的真伪也较难做出明确的判断，在实务中按照制裁规定口径把握业务操作存在难度。从保护自身和客户利益出发，银行制定更严格的内部制裁审核标准是可以理解的。但银行也应意识到过严的审核标准可能会影响正常的交易，与银行在业务中应承担的义务和责任产生冲突，从而给银行造成损失。

其三，对运输单据的审核仅仅是对业务制裁合规审核的一部分。美国的制裁角度全面，从实体清单、货物种类、交易类型、资金流向等各方面对其制裁目标作出限制。对运输单据的审核可以增加银行对交易的理解，但无法直接排除制裁风险。银行应从了解自己的客户出发，对客户习惯、交易模式、资金流向等进行充分审核。

（作者：陈懋豪，交通银行国际结算中心）

刍议涉制裁国家国际业务审核

当前国际形势错综复杂，针对某些国家的国际制裁频频出现。银行在处理涉受制裁国家国际业务时都非常谨慎，以免由于违反某些国际制裁措施招致境外监管机构的严厉处罚，造成严重的经济损失和负面声誉影响。但是在实务操作中，由于制裁审核缺乏有效抓手，银行业务人员在判断是否可以办理这类业务时往往感到困扰，经常发生一些没有违反制裁措施的业务被拒绝处理，而一些可能触及制裁红线的业务却被接受办理的情况。本文通过分析部分制裁措施，结合实务操作经验，总结审核涉受制裁国家业务的要点。

一、 不得不遵守的制裁规定

对于国家的制裁既有多边制裁，如联合国和欧盟颁布的制裁措施，也有某个国家（如美国等）发布的单边制裁，这些制裁措施都不同程度地约束中国企业，但就其重要性来说，联合国和美国制裁是优先考虑的两类。

我国银行受联合国制裁规定约束的原因是，我国是联合国的成员国，而且是常任理事国，应履行成员国义务，执行联合国发布的各项决议，包括相关的制裁规定。而且，中国人民银行也颁布了《中国人民银行关于落实执行联合国安理会相关决议的通知》，进一步对我国金融机构遵守联合国制裁规定作了明确的要求。我国的银行当然是受我国监管机构要求的约束，所以理应遵守联合国的制裁规定。

那么，我国银行又为何要遵守美国 OFAC 的制裁规定呢？一是因为 OFAC 的制裁措施效力范围非常广，既有限制美国主体的措施也有限制非美国主体的措施，可以通过长臂管辖的方式实施处罚。二是国际业务绝大部分都通过美元清算,要完成一笔交易很难绕开美元清算体系,势必会受到美国的监管。三是对于违反制裁措施的实体,会被处以巨额罚款、限制业务开展等各种严厉的处罚。因此,OFAC 的制裁措施虽然不是我国法律法规,但还是应谨慎对待,特别是在美国设立分支机构的银行更应加强相关业务的审核。

其他涉及国家制裁的措施,很多是依据联合国和美国 OFAC 的制裁规定衍生而来,而且从效力和处罚力度等方面来说均不及这两项制裁措施。银行,尤其是其海外机构,在处理国际业务时应符合其当地的监管要求,但一般而言,关于涉受制裁国家国际业务审核可以重点关注这两类制裁规定关于国家制裁的具体内容规定。

二、 制裁措施中的红线

虽然联合国和美国 OFAC 针对国家的制裁有很多,但并不是所有涉及这些国家的业务都是被禁止的。很多国家虽然身背制裁项目,但是很多业务还是可以处理的。了解制裁措施的具体内容有助于我们充分把握制裁措施中不能触碰的底线,从而更好地对相关业务进行审核。对于联合国和美国 OFAC 的制裁措施来说,大致可以分为以下几种情况。

(一) 全面受制裁

全面受制裁的措施一种是针对国家,另一种是针对某个争议地区。目前全面受制裁的国家有伊朗、古巴、叙利亚和朝鲜,而全面受制裁的地区则是俄罗斯和乌克兰的争议地区克里米亚。对于涉及这类全面受制裁的国家或地区的国际业务,基本上都是被禁止的。当然,也有一些例外,比如说一些民生类的商品得到豁免,美国 OFAC 对朝鲜个人通讯产品的进出口事实上是豁免;此外针对某些禁止措施,OFAC 还会颁发一些许可证,有允许某类实体或个人从事某类特定交易的一般许可证,也有允许某个实体或个人从事某类特定交易的特殊许可证。也就是说,涉及这些国家或地区的业务只有在有豁免例外或者拿到许可证的情况下才能办理。

（二）非全面受制裁

非全面受制裁的国家比较多，情况也更为复杂。银行业务人员在处理涉此类国家的业务时会很困惑，不清楚对这些国家的制裁措施到底禁止什么交易。对非全面受制裁国家的制裁措施大致可以分为以下几种。

1. 针对货物的禁令

联合国对所有的受制裁国家几乎都有一个禁令就是武器禁运，大致就是要求会员国不得向列入名单的实体或个人直接或间接地供应军火相关产品和服务。联合国及OFAC也对某些国家的某些产品采取了禁止措施。联合国针对利比亚非法出口石油的措施有如下内容：指定船只的船旗国应指示该船只若无利比亚政府协调人的指示，不装运、不卸载来自利比亚的石油，包括原油和精炼石油产品；所有会员国应禁止委员会指定的船只进入本国港口；所有会员国应禁止向委员会指定的船只提供加油服务，例如提供燃料或补给，或其他船只服务；所有会员国应禁止进行任何与指定船只运载的利比亚石油有关的金融交易。对于涉及索马里的业务来说，直接或间接从索马里进口木炭，不论木炭是否原产于索马里，都是不被允许的。

2. 针对实体和个人的措施

针对名单内实体和个人的措施主要包括资产冻结、旅行禁令、受禁交易等。其中与国际业务尤其相关的是资产冻结和受禁交易。国际业务中涉及这些的实体或个人，银行都不应办理相关业务，但有些交易是有条件禁止的，应视情况而定。

可以重点关注俄罗斯和委内瑞拉，因为这两个国家对完全禁止的措施和有条件禁止的措施都有一些特别的规定。针对俄罗斯完全禁止的措施中比较特殊的是，OFAC行业制裁中13662号美国行政令指令4禁止为被指定的SSI实体拥有33%（含）以上的所有权益或多数表决权的有可能在世界任何地方生产石油的任何新的深水、北冰洋离岸或页岩项目直接或间接提供、出口或再出口商品或服务（除金融服务外）或技术。针对委内瑞拉比较特殊的是，美国OFAC禁止交易涉及委内瑞拉政府或以其名义发行的电子货币。另外一些并不是完全禁止而是有条件的禁止，比如13662号美国行政令指令1、2、3要求对指定名单内的实体和个人的新债务期限分别不得超过 90 天、30 天和 14 天，也就是说，不超期限的业务虽然涉及制裁名单但还是可以处理的。另外，OFAC 对委内瑞拉公司 Petroleos de Venezuela, S.A.的新债务要求期限不得超过 90 天，对委内瑞拉政府其他的新债务要求期限不得超过 30 天，超过这些期限才被认为是禁止的交易。

3. 其他措施

联合国针对刚果金的制裁措施中提到了关于运输和海关方面的要求。运输方面要求刚果民主共和国在与伊图里和南北基伍接壤的区域运营的飞机遵守《国际民用航空公约》，尤其是核实机上文件和飞行员执照是否有效，禁止违反公约规定，特别是违规使用伪造或过期文件的任何飞机在境内运营。海关方面要求加强伊图里或南北基伍边界的措施，确保境内运输工具不会违反联合国的相关规定。这些措施发生概率较小，如果遇到稍加关注即可。

（三）和受制裁国家有密切关联的国家

那些全面受制裁的国家或地区为了规避国际制裁，在交易中会隐藏涉及本国或地区的信息，表明上会将交易打造成其他不涉及制裁的国家的交易，以掩人耳目。比如，通过修改原产地标签来掩盖实际原产国，通过不在运输单据上显示受制裁国家港口来规避监管等。经常被利用的国家大致有阿联酋、土耳其、土库曼斯坦等。

三、 相关业务审核的注意事项

在了解受制裁国家所受的具体制裁内容后，银行应该根据自身的风险偏好和审核能力来制定审核办法，并在实践中不断优化，不断提升审核质量和效率。在这个过程中，以下几点值得注意。

（一）把握好审核尺度

为了提升审核相关国际业务的效率，银行通常将涉受制裁国家的业务区分为拒绝办理类和需经审核后办理类两种。银行业务人员在处理禁止办理类时判断起来很容易，在名单库系统提示禁止办理的情况下，将相关业务直接拒绝即可。但是在遇到需经审核后办理的业务时，往往不知道该如何处理。在上文中已经将国际制裁的一些主要红线划了出来，其实只要不触碰这些红线，理论上都是可以处理的。但是，银行业务人员虽然对制裁有一定的了解，可并不是法律专家，而且国际形势波谲云诡，制裁政策变化无常，所以对于涉受制裁国家的业务的审核标准应严于相关制裁的底线。比如说 13662 行政令指令 4 中虽然没有禁止金融服务，但是随着 2017 年 CAATSA 法案的颁布，对俄罗斯制裁措施的趋势是越来越严，银行是否接受此类业务应谨慎考虑。但是尺度也不能过于严厉，比如在信用证实务中，很多银行会因业务涉制裁，而用内部政策为由拒绝付款，但是有些内部政策可能实际与制裁红线离得很远，这样的审核标准就过严了。所以银行在审核时的标准除了不能踩线之外，还应避免滥用内部政策拒绝办理业务的情况发生。

（二）加强受制裁国家关联国家业务的审核

对于业务涉及阿联酋等常被用来规避制裁的国家时，银行同样也应按受制裁国家业务的标准进行审查，对货物、运输信息、相关交易方、资金来源等做好强化尽职调查，在开展相关业务时确保不触及制裁底线。

（三）提升辅助审核相关能力

银行业务人员适当提升辅助审核能力，在审核时可以事半功倍。一是加强对相关知识的学习，例如地理知识。一笔信用证业务中显示装货港是 POINTE NOIRE CONGO，如果对地理知识熟悉，就可以知道 POINTE NOIRE 是刚果布的第二大港口，马上就可以判断该港口与受制裁国家刚果金是没有关系的。对某个行业的大公司也应认真了解，比如一家欧洲的大超市名称和 OFAC SDN 名单中的一个实体类似，如果知道业务中的就是这家大超市，那么审核的效率会大大提升。此外，掌握一些查询航运信息或者股权信息的商用网站的使用方法，对审核也是大有裨益。另外，还要密切关注国际制裁政策，制裁政策趋紧或放松都可能影响审核的决定。

（四）充分利用自动化工具

目前银行通常是把制裁名单嵌入处理系统，对一些疑似涉名单的信息进行提示，但是对相关业务的审核还是人工。然而随着人工智能的发展，未来在制裁业务审核上有一点值得关注，就是系统也许可以通过深度学习大量业务审核资料，从历史业务审核经验中汲取有用信息，帮助银行人员审核业务，甚至实现自动审核。

（作者：苏亮，交通银行国际结算中心）

巴基斯坦托收业务监管政策初探

跟单托收对单据的审核要求低,费用相对低廉,是我国进出口商常用的国际结算方式之一。但同时,托收业务适用的国际惯例 URC 522 的规定相对简单,大量未及的细节受交易当地的各类法律约束。我国进出口商如不了解相关规定,可能影响贸易的顺利进行。本文从一则案例出发,探讨巴基斯坦托收业务的相关注意事项。

一、 案例经过

A 公司与巴基斯坦 B 公司签订了货物出口合同,通过远期托收方式结算货款。A 公司将全套货物单据交至国内 C 银行办理托收,选定的代收行为巴基斯坦 D 银行。C 银行寄出单据后,由于快递公司投递错误,单据被误投至与 D 银行名字接近的 E 银行。E 银行收到单据后及时联系了托收行 C 银行。此时 A 公司由于货物到港在即,希望尽快解决此事。C 银行通过了解情况得知买方 B 公司在 D 银行与 E 银行都有业务关系,因此建议 A 公司可以把代收行由 D 银行换成 E 银行,可以省去转寄单据的时间和费用。但 A 公司表示此方法不可行。最终,C 银行发电文授权 E 银行将单据转寄至 D 银行,该笔托收业务顺利完成。

二、 巴基斯坦托收业务的监管政策

为何 A 公司在选择处理方案时放弃了快捷简便的方案,而选择了相对耗时的方案呢? 这要从巴基斯坦的托收结算管理政策说起。

巴基斯坦作为一个外汇管制国家,并非每家银行都能处理进出口外汇结算业务。根据《1947年的外汇管制法案》(the Foreign Exchange Regulation Act, 1947)，巴基斯坦国家银行(State Bank of Pakistan)，即巴基斯坦的央行，会授权特定的银行经营外汇结算业务，不同的币种以及不同的业务品种都可以单独授权。获得授权的银行就被称为授权银行(Authorized Dealer)。截至2020年7月，获得巴基斯坦国家银行授权的银行共有30家，其中包括了巴基斯坦规模前三大的Habib Bank Limited、National Bank of Pakistan及United Bank Ltd，也有Bank of China Ltd、Citibank N.A.及Deutsche Bank AG等国际著名银行在当地的分支机构。货物贸易下的外汇结算业务只能由这些银行开展。

巴基斯坦允许其进口商通过信用证、托收、汇款等多种方式向外付款，但对不同的结算方式有不同的监管要求。在托收方面，进口商一般需要完成以下的流程。

(1) 首先进口商需要向一家有权经营外汇结算业务的银行提交贸易合同、形式发票等材料。

(2) 授权银行在收到材料后，会根据巴基斯坦的监管要求进行尽职调查。

(3) 调查完成后，授权银行会将该合同进行注册，并向进口商出具注册证明，其上载明了合同编号、日期、货物名称、供应商名址、货物金额、最迟发运日期等细节信息，并证明该进口商已经将此合同于本银行处注册完成。

至此，进口合同注册环节方才完成，可以进入后续的托收交单环节。在单据的寄送上，巴基斯坦也有相关规定。作为代收行的授权银行在托收交易下付款，卖方必须通过自己的银行将单据寄往代收行。如卖方自己将单据寄往代收行，或单据不管由谁直接寄给买方都会导致代收行无法在托收下付款。一旦这种情况发生，代收行必须将此笔业务视同赊销处理。2019年后，巴基斯坦对赊销付汇有很严格的把控，仅允许在此方式下进口生产商自用的原材料、零部件，以及有最高支付金额限制的医疗器械、药品、航空零件、自用实验设备及书报杂志等商品。如若因寄送单据方式不当导致不能在托收下结算，会对交易的顺利完成造成额外的障碍。

此外，巴基斯坦在托收包含单据的种类及托收期限上有一些特殊的规定。在单据的种类上，巴基斯坦要求通过托收结算的进口交易提交正本运输单据。提交副本运输单据的托收也会被视同赊销处理，可能会延误收汇。在托收期限方面，巴基斯坦的代收行接受远期期限的托收，但到期日必须以运输单据日期，如提单、空运单日期（the date of issue of Bill of Lading/Air Way Bill etc.）或付款人承兑汇票的日期（the acceptance of Bill of Exchange by the drawees）为计算起点。同时，一旦一笔托收交易的合同显示其付款期限为远期，该笔托收便不能再更改为即期期限，代收行也不能在到期日之前提前付汇。

在本文开头的案例中，之所以不能将代收行由D银行改为E银行，便是因为该笔托收的贸易合同已在D银行处注册，为了确保交易顺利，托收单据必须寄往D银行，而不能中途更换代收行。

三、 巴基斯坦托收业务的注意事项

通过解读巴基斯坦的托收监管政策，作为出口方的我国企业及作为托收行的我国银行，可以注意以下方面。

(1) 在订立合同时，出口方应仔细考虑付款期限。如决定付款期限为远期，需将期限的计算起点定为运输单据日期或付款人承兑日期。从托收业务的特点出发，笔者认为定为运输单据日期更有利于出口方。同时一旦确定期限为远期，需要确保后续不会有提前收款的需求。

(2) 在选择代收行时，由于一经选择便无法更改，出口商应与进口商充分沟通，尽量选择较大的巴基斯坦银行或者著名外国银行在当地的分行，一般这样的银行业务操作较为规范，也便于日后的催收联系。同时为了单据的邮寄准确，需要进口商提供代收行完整的名称地址等联系信息。对于进口商指定的不熟悉的代收行，如有可能可以在巴基斯坦国家银行网站上核实一下其是否属于外汇业务的授权银行。

(3) 在托收包含的单据方面，需要提供正本运输单据。仅仅提供副本运输单据可能会导致收汇延误。

(4) 在办理托收时，出口方需要通过国内的银行将单据寄往巴基斯坦的代收行。不能直接将单据寄往进口方或进口方指定的代收行。

(5) 在银行操作方面，作为托收行，在邮寄单据时应确保收单的代收行名称地址信息正确，并附上完整的银行托收指示。

(6) 出口方及托收行在单据寄出后应持续跟踪该笔业务进程，如出现意外情况，应积极与进口方及代收行沟通，了解相关原因并作出相应反应。

(作者：陈懋豪，交通银行国际结算中心)

透视制裁合规审查之船舶筛查

信用证是国际贸易中一种常用的支付方式,其跨境特性使得处理信用证业务的银行直面日益严峻的外部制裁环境;而其跟单特性又敦促银行将制裁合规渗透到单据的细节之处。海运单据作为信用证的核心单据,船舶筛查自然成为了信用证制裁合规审查中重要的组成部分。银行必须重视船舶筛查,审慎处理疑似命中制裁名单的业务,及时精准地落实风险管控措施,避免因制裁合规审查不严或尽职调查履行不当而导致风险。

一、 船舶筛查的重要性

首先,业务涉及受制裁船舶可能导致严重的处罚。船舶本身可能因涉及制裁国家(地区)的运输被列入制裁名单,也可能因其控制人或运营方受制裁后,作为应冻结的资产被纳入制裁名单。近年来,不少航运企业、船舶被联合国或美国 OFAC 制裁,原因包括涉及违禁货物的船对船交易、更改船名掩盖非法活动、非法禁用船舶自动识别系统(AIS)、伪造货运单据等等。以 OFAC 发布的朝鲜制裁建议为例,明确规定凡业务涉及航运方面制裁,相关的保险人、船旗登记机构、船务公司、金融机构都可能受到处罚。具体惩罚措施亦有规定:“对于被调查发现有明显违反美国对朝鲜制裁规定的人士,可能会受到民事罚款和刑事起诉。每次违反制裁规定的行为,都将处以最高 USD295 141.00 或两倍交易价值(以较高者为准)的民事罚金。”[1]

1　美国海外资产控制办公室,《处理朝鲜非法航运方法的最新指南》,2019 年 3 月 21 日。

其次，信用证的交单资料中往往包含海运提单，需要对船舶进行黑名单筛查，因为受制裁的船舶可能未停止运营。有些船东将被制裁船舶暗中出售，通过变更所有权的方式结合复杂的物流链在表面上规避制裁，实际上被制裁船舶(IMO 号不变)还在运营。

再次，虽然海运企业、船东、船舶运营方不是银行的直接客户，也不存在直接的经济利益，但“了解你的客户的交易对手”包含于尽职调查的范畴。除了防范制裁风险，仅仅从保障国际业务顺畅开展角度银行也应该做好船舶筛查和尽调，因为被制裁船舶可能面临被禁止停靠港口、被扣押货物等风险；也可能在资金跨境流动中遭遇波折，如在以美元或欧元等币种进行跨境结算时遭遇开证行拒付、账户行冻结资金等问题。

二、 船舶筛查中存在的问题

(一) 船舶信息界定狭隘

船舶信息涵盖的对象并非只有船舶名称，还应包括承运人、船公司、代理人、船东、航线、船旗、船籍、船长等其他船舶信息。再者，记载船舶信息的单据不仅限于海运提单，诸如船公司证明或其他随附单据皆有可能体现船舶相关的信息。狭隘的界定船舶信息，在船舶筛查时可能导致潜在的漏检风险。

(二) 忽视船舶制裁名单的时效性问题

鉴于联合国或其他国家、机构发布的制裁名单都是动态变化的，如果仅在业务新发起时筛查船舶信息，可能存在筛查和管控的空白。一旦船舶在业务存续过程中被新列入名单，银行又未加强业务节点重检筛查，将面临制裁合规风险。

(三) 落实船舶制裁审查的方式单一

如果银行仅仅依靠人工检查单据记载的船舶信息，船舶的制裁合规审查可能仅停留于易识别的高风险国别(地区)，不能精准筛查船舶相关的实体(船舶本身、承运人等)。如果银行引入智能化筛查系统后，完全依靠系统而不发挥业务人员主观能动性，亦可能走向另一个极端。后台筛查规则对采集业务数据有标准化的要求，如不能正确遵循规则，会产生漏检的操作风险。另一方面，系统拦截疑似命中数据后，如不结合人工甄别，盲目流转至尽调流程，会延长制裁合规审查时间，降低单证业务处理的效率。

三、实务操作的建议

对单据上记载的船舶进行黑名单筛查，应基于业务逐笔落实，并在全流程各重要节点加强回溯筛查。具体的实务操作建议有以下几点。

（一）熟悉黑名单系统的筛查规则

不少银行将黑名单检索系统或电子数据库接入信用证业务平台，实现制裁信息筛查智能化。但不同的系统内置的后台筛查规则可能存在差异。举例来说，某些筛查规则将栏位中的内容作为一个整体去匹配黑名单；有些规则将录入的内容作为一个组合数据，以独立单词（数字）、连续的词组（数字）排列组合式的匹配黑名单。后者准确性更高，但筛查出的干扰项也更多；前者效率更高，但漏检的可能性相应增加。又譬如，筛查使用精确匹配或关键词模糊匹配，也代表了校验效率和准确性的不同偏好。

可以针对不同的送检对象使用差异化的筛查规则，如船舶名称筛查较适合整体匹配规则和精确匹配规则；船公司之类的公司（机构）使用组合数据匹配或关键词模糊匹配规则，以便拦截名称相似的关联公司（机构）。

（二）精确且完整地录入可疑的船舶信息

黑名单系统或电子数据库的筛查质量是建立在信息输入的质量之上的。简单录入关键词易导致系统筛查准确性失灵，除系统自动采集的数据以外，需通过人工补充完整的业务信息。

实务操作可参考三个要点：第一，包容的界定船舶信息，确保筛查内容全覆盖；第二，确保单个实体（如：船名、船公司）的名称录入准确完整；

第三，确保在系统筛查规则合适的栏位录入船舶信息。

业务进程中，如有补充单据和信息涉及船舶，需要将其添加至黑名单筛查系统。此外，须在业务流程各节点加强信息重检，使筛查结果适应最新发布的制裁名单。

（三）落实疑似船舶的 KYC 和制裁风险管控

对于黑名单系统或数据库筛查出的预警信息，先甄别业务中的疑似信息与制裁（高风险）名单内容是否完全匹配。如甄别为误命中的，正常处理业务。如果根据已有的业务资料无法判断是否真实命中的，需要对船舶进行尽调。

船舶强化审查（KYC ON A VESSEL）包括查询和比对船舶 IMO NO.，船舶所有者及运营方等潜在的制裁风险。还可以利用第三方平台，核查船舶位置、船舶注册信息和船舶标记信息等。最后，结合可公开获取的信息与客户回复的资料、制裁名单信息对照检查、综合甄别。

在单证业务中，还需要注意提单、原产地证明、发票、箱单、保单等单据上记载的装运信息是否一致。如黑名单系统筛查命中受制裁船舶，但单据上的信息（如：发货地、目的地、经停地点等）不匹配或表面看似不涉及制裁高风险国家（地区），可以进一步开展尽职调查，排除装运单据涉及隐瞒或伪造的可能。

银行在对船舶信息进行黑名单筛查和尽调后，如甄别为真实命中制裁名单或高风险国家和地区的，需注意审查完整的制裁名单类型及相关信息，再按照所属机构发布的制裁合规管理规定，对业务采取相应的风险管控措施。

（作者：张晨辰，交通银行国际结算中心）

制裁免责条款对银行付款责任影响浅析

近年来，反洗钱筛查越发成为银行工作的重中之重，尤其是信用证业务，作为贸易融资的主要工具，经常被不法分子作为洗钱手段。而且信用证交易下的反洗钱核查涉及信息较广，包括货物、船运、各相关当事方等，给银行的反洗钱工作带来较大压力。银行为了保护自身利益，会在信用证中加入一些制裁免责条款，表明开证行需遵守相关制裁法律，若此信用证涉及制裁，开证行将不承担由此引发的无法处理单据或付款的责任。虽然业内对此做法争论不一，但大部分银行也都持默认态度。在一起案例中，银行在受到临时制裁时援引了不可抗力条款，案例引发争议的同时也引起笔者的思考。

一、 案例经过

开证行开出的信用证中加入了制裁免责条款，受益人在信用证交单期内将相符单据提交至指定银行后，却遇开证行所在国对受益人所在国进行临时制裁，导致开证行无法付款。制裁期间信用证已过效期，开证行遂向交单行发报称，根据 UCP 600 第三十六条，其承付责任已解除，并将单据退回。交单行回复称，UCP 600 规定的不可抗力条款不包括临时制裁这种情况，开证行责任无法解除，待制裁期过，开证行仍需承担付款责任。

二、 临时制裁是否属于不可抗力的范畴

上述案例中，开证行因临时制裁无法付款，但却引用了 UCP 600 第三

十六条不可抗力条款，企图彻底解除此证项下的付款义务。UCP 600 第三十六条规定："银行对于天灾、暴动、骚乱、叛乱、战争、恐怖主义行为或任何罢工、停工或其无法控制的任何其他原因导致的营业中断的后果，概不负责。银行恢复营业时，对于在营业中断期间已逾期的信用证，不再进行承付或议付。"此条款并没有对不可抗力作出范围限制，只是列举了一些不可抗力的例子，临时制裁是否属于不可抗力的范畴存在争议。疫情期间国际商会发布了《针对新冠肺炎疫情影响下适用国际商会规则的贸易金融交易指导文件》，对不可抗力的概念做了一些解释。文件指出，疫情和 2010 年的冰岛火山爆发事件类似，虽然对信用证下交易产生严重影响，但银行仍普遍在营业，只是营业时间受到影响，而且是否为不可抗力应由有管辖权的法院或政府宣布。此案中，只是开证行所在国对受益人所在国实施临时制裁，开证行也并未表明政府将该临时制裁定性为不可抗力，而且临时制裁并没有造成营业中断，也不存在恢复营业一说。所以，即使临时制裁属于不可抗力，也必须要造成营业中断，才能适用此条，在恢复营业时不再承担承付或议付责任。因此 UCP 600 第三十六条在此案中并不适用，开证行想彻底解除付款责任的愿望恐不能实现。

三、 关于制裁免责条款的使用和效力

我们注意到，此案中的信用证加入了制裁免责条款，开证行能否根据此条款，直接将单据退回不受理呢？关于制裁免责条款的使用，国际商会在 2014 年更新了《有关适用 ICC 规则的贸易相关产品使用制裁免责条款的指导意见》。指导意见的主要观点是，关于制裁的问题因为涉及法律层面，超出了国际商会的管辖范围，但银行应尽量避免加入免责条款，尤其是自由裁量权过大的"制裁免责条款"，否则会影响信用证的独立性原则，动摇信用证业务的基石。可以看出，虽然加入制裁免责条款备受争议，但是各地法律对银行具有强制约束力，其效力高于国际惯例，也高于信用证等契约型文件的规定。

但另一方面，此案涉及的是临时制裁，制裁时效可能较短，严厉程度可能也较轻，从案情表述中看，开证行没有在收到单据的第一时间或临时

制裁一经颁布就停止受理、退回单据，而是在效期过了以后才以不可抗力为由退单并解除付款责任，笔者推测此案中的临时制裁可能只是影响款项的支付。此时应该在买卖双方协商的基础上，尊重买卖双方的意愿，作出最合理、有利的安排。例如，若双方同意，可以等待临时制裁解除再行付款，或者申请人协助办理退单以方便受益人后续转卖，为制裁结束后的合作奠定良好基础，最大程度地保护买卖双方的利益。

当然，如果对受益人所在国的制裁是正式制裁，则要看制裁的具体措施是否涉及禁止开展相关交易，开证行应厘清制裁政策边界，在合规的前提下，尽量履行付款责任，制裁免责条款仅是为了满足合规要求而预留的一种保护措施，而不是为拒付提供某种便利。若制裁措施确实禁止相关交易，无论信用证是否加入制裁免责条款，开证行通常都必须遵守其规定，停止受理相应业务，比如将单据退回等，因为制裁政策一般都属于法律范畴，相关交易方如受其约束，都应履行相关要求。

综上所述，虽然基于信用证的独立性原则，开证行必须承担付款责任，但由于法律效力更高，开证行也可以依据法律，第一时间停止受理涉制裁业务，将单据退回给受益人。如果开证行已受理相关业务，只是无法履行付款手续，应该根据制裁的具体情况，并配合买卖双方的意愿，承诺延期付款或协助退单以方便受益人转卖。

四、 案例启示

上述案例将临时制裁定性为不可抗力，企图通过援引 UCP 600 第三十六条不可抗力条款免除付款责任，显然是不合理的。但值得一提的是，UCP 600 关于不可抗力条款的规定确实较为宽泛，在实际业务处理中容易引起争议，对国际贸易买卖双方的利益产生较大影响。可能实际业务中发生不可抗力的情况较少，没有引起足够的重视，但是一旦产生纠纷，凭现有的惯例规定，难以达成统一。若要彻底解决此问题，有待未来惯例条款和相关法律的进一步完善和修订。

另外关于制裁免责条款的使用，虽然法律效力大于国际惯例、大于信用证等契约型文件，很多人认为添加与否并无实质差别。但笔者认为在信用证中加入制裁免责条款能够更好地反映信用证实务需求:一则对于银行来说,制裁是强制性的法律规定,信用证的独立性不足以对抗法律。二则该条款是对受益人的一种提前告知,在信用证开立时明确表明开证行对制裁事件的处理原则,有助于信用证各方正视这一问题,一旦真的涉及制裁,开证行也可以依据信用证条款抗辩。需要强调的是,制裁免责条款的措辞应仔细审度,尽量使用提示型或信息型的语句,避免超越法律范畴而使用自由裁量权过大的免责条款。

(作者:徐茵,交通银行国际结算中心)

6
独立保函研究

随着全球经济融合，保函作为对外贸易、跨境投融资、跨境并购、境外承包工程等领域的重要金融工具，直接服务于实体经济，便利贸易与合作投资，对国际贸易增长、境内外经济交流起到不可替代的促进作用。

对银行与企业而言，独立保函仍是一种新型业务，不仅涉及的基础合同复杂，而且遵循“先付款、后争议”的事后法律救济原则，更易产生纠纷，从而引发诉讼。除此之外，我们也应看到，当前经济全球化正在遭遇逆流，国际经济形式错综复杂、监管力度不断加大，各类保函应用推陈出新，对日常业务处理及风险防控均提出了新的要求。

本部分涵盖当前保函最新形势和焦点问题，基于真实业务背景，主要由交通银行国际结算中心保函研究小组成员执笔撰写。从工程项目保函应用、独立保函欺诈争议、保函监管文件解析、开立可转让保函的要点解读、保函通知等多角度全流程梳理独立保函业务潜在风险，提出风险防范措施，既分析热点，又指导实践，不仅会对企业提供帮助，而且可以促进银行不断提升风险管理能力，规避潜在风险。

EPC 模式下保函的风险防范[1]

在“一带一路”倡议的影响下，中国企业纷纷走出去，拓展大型国际合作项目，越来越多地签订 EPC(ENGINEERING PROCUREMENT CONSTRUCTION)合同，以境内外联合形式组成联合体，作为承包商，全流程介入项目建设。由于 EPC 模式流程长、金额大、技术性强、形式多样，极易使得承包商发生违约行为，使对应保函面临索赔风险。

一、 案例情况

2019 年 4 月，E 公司提交开立保函申请书，申请开立预付款保函、履约保函等保函，担保整个合同履行，开立即生效，保函含有自动展期条款和转让条款，规定如有必要，业主可根据安排延长合同期限，此时保函相应展期，不得失效，并可转让给融资方。

二、 EPC 模式下保函的特点及风险

经过多年的发展，EPC 模式越来越受业主青睐，主要有以下优点：第一，确定的合同总价和工期。承包商在投标时即确定资金和工期，控制费用和进度。第二，有利于整个项目的统筹规划。由于 EPC 模式是承包商全流程介入，有利于设计、采购、施工等各阶段工作的合理安排，有效掌握工程进度。第三，工程责任划分明确。由于 EPC 模式为独立的承包商参与，通过招标确定承包商之后，施工期间的责任划分一般也已确定。

1　本文发表于 2019 年 5 月 15 日《中国外汇》2019 年第 10 期。

相对于优势而言,EPC 模式的缺点同样明显。正因为 EPC 模式将项目全部交与承包商负责,如何确定承包商变得十分重要,承包商为了缓释自身风险,在投标时即加大投入,提高成本,如果承包商的设计、施工出现重大瑕疵,将会直接影响整个合同履行,业主必然会在开立的保函下进行索赔。

EPC 模式中,业主根据不同里程碑节点付款,要求承包商提供不同类型的保函,保函条款亦有特殊规定,值得进行分析和了解。

(一) EPC 合同内容带来的风险

由于 EPC 工程复杂,合同繁琐,固定总价的合同价款难以因费用的上涨而变更,动辄几百上千页的文件中可能会隐藏大量潜在风险。为了更好地完成 EPC 合同,进行合理避税,EPC 合同通常需要进行拆分,在拆分过程中,工作范围会出现重叠,小合同间会存在空隙,不仅影响工期、模糊里程碑节点、使拆分后的分包商责任不清,还可能因某一分包商违约导致损失,增加保函索赔风险,并且因合同终止变得困难,进而影响保函终止。

(二) 联合体投标的风险

随着全球化程度加快,工程建设项目规模越来越大,对技术能力的要求越来越高,单独一家企业很难接手如此庞大的工程,有些国家为了扶持本地企业,规定必须有一家本地企业参与投标,因此为了增强中标可能性,分散施工资金成本,联合体投标的情况变得非常常见。

首先,联合体保函索赔可能性较高。由于 EPC 合同工期长要求高,工程招标方多为政府部门,在如此长的期限内,合同任何一环发生差池,即使出现的风险为联合体中其他公司造成,对业主来说,并不理会谁是责任方,对应保函都会面临索赔风险。

其次,各自开立保函的金额和责任划分不明。如按照联合体协议,联合体各方应分别提供保函,此时应对当事方的权责进行划分,但是由于 EPC 合同的复杂性及专业性,联合体各方在合同下的职责往往交叉进行,担保行很难界定申请人具体应承担何种责任,也难以确定保函金额和担保事项。

(三) 担保期限重叠的风险

在EPC相关保函业务中,常常遇到合同要求开出预付款保函,但实际开立的保函却涵盖整个合同,并且保函生效条件为开立即生效,此种做法表面上满足合同要求,但无形中却放大了担保行原本应该承担的担保责任。

既然预付款、履约、质量保函均有各自担保的时间节点,为了使担保事项不重复,减少双重索赔风险,生效和失效条件就变得非常重要。其一,生效、失效条件应清晰。预付款保函一般为收到预付款后生效,如:"本保函于申请人在我行开立的账户×××中收到你方注明本保函编号的预付款美元×××后立即生效",并尽可能在履约保函生效前失效。值得注意的是,担保行应要求注明保函编号,否则会出现存在多笔相同金额的预付款时,无法判断对应保函是否生效的情况。履约保函一般开立后生效,应争取在项目完成日后失效。质量保函应在项目验收完成后生效。其二,担保行自主判断生效失效。生效失效条件应使担保行能自己掌握,如:"本保函自我行收到申请人提供的其已收到贵方支付的预付款的证明书之日起生效。"该条款看似设置了生效条件并且可判断,但生效与否的主动权完全取决于申请人。其三,预付款保函的生效金额不得超过业主的实际付款。由于业主按里程碑进行付款,一旦生效条件设置不清,则保函会全额生效,担保金额将会超过汇入款项,因此一般应设置为"本保函在我行开立的账户实际收到贵公司支付的款项时生效,本保函金额应与贵公司根据实际支付的上述款项累计金额相等"。

(四) 保函转让给融资方的风险

EPC模式下的保函文本常规定,无需担保行同意,业主可将保函权利转让给任一融资方。

发生转让后,融资方成为保函关系的新当事人,发生索赔时,融资方基于自身提出付款要求,这就使得承包商可能面临两种索赔风险:一是基础合同的风险,融资方可以凭承包商在工程下违约进行索赔,二是融资合同的风险，如业主违反和融资方之间的融资协议，融资方为减少损失，必然会在保函下进行索赔。同时担保行也面临两种风险：一是受让人身份不明。担保人往往会遇到一个并不了解的融资方提交索赔，也不清楚保函下的权利义务究竟发生了何种变化，担保行会产生受让人是否合规、是否处于国际制裁行列等一系列的疑问，担保范围扩大。二是认定欺诈困难。融资方作为新受益人，凭业主声明承包商违约而提起索赔，由于融资方无法知晓基础合同履行情况，法院凭借欺诈例外原则进行止付变得困难。

（五）自动展期条款带来的风险

EPC 模式下的保函文本常含有自动展期条款：无须担保行同意，业主有权更改任何合同条款，并有权要求保函展期。URDG 758 规定保函失效可凭失效日或失效事件判断，当无法知晓何时保函终止，即产生期限敞口。

EPC 模式下保函多设置自动展期条款，是因为 EPC 所涉工程多为政府性项目，若承包商出现违约，业主需重新寻找新的承包商、招投标、签约、施工等，成本远高于现有承包商继续履约直至合同完成，故相比于索赔而言，业主更倾向于延长合同进程，自然也要求保函自动展期。

虽然此条款使合同期限和保函期限互相对应，避免保函反复展期的麻烦，节省重开成本，但期限敞口的存在，令担保行居于不利之地。其一，自动展期条款一般不规定展期次数。其二，自动展期条款并未规定展期多久，任意放开保函期限，到期无法闭卷，增加了保函的未知性和不确定性。

三、 案例启示

虽然 EPC 模式的使用越来越广，但繁杂的合同、苛刻的保函条款极易引发业主和承包商纠纷，进而使担保行面临索赔风险。作为担保行，应及时准确地识别风险，用全局眼光看待和解决问题，多维度地进行风险防控。

其一，承包商应有话语权，担保行应有自主权。

实务中，中国承包商签订合同还是确定保函条款时，往往处于比较弱势的地位，正是这种不对等，给担保行平添额外担保责任，也给企业自身带来不可预计的隐患。

在实务中，承包商对业主提供的合同，要进行充分研究，勇于追求有利的保函条款，担保行也应表明自身态度，获得保函业务中相应的合法地位。一方面，承包商应积极与业主沟通，争取更改或删除不利条款；另一方面，担保行应向承包商充分提示不利条款所带来的风险，坚持保函独立性，做好反担保措施，避免介入业主和承包商之间的合同纠纷。

其二，加强对 EPC 工程合同审核。

担保行应加强专业队伍建设，对 EPC 模式进行研究，了解合同条款和潜在风险，如有可能，在合同签订前即提前介入，为承包商就保函条款提供专业化服务。在开立保函时，除了审核保函条款外，应本着合理审慎的原则审核项目合同，EPC 合同的庞大、分拆、承包商的各项职责直接影响到保函索赔，担保行应对照合同条款进行保函风险防控，如审核合同价款的构成、合同文件的缺陷和漏洞等。

其三，重视保函条款设置。

如前文所述，预付款保函应设置合理生效条件，增加金额递减条款，尽量减少与履约保函相重叠的有效期限。履约保函生效应尽量在预付款保函失效之后，失效日应尽量在质量保函生效之前，避免与质量保函发生重叠。质量保函应避免在工程未完工就提前生效，可将质量保函设置为在消缺后或性能测试后失效。同时担保行应充分考虑 EPC 合同分拆后带来的担保责任不明的风险，在遭受索赔之后可依据协议要求分包商补偿不是由于己方过失造成的损失。

其四，准确把握转让条款，谨慎办理转让。

由于保函转让风险较大，担保行应掌握主动权，开立时尽量“添加未经担保行同意，保函不得转让”语句，并限定转让次数，担保行还应密切关注基础合同的履行情况。

若保函可能被转让给融资方，担保行尽量以款项让渡代替保函转让，并非一定需要转让保函下的付款请求权，再不济也要添加凭业主声明承包商违约的声明，融资方才能进行索赔，以预先约束凭融资合同的索赔风险。

其五，加强学习，了解境外法律。

保函文本应规定适用法律及管辖法院，如不能适用中国法，也尽量适用相对成熟的法律，如英国法。EPC合同下保函一般都适用项目当地国家法律，担保行应储备相应法律人才，进行相应研究，增加抗辩可能性。

（作者：於君俊，交通银行国际结算中心）

独立保函欺诈纠纷的风险防范

独立保函作为20世纪银行业的金融创新,已经成为国际商事领域的重要金融工具。而欺诈纠纷诉讼是独立保函的担保人在受益人满足保函付款条件下豁免自身义务的唯一司法救济。在“一带一路”倡议持续推进,全球政治经济环境不确定性骤增的背景下,独立保函如何既能促进商事交易的顺利进行,又能保障基础交易双方的正当利益,本文结合独立保函欺诈纠纷的司法判例及实务,梳理关键环节,分析潜在风险,提出独立保函欺诈纠纷的风险防控措施。

一、 案情介绍

首先,从一起关于独立保函欺诈纠纷的判例谈起。案情大致情况如下:山东电建作为承包商于2008年8月与能源公司签订承包合同,在印度承建一座火电厂。2010年5月双方签署合同变更协议,约定增加4号机组并以能源公司为受益人的开立履约保函。印行上海分行根据建行山东省分行应山东电建申请向其开立的履约反担保,向其班加罗尔分行开立了履约反担保。印行班加罗尔分行根据该履约反担保开立了受益人为能源公司,保函到期日为2014年12月31日的履约保函。山东电建在变更协议签署后按期履约。能源公司因4号机组政府许可、项目融资的问题,于2011年7—8月陆续提出延缓4号机组设备制造发运并拒绝签发正式暂停通知。2014年11月,印度高等法院做出维持保函现状令。能源公司因保函将于12月31日到期,于12月4日请求保函开立人将保函展期,如未能展期,则该“请求”将被视为在保函下提起的索赔。随后印行班加罗尔分行向其上海分行提出索兑,印行上海分行向建行山东省分行提出索兑。山东电建以其履行基础合同未违约为由，起诉能源公司进行欺诈性的恶意索赔，主张其侵权行为应该予以判令终止。经一审法院审理，认为能源公司对于山东电建在基础合同履约时违约，以及涉案保函下存在其他导致其有权索兑的情形，未能提交相关证据证明，其在涉案保函下索兑属于明知没有付款请求权仍然滥用该权利，故判保函开立人应当终止支付保函项下的款项。能源公司不服一审判决，向最高院提起上诉。经最高院审理认为，此案为保函欺诈纠纷案，原则上止付申请人以受益人在基础交易中违约为由请求止付的；开立人以基础交易关系或独立保函申请关系对付款义务提出抗辩的，人民法院不予支持。山东电建未能提交充分的证据证明能源公司的付款请求存在司法解释第十二条规定的欺诈情形，以及两家印行明知能源公司存在独立保函欺诈情形，仍然违反诚信原则予以付款并进而以受益人身份提出索款请求。能源公司依据履约保函进行索兑，符合保函条款的规定，不构成独立保函欺诈，一审判定能源公司明知没有付款请求权仍滥用该权利缺乏事实和法律依据。2020 年 4 月高院最终判决撤销一审判决，驳回山东电建诉讼请求。

二、 案件启示及潜在风险

本案从独立保函欺诈纠纷诉讼到判决历时 6 年，且基础交易项下的仲裁仍在继续。从本案的终审结果来看，我们可以得到一些启示并发现一些潜在风险。

（一）举证困难的风险

自独立保函司法解释出台以来，法院在处理解决独立保函纠纷问题上，更多地会遵循司法解释精神，坚持“先付款、后争议”的原则。这种制度机制要求保函欺诈纠纷的中止支付裁决认定要具备欺诈的高度可能性，且在案件审理过程中应遵循“有限且必要原则”审查基础交易，只有保函申请人排除合理怀疑，充分举证保函受益人明知没有付款请求权仍滥用该权利的情况下，才能证实欺诈的存在。而“高度可能性”“排除合理怀疑”“明知没有付款请求权仍滥用”的认定相对主观，举证困难。本案申请人以欺诈纠纷诉讼来寻求司法救济，但无法举证受益人在明知没有付款请求权的情况下，滥用付款请求权，存在欺诈。同样，要举证担保人明知受益人存在欺诈情形，仍违反诚信原则在主保函项下予以付款，并以受益人身份在反担保项下提出索赔请求，也是很困难的。“有限且必要原则”下所审核的基础交易，在独立保函项下，往往是针对该保函开立所对应基础交易真实性要素的审核，与基础交易是否履约违约无关。基础合同的争议在仲裁审理阶段，基础交易的债务人是否负有付款或赔偿责任由仲裁裁决认定。基础交易下谁应当承担违约责任，已超出第十二条保函欺诈的认定和审查范围。这也就是申请人在基础交易纠纷下，以欺诈纠纷诉讼来寻求司法救济而败诉的主要原因之一。

（二）保函条款的风险

法院审理保函纠纷时，保函文本是考察双方真实意思表示的重要依据。对于付款条件、争议解决等核心条款的表述往往也会存在一定的风险。比如本案中的保函文本明确规定索赔不需要任何证明及证据，促成了非展即付请求符合保函的付款条件，文本存在诸多的排他责任，担保人放弃任何陈述抗辩，付款责任无关于基础交易的任何相关仲裁和诉讼，此类声明会导致保函担保人较为被动的局面，也是最高院在查实基础合同争议正在仲裁审理阶段，仍认定不属于保函欺诈纠纷的审理范围的部分依据。

（三）非展即付请求存在的潜在风险

主保函受益人向担保人提交了要求展期否则付款的书面请求，此请求包含了保函索兑的意思表示，法院认定为索赔要求。此请求与 URDG 项下规定的付款或展期情形存在区别，URDG 中规定的付款或展期是在保函受益人提交了相符的索赔单据后提供给担保人除付款以外的一种展期的选择，而非展即付请求并不包含 URDG 要求的声明申请人的违约事项以及相关的证明材料。作为印度保函常见的一种付款条件，担保人应该在开立保函时充分意识此类付款条款不仅仅是独立性的意思表示，还意味着索赔不需要任何声明及证据的潜在风险。另一方面，在反担保项下且反担保适用法律和司法管辖在境外，非展即付请求的主动权往往在于开立主保函的担保人。如果担保人决定不展期而付款，付款后向反担保人索赔，而反担保人除了要面临向担保人付款否则会被担保人在境外起诉、境外分支机构资产被冻结的风险外，还会面临被境内法院止付的风险，即面临平行诉讼的风险。

三、 独立保函欺诈纠纷风险防范建议

对保函申请人而言，一是要重视基础交易合约管理。充分研究基础交易项目可行性，深入考量潜在的国别、政策、信用风险等因素，特别是诸如一些政府许可、融资问题等不可控风险因素；将相关风险的权责书面化，明确遵循的国际规则、法律管辖以及纠纷解决机制，约定不可抗力范围以及其他的免责条款，应对存在的相关风险和不确定性。二是把握保函欺诈要件和证明标准。保函申请人一旦主张保函受益人滥用索赔权，需要以充分的证据举证受益人的“明知”并做到“完全”程度，做好证据留存工作。三是做好保函欺诈纠纷诉讼和基础交易下的诉讼或仲裁两手准备。在提起保函欺诈诉讼的同时，根据基础交易的争议解决方式提起诉讼或仲裁，尽早取得法院判决或仲裁裁决，作为欺诈纠纷诉讼中最直接和强力的证据，证明自身没有付款义务或赔偿责任，或证明被告的索赔请求完全没有事实基础和可信依据。切忌因基础交易项下交易对手的违约，以欺诈纠纷诉讼来寻求司法救济。在此类情况下，建议通过双方协商、仲裁解决纠纷争议。

对保函担保人而言，应与保函申请人充分沟通，严谨拟定保函文本，对于有潜在风险的付款条件、争议解决条款，能够充分提示申请人。付款条件要求第三方出具的证明文件可以提高保函受益人的欺诈成本，慎重使用造成担保人责任过重的排他条件，以及非展即付条款，可以降低一定的风险。在反担保项下，主保函适用的法律以及争议仲裁解决司法管辖地也是欺诈纠纷问题解决考量的重要因素。

四、结语

随着“一带一路”倡议持续推进及国内外疫情防控形势日趋严峻，独立保函欺诈纠纷或将发生频繁。保函各当事方应准确把握最高院司法解释的精神及立场，遵循独立保函“先付款、后争议”的原则，切实维护独立保函金融信用的功能，提高我国金融产品在国际上的认可度，促进独立保函业务健康有序发展。

（作者：李杰，交通银行国际结算中心）

银行提货担保业务风险解析[1]

提货担保是国际贸易实务催生的一种担保方式。以满足在海运方式下，货已到港而有权提货人未收到正本提单，凭借银行出具的担保函提取货物的情况。通过提货担保，有权提货人可以避免因不能及时提货产生的滞期费、滞港费，也便于及时提取货物用于生产或分销等需求。因此，提货担保作为银行担保业务品种长期存在。然而业内普遍认为提货担保风险较大，本文尝试梳理提货担保的潜在风险点，有的放矢有效防控，保证业务顺利开展。

一、 提货担保业务的范围界定

本文讨论的提货担保是指信用证下要求全套正本提单，但因正本提单还未到单而信用证下的货物已经到港时，应信用证的申请人申请开立的提货担保。从银行的角度，此类提货担保有别于下述两种情况：情况一，因正本提单遗失出具的提货担保；情况二，其他结算方式下，如代收或汇款项下，应客户申请开立的提货担保。信用证下提货担保业务，因大多数情况下开证行或申请人最终能够收到信用证规定的正本提单以换回提货担保，风险较小。后两种情况银行收回正本提单的可能性要小得多，且银行较难判断提货担保申请人是否为真正的提单持有人，因而业务风险更大。尤其是提单遗失的情况，需要市级报社登报声明作废，且要根据各家船公司的内部规定，提供货值三倍到二十倍不等的担保，担保期也较长，因此对风险较大的提货担保银行一般会要求有额外的授信或担保品。

1 本文于 2021 年 5 月修改，原文发表于 2017 年 6 月《中国外汇》(金融 & 贸易)总第 22 期。

二、 提货担保业务的担保性质

金融机构提供的担保类业务的担保性质根据最近出台的《关于审理独立保函纠纷案件若干问题的规定》，无论是对外担保还是国内担保，可以遵从担保人及申请开立资料中的真实意思表示。从银行风险防控角度，在担保开立时应该明确开立的担保到底是独立性还是从属性，以决定对基础合同的审查程度。提货担保业务，其开立文本一般无明确的最高担保金额，索赔时的定损要根据实际产生的损失赔偿，因此从担保性质看，提货担保属于从属性担保，承担连带保证责任。

三、 提货担保业务的担保责任

首先，担保行需承担承运人因无单放货遭受的损失。根据中国《海商法》第七十一条对提单的定义，提单是指用以证明海上货物运输合同和货物已经由承运人接收或者装船，以及承运人保证据以交付货物的单证。提单构成承运人据以交付货物的保证。承运人一旦接受提货担保，无单放货，一方面意味着承运人违反了运输合同，需要承担违约风险；另一方面，由于提单的物权以提单交付提货人时转移，在提单还未交付之前的放货属于侵权行为，特别是如果存在第三方凭正本提单要求提货时，承运人极有可能遭到提单持有人的侵权诉讼。一旦提单持有人申请采取扣船等措施进行财产保全，承运人还可能面临扣船的风险或需要缴纳巨额的保证金以解押船舶。收到无单放货请求时，承运人一方面面临海运市场激烈竞争有快速卸货及时离港的需求，希望可以尽早提货；另一方面不愿意承担上述的违约和侵权责任。提货担保应运而生解除了承运人的困境。提货担保相当于作为担保人的银行对提货人信用进行背书，一旦承运人因无单放货面临上述损失而提货人不愿或不能赔偿时，承运人可以向担保人索赔。

其次，担保行需承担承运人因运输合同纠纷导致的损失。根据 1992 年英国海上运输法，银行一旦作为担保行出具了提货担保，即取得了基础贸易项下的合约关系，一旦承运人在运输合同中出现纠纷，担保行可能作为托运人的共同被告，承担相关责任：第一，当托运人未能及时缴纳运费、港杂费等，担保行可能遭到承运人提货担保项下的索赔。第二，托运人指示的港口如为非安全港口或非安全泊位导致船舶发生事故给承运人带来损失。此风险多发生在租船运输合同项下，租船运输与班轮运输不同，托运人可以指定卸货港，如果托运人指定的卸货港不适航或不适合承租的船舶停靠导致的风险，承运人也有权向担保行索赔。第三，当运输化学危险品或易污染、易碎货品且提单并未宣告包装破损或有瑕疵，而造成其他货物损失或导致船舶遇险等，担保人也可能牵连其中。

四、 提货担保业务的风险防控

因提货担保的担保责任存在不确定性，银行业务人员在受理业务时需更审慎地调查基础贸易及相关合同的履行情况，在确认风险可控的前提下叙做提货担保业务。

（一）了解贸易背景，保证业务合理性

首先，提货担保多发生在近洋贸易，海上运输时间较短，而信用证下受益人交单到受益人银行后，银行有五个工作日的处理时效，还可能涉及后续的改单，加上邮递时间，货物早于提单到达港口的概率很高。远途海运，比如从巴西运到中国，海上在途时间有一个月，如果货运船只已经先于单据到港，叙做业务时应查明什么原因导致提单在途时间这么久，是否存在单据遗失，是否基础贸易关系复杂提单多次转卖。其次，近洋贸易在签订合同时一般已考虑货单衔接问题，在信用证中规定一份正本提单直接邮寄开证申请人或电放提单可接受的信用证安排较为常见，既能保证单证相符，也能保证申请人可以及时提到货物。而在货物到港后，申请人提供保证金或占用授信等反担保措施，申请出具提货担保的安排较少见，所以要查明不选择提单直寄或电放的原因。

（二）详审业务资料，把控业务风险点

银行在受理提货担保时一般会要求申请人提供几类文件：第一类是

业务申请书及基础贸易证明材料，包括提单、商业发票、装箱单、贸易合同等单据的复印件；第二类是证明货物已经到港的文件，一般是船公司出具的《货物到港通知书》；第三类是申请人反担保的证明材料，包括信用证下不凭单拒付的保证、保证金进账单、反担保相应资料等。这三类材料需要重点审核如下。

1. 提单副本的审核。首先应审核提单的真实性，通过船公司或船舶动态的网站等多种途径查询货物运输状况，确保提单不存在伪造变造情况。其次，审核提单内容：(1)收货人的审核。确认提单收货人为提货担保申请人或指示性 TO ORDER，如为记名提单且收货人非申请人，此类业务一般不予办理。(2)托运人的审核。一般托运人应为信用证项下受益人，避免因提单多次流通可能产生的物权纠纷。实务中，一些控货较严的船公司在接受提货担保时，还会要求一份托运人出具的同意凭银行提货担保放货的保函，并在该保函里说明出具提货担保的银行。此保函一般视作对原运输合同的修改，避免承运人因无单放货遭受托运人诉讼。而如果托运人非信用证受益人，此类保函也较难拿到。(3)货品的审核。首先排除国家标准或国际联盟规定的化学危险品，此类货品有明确的商品名录以及分类等级。实务中，因为这些化学危险品有特殊的运输流程，承运人一般不接受提货担保业务；其次，审慎处理可能损害其他货物或船体的化工原料或矿石类货品。曾经发生过因银行对货物的特性了解不多，对易污染货品的认识不足，导致提货担保项下发生索赔的事件。所以，受理提货担保业务时应充分考虑矿石的液化、水化等污染对同船其他货物的损害，比如镍矿、煤炭、硫磺等。同时，应避免是易碎商品，此类货物在运输途中发生的货损风险较大，运输合同极易产生纠纷。(4)卸货港的审核，特别是针对非常规航线的租船提单。如果租船合同对船舶所要去的港口或泊位的水深、冰封等情况无明确规定，托运人有责任保证其指定的卸货港适宜一艘满载的船舶安全出入和停靠。担保行在叙做此类业务时应了解船只是否已经安全停靠，或跟船公司确认托运人指示的卸货港为安全港口或安全泊位。(5)其他。担保行还应审核货物数量与发票箱单的记载是否一致、运费是否已经支付等。

2. 发票的审核。结合合同，审核货值是否合理。比如，合同约定货物标的为铜，单价为 LME 某月报价日的均价，那应该要求申请人提供 LME 某月报价日的报价清单。即使合同或发票里有明确约定价格，也应与大宗商品市场的价格比较，如果定价过低，需了解原因，避免买卖双方联合欺诈。

3. 船公司或船代出具的《货物到港通知书》，核对此通知的出具人是否与提单副本的承运人或代理人一致，如不一致应电话咨询船公司或船代此货物到港通知书的真实性并了解船舶是否已安全入港进入安全泊位。

4. 申请人提供的信用证项下来单不拒付的保证。一旦信用证项下出具了提货担保，而提货担保需要凭借信用证项下的单据如正本提单换回或失效时，担保行应要求申请人提供信用证项下该笔来单不拒付的保证，以保证信用证下付款后取得单据所有权以换回提货担保。

（三）规范文本格式，避免日后争议

不同的船公司在受理提货担保业务有自己的内部流程和要求，有规定的提货担保的格式文本，并且是逐笔审核、逐笔批复。银行对于提货担保文本格式的决定权有限，但有几个关键要素必须明确：第一，明确指明所对应的提单及货品，包括承运人、提单号、航次号、货名、数量、发票号及发票金额等提货信息。第二，列明担保责任。担保承诺一般包括指示承运人将货物交付给提货人，并保证提货人为正本提单的合法持有人。同时声明如果出现第三方凭正本提单要求提货使承运人承担无单放货责任的，提货人将按发票金额（发票作为附件）补偿承运人因此遭受的损失，担保行对此承担连带责任。需要特别注意的是，这类保函是从属性担保，并且存在金额敞口，应落实更充分的风险缓释措施。第三，注明失效条件，一般自保函出具日起至正本提单换回本保函时为止。注意此类保函有期限敞口，需要落实风险缓释措施。第四，应该同时加盖申请人及担保人双方公章，以明确申请人为责任人而担保行承担连带保证责任。

总之，提货担保业务因为担保责任的金额敞口和期限敞口而暴露风险，但关键风险点有三：一是全套正本提单去向，二是提货担保申请人是

否为有权提货人,三是货品是否会造成其他货物或船舶的损失。银行在办理提货担保业务时,把握关键风险,审慎调查业务,及时掌握必要信息,不断总结经验梳理流程,最终实现避免贸易和法律纠纷、促进提货担保业务顺利发展的目标。

(作者:常崑,交通银行国际结算中心)

独立保函判例研究及应用[1]

独立保函的核心属性是担保的独立抽象性，即其包含的付款承诺独立于其所担保的主合同关系，不受主债务关系的影响。在独立保函业务实践中，由于担保事项及交易习惯的多样性，在条款设置中，文本表述模糊不清的情况时有发生。在涉及诉讼时，独立保函的独立属性是否成立，往往成为案件争议的焦点。本文选取了两个有代表性的案例，其涉案保函条款既有独立保函的约定又有连带保证责任的表述，而法院的裁判则截然不同。笔者拟从合同的整体解释原则、不利解释原则以及独立保函与连带责任保证区别的角度，分析法院裁判争议的思路，总结案例对银行独立保函业务的启示，以减少独立保函业务的潜在风险，避免开立银行陷入诉讼纠纷的风险之中。

一、案例摘要

（一）千田商贸案

在襄城汇浦村镇银行股份有限公司（以下简称"汇浦村镇银行"）与襄城县千田商贸有限公司（以下简称"千田商贸"）以及河南襄城农村商业银行股份有限公司（以下简称"襄城农商行"）的金融借款合同纠纷案［（2020）豫10民终3161号］中，汇浦村镇银行向千田商贸公司提供借款，襄城农商行为千田商贸公司出具借款履约保函一份，并在保函中约定，"若借款人的上述借款到期不能履约偿还，或出现借款合同约定的提前收回贷款的情形，担保人无条件且不可撤销地承诺代为向受益人一次性清

1　本文发表于2021年3月15日《中国外汇》2021年第6期。

偿全部本息……本保函为无条件见索即赔保函，担保人自收到受益人书面索赔通知之日起一个月内无条件支付；本保函具有独立性，独立于主合同，主合同由于任何原因无效，不影响本保证的效力，本保证仍然有效”。后因千田商贸逾期不能还款，汇浦村镇银行遂向襄城农商行发出书面索赔，要求支付原本应由千田商贸归还的借款。各方就涉案保函是独立保函还是连带责任保证产生争议。

(二) 高金公司案

大连高金投资有限公司(以下简称“高金公司”)与中国工商银行股份有限公司大连星海支行(以下简称“工行星海支行”)、大连德享房地产开发有限公司(以下简称“德享公司”)企业借贷纠纷案[(2017)最高法民终647号]中，借款人德享公司与贷款人高金公司签订《借款合同》，应德享公司要求，工行星海支行为高金公司出具编号001的《银行保函》，载明保函项下的责任是“如德享公司出现违约事项，工行星海支行在收到高金公司书面索偿通知后的7个法定工作日内即向高金公司无条件支付总金额不超过人民币2 000万元的任何款项。以上担保责任为连带责任担保”。因德享公司未偿还借款，高金公司遂向工行星海支行发出《催告函》，并载明“工行星海支行向我司出具了一份承担连带责任的银行保函”。庭审焦点也是涉案保函是否为独立保函。

二、 裁判思路分析

(一) 合同的整体解释原则

整体解释原则又称体系解释原则，是将合同的各个部分看作是一个完整统一的整体，通过对整体中各个部分的分析，判断条款中所包含当事人的意思表示。《中华人民共和国民法典》(以下简称《民法典》)第一百四十二条确立的合同解释的整体解释原则是：有相对人的意思表示的解释，应当按照所使用的词句，结合相关条款、行为的性质和目的、习惯以及诚信原则，确定意思表示的含义。

根据这一条款，在解释合同时，应当通过对合同本身的文字语句进行解读，同时结合合同的目的及交易习惯，来判断当事人真实的意思表示。此外，不能仅依据保函中有连带保证责任条款或者存在独立保函条款，就确定保函的性质，应当将保函的全部条款作为整体加以考虑。

千田商贸案中的襄城农商行保函约定了承担付款责任的前提是千田商贸公司违约，符合连带责任保证的特征；但在保函中又同时写明了"无条件见索即赔保函""本保函具有独立性"等语句。从汇浦村镇银行的角度可以认为，只要提交了书面索赔通知，襄城农商银行就应当承担付款责任；而从独立保函承担责任的条件看，上述表述完全符合独立保函见索即付的特征，其付款责任并不以基础交易情况作为条件。因此，法院认定该保函为独立保函。

（二）合同的不利解释原则

《民法典》第四百九十八条确立了合同解释的不利解释原则，即对格式条款有两种以上解释的，应当做出不利于提供格式条款一方的解释。

不利解释原则主要是考虑格式条款是有特定的一方当事人提供的，使得格式条款整体上容易出现有利于提供者而不利于相对方的情况。为平等保护合同各方当事人的权益，对格式条款的理解产生争议时，应做出不利于提供格式条款一方的解释。

千田商贸案中的襄城农商行作为专业的金融机构，应当知晓其做出独立保函的意思表示与承担连带保证责任的表述相矛盾，并会因此造成各方理解的不一致，依据不利解释原则，法院应做出不利于襄城农商行的合同解释，认定该保函为独立保函。

（三）独立保函与连带责任保证的主要区别

依据《最高人民法院关于审理独立保函纠纷案件若干问题的规定》（以下简称《独立保函规定》），独立保函是指银行或非银行金融机构作为开立人，以书面形式向受益人出具的，同意在受益人请求付款并提交符合保函要求的单据时，向其支付特定款项或在保函最高金额内付款的承诺；而依据《民法典》第六百八十一条、第六百八十二条和第六百八十六条，保证合同是为保障债权的实现，保证人和债权人约定，当债务人不履行到期债务或者发生当事人约定的情形时，保证人履行债务或者承担责任的合同。保证合同是主债权债务合同的从合同，主债权债务合同无效的，保证合同无效。保证的方式包括一般保证和连带责任保证。

连带责任保证与独立保函的区别之一在于保证人承担责任的条件不同：连带责任保证中保证人履行债务的前提是主债务人不履行到期债务；而独立保函则以收到符合保函条款的索赔单据作为付款条件。高金公司案中的保函条款明确了"德享公司出现违约事项"这一付款条件，符合连带责任保证的特征，并且没有对索偿单据应显示的具体内容做出规定；其次，涉案保函尽管在付款条件的表述上语义有些模糊，但保函中已明确了"保函为连带责任保函"的表述，且受益人在索赔时也做出了保函为连带责任保函的相关表述，因此法院应将该保函的性质理解为连带责任保函。

三、 独立保函开立的操作建议

当独立保函出现条款争议时，法院在适用法律、认定事实方面是复杂多变的，不同法院在不同案件中对独立保函的识别可能会采取不同的立场，其可能会给银行实务带来不可小觑的风险。鉴此，银行在开立独立保函时应注意以下几点，以确保保函的独立性。

一是要充分了解保函申请人的业务需求。独立保函和非独立保函的主要区别在效力、承担责任范围以及承担责任的条件三个方面。银行在办理保函业务的过程中，应当与申请人充分沟通实际的业务需求，详细解释独立保函和非独立保函的主要区别，根据客户的真实意思开立保函，以减少双方因对业务需求、保函条款的理解不一致产生的纠纷。

二是开立性质明确的保函。对独立保函，应载明"本保函见索即付"或"本保函为独立保函"等明确保函独立性的措辞。并按照司法解释的规定，列明索赔所需单据及最高金额；同时担保人应当认真审查文本，避免出现互相冲突、模糊不清的条款，尤其是付款条件、索赔单据等关键条款，更要清晰准确，避免出现将违约事实作为付款前提条件的表述。

三是当保函出现混合表述时，应向客户充分揭示风险，落实风险防控。虽然《独立保函规定》对独立保函的定义以及对独立保函识别标准做了界定，明确了独立保函的独立性和单据性的实质特征，但具体的业务情况千差万别，对于文本的意思表示理解也不尽相同。鉴此，当保函既有独立性表述又有从属性表述时，应当充分向申请人揭示其中的风险，并在开立的保函合同中对因保函性质不确定而导致的相关问题进行约定，以避免不必要的纠纷；同时，应当加强对基础交易的审查，落实相关风险防控措施，谨慎开立此类保函。

（作者：吴昊，交通银行国际结算中心）

开立可转让保函的要点及风险解析

银行开立可转让保函在实际业务中比较普遍。其业务背景多为大型项目，比如船舶建造、大型机器设备租赁、对外承包工程等，具有担保金额巨大、基础贸易复杂、担保期限长等特点。开立可转让保函通常是基础合同交易方或融资方博弈的结果，后续发生实际转让的概率较高。保函一旦转让，则会导致交易当事方增加、业务流程拉长等情况，加之各国法律规定存在差异，因此在开立可转让保函时，担保银行应审慎处理，全流程考量风险，谨慎缮制保函条款。本文将从惯例选择、条款拟定和法律争议三个角度分析开立可转让保函的要点和风险。

一、选择与保函业务属性匹配的国际惯例

银行的保函业务是我国担保法中保证的一种，属于人的担保、债权担保。一般为备而不用的交易，交单时一般也不提交物权凭证，这与信用证业务有本质区别。下面以信用证最常适用的惯例 UCP 600 和保函最常适用的惯例 URDG 758 为例，阐述转让条款的几个重要区别。

（一）转让份额

信用证项下，基础贸易中经常存在一份信用证下货源由多个供应商供货的情形，受益人转让部分信用证权益给多个新受益人符合实务需求，所以 UCP 600 在规定转让时允许部分转让给多个受益人。而保函项下，一份保函下担保责任区分困难，如果允许转让部分付款请求权给多个新受益人，将使担保人面临保函项下多个债权人行使索偿权。在索赔范围区分不清的情况下，担保人存在重复索赔风险，因此 URDG 758 规定，可

转让保函下受益人只能转让全部余额。

(二) 转让次数

转让次数可以从交单角度考量。根据 UCP 600 规定,第一受益人需要换单,如果允许多次转让,将导致单据多级传递,给银行带来较大的风险与不便,所以可转让信用证下只能转让一次。而由于保函转让不涉及换单,且一对一垂直转让不增加交易方数量,因此,URDG 758 规定可转让保函下,受益人必须将全部余额一次转让给一个新受益人,且允许其继续转让。

(三) 基础合同转让

信用证下,转让大多基于第一受益人与第二受益人签订的真实贸易合同,不意味着原基础合同履约方的变更,在第二受益人不能交货或货不对路的情况下,第一受益人仍旧要承担合同项下应承担的责任。而根据 URDG 758 规定,可转让保函下转让人须向担保人提供"受让人已经获得转让人基础关系中的权利和义务的声明",意味着保函项下一旦付款请求权转让后,原受益人就会退出担保关系,受让人会成为保函的新受益人,享有直接向担保人提示付款的权利。

因此,保函应根据业务特点选择合适的国际惯例。如客户坚持可转让保函适用 UCP 600,应排除 UCP 600 第三十八条并具体写明转让要求才可叙做业务。此外,如可转让保函适用 URDG 758,担保行还应关注在实际转让过程中基础合同是否符合 URDG 758 规定转让给基础合同受让人。逾越 URDG 758 规定,将"付款请求权转让给非基础合同受让人"的转让条款使得基础合同的买卖双方与保函法律关系当事人出现不一致,会导致保函法律各方当事人的利益风险关系严重失衡。一方面,将基于保函所承担的债务脱离主合同进行独立转让,担保范围扩大,赔付风险难以评估和分析;另一方面,针对保函受益人的欺诈例外抗辩可能无法对抗善意的保函受让人。在基础合同如约履约情况下,遭到善意的保函受让人索赔,担保行无权以基础合同实际未违约申请欺诈例外的止付。如果担保行决定接受此类转让,必须充分知晓可能带来的风险,并提示申请人出具客户承诺函，避免付款后，担保人向申请人要求偿付时遭到申请人的抗辩和拒绝。

二、 确保保函本身关于转让条款的措辞准确

实际业务中，涉及转让可能出现多种措辞，比如“付款请求权（right to make a demand）”“款项让渡（assignment of proceeds）”“索赔权（claim）”“受益人的权利（beneficiary's right）”“让渡（assign）”“款项（proceeds）”“利益（benefit）”“受益权（beneficial interest）”等。严格地讲，上述用词的法律含义存在差别。

首先，应尽量采用保函适用惯例中明确规定的措辞。目前通行惯例主要区分了保函转让和款项让渡。两者的本质区别是转让言及的“转让权利”通常都是指保函受益人可针对银行提出的“付款请求权”，而款项让渡只是单纯的款项。在开立保函时，应该严格审核保函措辞，杜绝TRANSFER和ASSIGN的混用，清晰措辞，如果使用ASSIGN必须从上下文的语境中能够很明确地读出只允许作款项的让渡，而不能含有付款请求权可以转让的意思。

其次，当使用语义模糊的措辞，必须明确含义。比如“benefit”在英文中不仅有“收益”的意思，还有“权利”的意思，当保函意指“所获款项让渡”时不应使用“benefit”，尤其不可以之代替“proceeds”。担保银行业务人员在保函审核期间，应查找基础合同的相关规定，并和申请人进行沟通，明确基础交易的真实意思表示，尽量规范措辞。

三、 避免可能的法律争议

由于保函业务涉及的担保种类多样，适用惯例不一，担保文本相对自由，一旦出现争议，可能造成的法律争议较多。

首先，准据法和管辖权可能难以确定。在准据法选择上，如果争议当事方可以达成约定，如文本中有规定适用的惯例或文本中明确规定准据法等，遵从约定。而管辖权的确定则更加复杂，国内诉讼当事方提出管辖

权异议时，国内的法院可以通过协商确定在某地法院继续审理，而如果是跨国诉讼，一旦当事方提出管辖权异议，即使有明确的判决结果，但最终能否执行仍有不确定性。当保函被转让后，受让人和担保人之间并未就相关法律管辖问题进行约定，甚至受让人和担保人并无任何联系和交集，一旦当事方无法达成约定，那么将由法庭合议或自由裁量后根据密切联系或属人属地等原则确定，不确定因素增多。

其次，各国法律规定不同，比如我国属于成文法国家，司法必须要以制定法为依据，而英美等国则属于判例法国家，在司法过程中，不仅以制定法为依据，同时还会以判例为依据。转让问题，部分国家的法律规定不同，而当某种事实又使得这些不同的法律规定相互联系时，就会发生法律冲突。以我国为例，《最高人民法院关于适用〈中华人民共和国担保法〉若干问题的解释》第二十八条规定："保证期间，债权人依法将主债权转让给第三人的，保证债权同时转让，保证人在原保证担保的范围内对受让人承担保证责任。但是保证人与债权人事先约定仅对特定的债权人承担保证责任或者禁止债权转让的，保证人不再承担保证责任。"这与国际惯例中规定的只有规定了可转让的保函才能转让有区别，也与部分欧美国家的法律规定有差异。因此，担保行在开立之初要区分保函是否属于从属性保函。如果是从属性保函，根据我国担保法，文本未明确规定不得转让依然可以根据基础合同债权的转让而转让，担保人想排除此类风险务必明确此保函不得转让或转让必须经担保人同意。

担保行在保函开立时就要注意选择适合的法律及管辖权或仲裁机构。最好在保函文本中明确约定适用我国法律，由我国法院管辖。

总之，开立可转让保函应全流程考量风险。担保人要做到展业三原则，了解你的客户，知晓保函申请人的经营范围、资信情况、财务指标等；了解基础合同，评估客户的履约能力，要求设置转让条款的原因；保证业务的合规性、资料的完整性、保函文本的准确性以及后续业务的可操作性。

保函应选择与保函业务特点匹配的国际惯例及法院管辖，规定转让的限制条件，比如转让必须通过担保行同意，原受益人和新受益人需要提交的具体单据等，避免开出对受让人无限制或受让人权利过于宽泛的转让条款;控制转让次数,最好结合基础贸易规定具名转让且只能转让一次。

当涉及大型项目时,宜通过“专家会诊”的方式来决定是否接受开立及确定保函条款。保函的开立,涉及的相关部门众多,从主办单位到省分行或总行的公司业务部、国际业务部、授信管理部、风险管理部、国际结算中心等,如果各部会诊,不仅可以提高沟通效率,风险考量也会更加全面。另外,担保行可以成立专项小组(由各相关部门人员组成)参与整个项目的谈判,充分发挥银行的专业优势,及时了解基础合同进展,最大限度降低担保行风险。必要时可以聘请律师行或者法律顾问,从业务资料、保函文本、往来电文等在法律层面上进行严格把关,防范或有风险的发生。

(作者:常崑,交通银行国际结算中心)

基于融资合同的保函转让风险研究

近年来，随着工程项目不断增多，项目周期拉长，所需资金也随之增长，为提前获得足额款项、便于工程开展，保函受益人一般会寻找融资方进行借款，此时，融资方为了能按时收回贷款，保障自身权利，往往要求受益人将保函进行转让，以获得保函项下的索赔权。

一、 保函转让的相关分析

实务中，保函转让一般认为是受益人权利的转让，而该权利往往是指索赔权或者付款请求权的转让。

（一）URDG 758 关于保函转让的规定

1. 声明“可转让”并同意转让，方可转让

保函是申请人委托担保行开立的一份保证，担保行承担的是受益人提交相符索赔单据的付款责任。保函的转让，尤其是保函可以多次转让，增加了担保行的担保责任和风险。

2. 基础关系项下权利和义务已转让

保函基于基础合同开立，担保的是基础合同下申请人的违约行为。保函并不能随意支取，只有当申请人在基础合同下发生违约时，保函才起到担保付款作用。如果受益人将保函的索赔权转让给受让人，却不让受让人承担受益人对申请人的义务，这是不公平的，申请人一方面和转让人发生合同下权利义务关系，一方面又面对受让人单方面索赔权利，权利义务的不对等极易造成滥用索赔权。

（二）法律角度所说的转让

1.《担保法》的规定

《担保法》所称的保证，一般被认为是从属性担保，保证人承担的责任均和主债权有关，除非法律另有规定，否则保证人是否继续承担保证责任取决于主债权的转让或变更。简言之，对从属保函而言，保证合同是主合同的从合同，主债权未转让，受益人的索赔权利不能随意转让；只有经过保证人同意，主债权转让时，担保权利方可转让，否则保证人可不再承担担保责任。

2. 独立保函司法解释的规定

独立保函司法解释（即《最高人民法院关于审查独立保函纠纷案件若干问题的规定》）对独立保函的转让进行规定，即第十条：独立保函未同时载明可转让和据以确定新受益人的单据，开立人主张受益人付款请求权的转让对其不发生效力的，人民法院应予支持。独立保函对受益人付款请求权的转让有特别约定的，从其约定。

那么根据司法解释，独立保函的转让是否无须基础合同转让为前提呢？笔者认为不然，独立保函司法解释并非否定《担保法》，上位的《担保法》更具有指导作用，虽然《担保法》并未明文规定主合同未转让时担保权利如何转让，但作为主合同的从合同，担保应和主合同不可分割，除非另有约定，在基础合同未转让的情况下，担保不应进行转让。而保函开出即与基础合同无关，原则上付款请求权可以单独转让，除非准据法明确禁止，既然双方约定保函类型为独立保函，就应遵守保函特性，单独转让付款请求权。但独立保函毕竟是根据基础合同开立的，据以确定新受益人的单据从某种意义上说给了担保行从基础合同中确定受让人的依据，从一定程度上保障了担保行的权利。

二、 转让给融资方是否合理

实务中，保函转让越来越多的转让给融资方，但这种转让并不基于原基础合同，而是基于融资合同，这是因为大型项目资金压力大，业主或项目公司会进行融资以获得额外资金注入。从融资方角度看，除了获得债务人其他反担保抵质押措施外，获得保函下的付款请求权似乎是不错的选择，但使用付款请求权时，由融资方提出申请人在基础合同下违约又有悖常理，更何况融资方并不在意基础合同履行情况，更多在意的是能否收回融资款项。

就对外担保而言，除了实务中的必需外，保函依据融资合同转让给融资方恐怕更多基于保函的独立性，因为独立性，保函开出后即和基础合同无关，无论基础合同如何变更、修改、转让，均不影响保函担保责任，因此保函权责不受基础合同影响，基础合同下权利的转让，并不等于保函必然转让，换句话说，独立保函即使合同未转让，理论上受益人的付款请求权可以单独转让。

如保函适用 URDG，该保函被认为是独立保函，按照前文分析，这种情况下的付款请求权并不能单独转让，基础合同的转让是前提，URDG 758 第 5 条独立性指担保行在保函中的付款义务，但第 33 条可转让看似并不希望保函与基础合同彻底分离，因此笔者认为 URDG 所说的独立性并非完全脱离基础合同，强调的是担保行付款或者说受益人实现权利的独立。如此看来，如保函为从属保函，应随基础合同的转让而转让，如保函为独立保函，原则上付款请求权可单独转让。当然，担保行、受益人、申请人均同意保函在基础合同未转让时转让，只要愿意自担风险，也不必强行干预。

三、 转让给融资方有什么风险

（一）增加索赔风险

一旦保函转让给融资方，原保函受益人退出债权债务法律关系，融资方代替成为保函关系的新当事人，发生索赔时，融资方基于自身提出付款请求，这就使得申请人可能面临两种合同下的索赔风险。

1. 基础合同的违约风险

由于基础合同并未转让，表面上看，保函担保仍为原基础合同中事项，保函文本中规定的内容，包括违约行为、提交的单据、单据显示内容、期限等等，均未发生修改，如合同债务人（申请人）发生违约，融资方即可凭声明违约的索赔书提出索款。

2. 融资合同的违约风险

由于保函转让需求基于融资合同作出，保函担保的实质已从基础合同的法律关系变成融资合同的借贷关系。如原债权人（原受益人）违反与融资方之间签订的融资协议，融资方为减少损失，必然会在保函下进行索赔。

不仅承包商面临风险，担保行也面临风险。实务中，担保行知晓这种转让的原因是什么，但由于分属境内外，并且融资合同属于原受益人和融资方之间的特定资料，担保行无法看到融资合同内容。融资合同内容不明使担保行可能遇到一个并不了解的融资方提交索赔，也不清楚保函下的权利义务究竟发生了何种变化、融资合同对保函究竟有多大影响，从而加重自身担保责任。

（二）认定欺诈困难

由融资方提出工程合同下违约并主张付款请求确实名不正言不顺。根据独立保函司法解释第十二条关于保函欺诈的认定第（四）、第（五）款，让融资方来确定基础交易债务已得到完全履行十分困难，认定融资方明知其没有付款请求权仍滥用该权利，更是难上加难。这是因为融资方并非基础合同当事方，并且关心的是融资合同履行，根本不在意基础合同履行，很难认定索赔存在欺诈故意。融资方作为新受益人提起的索赔，由于融资方无法知晓基础合同履行情况，法院凭借欺诈例外原则进行止付变得困难。

（三）变相的“内保外贷”

根据《跨境担保外汇管理规定》，内保外贷指担保行注册地在境内、债务人和债权人注册地均在境外的跨境担保。内保外贷又有融资性内保外贷和非融资性内保外贷之分，当保函转让给融资方时，依据的合同从基础合同变成融资合同，担保行担保事项从基础合同履约变成融资合同还款，成为一笔“融资性内保外贷”。

如此转让，间接搭建了一个资金跨境通道，若申请人、原受益人、融资方互为关联，如申请人和原受益人构建基础合同，则资金可以通过虚假交易、虚构交易、恶意履约汇出境外，逃避政策监管。

转让给融资方视同一笔内保外贷只是笔者一家之言，但其操作模式和内保外贷极为类似，如不按照《关于完善银行内保外贷外汇管理的通知》(108 号文)审核，则资金绕道成为真空地带，如按照 108 号文严格审核，则又会损害正常融资的客户需求，出现资金短缺，影响工程项目进展，最终又可能导致基础合同下出现违约，担保行面临索赔风险。

四、转让给融资方如何进行风险防范

(一) 加强基础合同监督

虽然保函转让给融资方，但表面上保函担保的依然是基础合同，只要基础合同未违约，受让人就无法行使付款请求权。担保行应加强专业队伍建设，对基础合同进行审核，防止苛刻的合同要求导致索赔风险，如有可能，在合同签订前即提前介入，对照合同条款进行保函风险防控。保函开出后，担保行应与申请人保持联系，重视合同进程，跟进合同进度，密切注意合同是否变更修改，如遇恶意索赔，充分行使自身拒付止付权利。

(二) 谨慎办理转让

若提前知晓保函可能被转让给融资方，担保行应尽量以款项让渡代替保函转让，并非一定要转让保函的付款请求权。因为即使保函不允许转让，受益人也可依照法律规定将保函下可能有权或可能将要有权获得的款项让渡给受让人，这是保函本身具备的功能，实务中约定比保函转让更加简单。

为避免增加索赔风险，明确担保行职责仅限于原基础合同，担保行可争取在保函中添加凭原受益人声明申请人违约的声明，融资方才能进行索赔，以预先约束凭融资合同的索赔风险。也可添加如原受益人欺诈，担保行可拒绝向受让人付款，进行自我保护，并将相关内容写进开立保函的授信合同，充分告知申请人，降低担保行责任。

（三）转让需经过担保行同意

保函付款请求权转让后，原受益人退出保函法律关系，受让人成为保函新受益人，如果未经担保行同意，受益人单方面将付款请求权转让给第三人，对担保行是不公平的。

担保行应表明自身态度，即使允许转让给融资方，可要求原受益人发送一份与受让人签署的转让协议给担保行，同时在保函中添加“未经担保行同意，保函不得转让”等措辞，并限定转让次数，在不适用惯例的保函转让时，可在保函中约定基础合同转让保函方可转让，并密切关注基础合同的履行情况。一方面合理评估是否有必要转让给融资方，充分自主地分析转让的可行性，另一方面充分调查融资方的身份，向申请人揭示风险，做好反担保措施。

（作者：於君俊，交通银行国际结算中心）

信用证下提交保函的全流程风险防控

随着我国“一带一路”建设的持续推进，通过信用证结算并将银行保函作为信用证下单据结合使用的情形越发频繁。实务中，大多数银行将保函和信用证作为两种业务由不同部门处理，仅部分人员能熟练把握两类业务的特点，且国际标准实务对结合使用的指导规范也尚待明晰。在此背景下，本文结合案例，归纳信用证和保函结合使用的应用场景，总结保函单据条款的拟定要点，阐述后续业务流程可能的盲点，期待银行更好地支持和服务实体企业。

一、 案例经过

笔者在实务中遇到这样一笔案例，开证行在 MT 700 的 47 栏附加条款规定：BENEFICIARY MUST ISSUE 2PCT OF THE LC AMOUNT PERFORMANCE BOND GUARANTEE WITHIN 5—10 DAYS AFTER RECEIVED THE LC VIA BANK。信用证开出 20 天后，开证申请人收到邮件，附件为某银行开立履约保函的副本。在此情况下，信用证申请人已陷入被动，从单据条款拟定看，由于保函条款没有单据化导致保函不能作为单据审核，无法在信用证结算下实现保函的担保利益；从后续业务流程看，保函是否真实有效，能否符合申请人的商业用途，能不能索赔（保函文本要求索赔时提供正本保函）都悬而未决，而这些都应该在信用证开立之初给予充分考虑。

二、 信用证和保函结合使用的场景

目前，信用证项下要求保函单据，主要有两大应用场景：一是作为履约保证。此种情况的基础交易双方一般处在合作的破冰阶段或特殊时期。受目前全球疫情以及贸易保护主义带来的经济制裁、关税压力等因素的影响,越来越多进口企业在拓展新的业务或选择新的采购商时,对交易对手能否及时发货心生疑虑,所以选择信用证+履约保函的方式,以保证信用证受益人能够按信用证时间节点履行合同。二是作为质量保证。一方面便于进口企业或对外承包工程企业制约出口方,督促出口方提供符合合同要求的产品并要求出口方提供一段合理时间的质保期,另一方面缩短开证期限,用提供保函的方式替代尾款的交单,减少开证申请人的资金占用,节省成本。

三、 保函单据条款的拟定要点

关于保函单据条款的拟定,笔者认为需要把握三个要点:一是条款应符合基础交易需求;二是关键要素需齐全,表述要清晰;三是明确保函单据的出具和交单方式。

(一) 符合基础交易需求

保函单据条款的拟定应充分了解保函的应用场景及交易预期,遵循合同要求以及后续的交易进展。对于合同中有要求保函随着交易进展减额或者保函同时存在失效时间和失效事件或其他权责划分的约定情况,应体现在保函单据条款中,从而在实现其担保功能的同时,平衡交易双方的权利义务关系,促进信用证和保函结合应用的业务发展。

(二) 关键要素齐全、表述清晰

1. 要素齐全

这里引入2+3的关键要素概念,"2"是规定保函性质的两个基本条件,即:银行保函和交易示范规则,要求一份银行保函可以最大程度保证信用证申请人(即保函受益人)的利益,同时规定交易示范规则以明确保函的独立担保性质,避免日后基础交易的纠纷牵扯到此保函的索赔权利;"3"是保函必备的基本三要素。三要素是确定一个债权关系的基本要素,包括保函的受益人、担保金额和担保期限。对于重大项目的进口开证，如果合同中规定了保函格式且单据条款要求提交保函单据，由于其交易背景复杂，担保金额较高，建议根据合同的保函格式全文援引。

2. 表述清楚

纵观国际商会的咨询意见，很多争议的产生其根本原因在于信用证开立阶段预先考虑不周，表述不明。为避免类似争议，建议信用证在条款拟定时思考两点：首先，客户指示这个条款的目的是什么，如不确定，应与申请人充分沟通。在明确客户需求的基础上，思考客户的需求在信用证框架下能否实现，即到单时客户预期的交易要求是否可以通过单据的审核得到保障。比如商会意见 TA 887，信用证规定"A guarantee issued by a reputable Vietnamese bank or international bank having a branch office in Vietnam"，来单时保函出具人为一家非越南的银行，开证行与受益人对保函出具人是否相符产生争议。根据客户对保函出具人的指示，客户应该是希望担保人有一定声誉且预期能获得保函索赔时的便利，在这个层面，客户的意思表示是清楚的；但 TA 887 的条款拟定不明晰，保函的出具人要求是越南有声誉的银行或者在越南有分支机构的国际化的银行，越南的银行可以从单据直接判断，但是在越南有分支机构的国际化银行却无法通过单据的出具人直接判断，因此非单据条款是业务处理的大忌，在开证阶段应充分提示客户予以澄清或修正。

（三）明确保函单据的出具和交单方式

在信用证条款拟定时应明确保函单据的出具和交单方式，并预计后续的业务处理。银行保函的出具方式主要有两种：纸质形式邮寄给相关方的信开和通过 SWIFT 系统转递给相关方的电开，实务中电开占绝大比例。基于实务，建议要求一份以开证行为通知行的电开保函副本。如此开立有三个好处：一是以信用证开证行为保函通知行，保证了开证行可以收到保函单据正本；二是电开符合保函业务开立的处理实务，有利于保函业务后续的修改、闭卷等操作；三是考虑到银行系统一般不能将电开保函自动识别为信用证项下的来单，提交电开保函副本可以避免因为系统不能联动而误提保函未提交的不符点。

四、后续业务流程可能的盲点

在信用证业务的到单环节，一些业务人员对保函单据的审核经常束手无策，下面再提示几点来单时可能发生的风险。

（一）纸质保函的真实性验证

如果要求保函单据以纸质形式连同其他单据一同交单，对于开证行来说，应考虑验证纸质保函的真实性问题。即使根据 UCP 600 第三十四条关于单据有效性的免责，银行对任何单据的形式、充分性、准确性、内容真实性、虚假性或法律效力概不负责，但保函作为债权类单据，将极大影响客户后续的权利实现，从服务客户，支撑实业的角度应该提示客户验证保函真实性的必要性。在取得客户授权或委托后，发报确认此纸质保函的真实性。

（二）保函单据的审核标准

保函作为信用证下的单据交单，应依据 UCP 规则审核，符合 UCP 600 单据审核的一般规则：单据内容看似满足所要求单据的功能，且单据中的数据不应与该单据本身中的数据、其他要求的单据或信用证中的数据矛盾。但近年多个 ICC 商会意见是关于信用证项下保函单据的审核问题，包括 TA 799rev、TA 887、TA 861rev、以及 TA 900REV，占了 2014 年以来保函业务咨询的大半，说明信用证下保函应用的增多，也一定程度说明原则性的审单标准针对保函单据的业务指导稍显不足。ICC 商会可以考虑出具审核信用证下保函单据的指导意见或在下次修订 UCP 时像提单、保单一样设置专门章节来规范保函单据。在没有明确的指导条款之前，笔者尝试提出两个判定保函单据是否相符的思路。

一是尝试类比法，如果这个争议点是发生在提单或保单上，是否构成不符。比如 TA 799rev 在信用证中规定：Bank guarantee from international first class bank payable in country X equivalent to EUR xxxxx [the guarantee indicates an amount] valid till xx.xx.xxxx [the guarantee indicates a fix date],实际交单的保函中未体现 payable in country X,如果不是保函而是保单未体现 payable in country X 是否相符呢?一般情况下,当保单或提单可以得出不符的结论时保函也可以。

二是把握特殊性,当 UCP 600 无明确规定,但保函业务的国际标准银行实务有惯常做法时要充分考虑。比如 2020 年 ICC 发布的商会意见 TA 900REV,信用证要求一份履约保函,未明确转递方式,也未排除某种转递方式,交单行通过 SWIFT 发出履约保函给开证行,并在交单时随附了 SWIFT 系统打印的保函副本,开证行拒付称未提供保函正本。国际商会在此咨询的分析中,首先认可了电开方式开立的保函应视为正本已提交,并明确在此情况下,UCP 600 第十七条 b 款和第十七条 c 款 ii 不适用,这是非常符合实务且充分考虑保函特性的认定方式,相信这样的务实理念将促进后续信用证和保函的结合使用。

(三)来单拒付是否影响保函的索赔效力

在信用证的框架下,开证行因为不符点拒付了带有保函正本的来单会影响保函的索赔权利吗?信开的保函随单据退回,可以直接视为保函未开立吗?这个问题与认定保函是否脱离担保行控制一样难下定论。笔者认为,银行保函作为以银行为担保人的一种保证,一经开出,独立于基础交易以及开立背景,保函的受益人即买方应该拥有保函索赔权。即使买方并没有收到保函,但从保函开立的认定"保函脱离控制"来判断,保函的担保行不一定是交单行,而担保行、交单行与开证行之间不能必然认定为代理或指定的关系,因此,保函在离开担保行处即视为开立,撤销需要经过担保行和保函受益人双方的同意。

但从平衡基础交易双方权责层面衡量:鉴于信用证是支付结算的工具,信用证下来单拒付了,意味着买方并未如约履行支付义务。在此种情况下,买方作为保函的受益人仍在保函项下具有索赔权利,显失公平。

因此,提示保函的担保人以及基础交易的卖方在开立信用证项下的保函时应做到:信开保函文本应注明"索赔时应提交保函正本";电开保函应以来单付款作为生效条件,注明"某信用证下得来单承兑或付款后生效"。

五、总结

信用证和保函的结合使用是一种趋势。为了促进此类业务的有序发展，首先，需要积极的方向引导以充分发挥这两类业务的特点，例如商会意见 TA 900REV 就遵循了业务实践的惯常做法，明确了 UCP 600 第十七条在此不适用，这是务实的业务指导。同时，应加强单证处理人员对信用证和保函业务的交叉学习，培养同时精通两种业务的人才，为后续业务的风险防范打下坚实基础。

（作者：常崑，交通银行国际结算中心）

解析内保外贷新规(108号文)

2017年12月,国家外汇管理局下发了《关于完善银行内保外贷外汇管理的通知》(汇综发〔2017〕108号,以下简称“108号文”),这是外汇局第一次对内保外贷这种担保形式制订专门的管理规定。在控流出扩流入的大环境下,内保外贷业务再次成为讨论焦点。本文旨在分析内保外贷政策演变和108号文的主旨,明确担保银行职责,希望对银行实务有所帮助。

一、内保外贷简介

根据《跨境担保外汇管理规定》(汇发〔2014〕29号,以下简称“29号文”)中关于内保外贷的定义,内保外贷是指担保人注册地在境内、债务人和债权人注册地均在境外的跨境担保,此定义是从当事方注册地的角度出发。而从银行角度来看,顾名思义,内保外贷即是境内担保(内保)境外借款(外贷)相结合的一种产品,担保开立后,如境外债务人在借款合同下到期还款,那么担保到期失效,并不发生资金跨境转移,一旦债务人无法偿还所借款项,境内担保行则需履行相关担保责任,此时就形成资金跨境转移的国际收支交易。

内保外贷具有以下主要功能:其一,内保外贷具有增信作用。当企业走出去在境外设立公司时,往往既没有业务,也没有利润来源,较难获得境外银行融资。此时就可通过境内母公司或关联公司开立内保外贷,以境内信用为媒介,最终获得境外融资。其二,内保外贷可降低融资成本。众所周知,境外的融资利率相对于境内来说具有明显优势,走出去的企业或境外关联企业,愿意利用境内外双向市场资源,以获得低成本融资。

二、108号文出台的背景和内容

从2014年的《跨境担保外汇管理规定》开始，三年多来，人民银行和外汇局提及内保外贷业务的文件，共出台了四个，平均一年一个，均对内保外贷业务产生较大影响。相关政策的不断松绑使得内保外贷增长十分迅速，但是也应看到，在数据增长的同时，内保外贷确实存在失真的现象，仅2016年，其履约率同比增长90%。

(一)为什么要出台108号文

在内保外贷对企业发展、业务支撑起着不可或缺作用的同时，还有着天生规避监管的特点。我们不可否认，内保外贷确实存在套利、资金缺乏监管的漏洞。由于境内外资金存在利差汇差，这便成了套利套汇的天然渠道。更有甚者，在当前ODI(对外直接投资)审批严格的情况下，国内企业利用国内授信，通过开立内保外贷至境外，由境外银行借款给境内关联公司，或者恶意履约将境内款项以赔付形式汇往境外，以此达到规避政策进行资金转移或投资的目的。

由于放宽准入条件，允许资金回流等一系列政策的放开，境内外市场对内保外贷存在旺盛需求，使得内保外贷处于一片利好，迅速增长，为银行赚取大量存款以及中间收入。在这种情况下，部分银行放松了警惕，并未按照展业三原则对内保外贷真实合规进行调查，出现规避境外投资政策，向境外转移资产或恶意履约导致资金外逃等现象。因此108号文开头就明确了其出台的目的，是为了引导内保外贷业务健康有序发展，更好地支持真实合规的对外贸易投资活动。

(二)108号文的重点内容

108号文内容共分十一条，纵观108号文这十一条内容，其重点是要求银行加强真实合规性审核。

其一，提高准入条件。29号文第十二条要求担保人办理内保外贷业务时，应对债务人主体资格、担保项下资金用途、预计的还款资金来源、担保履约的可能性及相关交易背景进行审核，对是否符合境内外相关法律法规进行尽职调查，并以适当方式监督债务人按照其申明的用途使用担保项下资金。而108文更加强调银行的职责，将措辞改为“重点审核”“严格审核”等较为严厉的语句，并针对现阶段银行审查流于表面的情况，明确要求留存相关审核材料备查。同时，由于内保外贷具有资金绕道境外投资的特性，108号文要求银行应重点审核其是否符合境外投资相关管理规定，以避免资产资金的跨境转移，除外债、股权投资方式外，未经外汇局批准资金不得直接或间接以证券投资方式调回境内使用，并把展业三原则放在更高的位置，要求银行加强对担保项下资金用途和相关交易背景真实合规性审核。

其二，严审履约可能性。108号文特意强调“第一还款来源”，同时在108号文第三条第一款中细化补充相关内容：“对于债务人预计的还款资金来源不明或者有明显瑕疵的，银行不得为其办理内保外贷业务；对于债务人虽有明确的还款资金来源但经营状况不良或负债率过高的，银行应谨慎为其办理内保外贷业务。”

其三，注重反担保措施。108号文首次提出对押品或反担保资金进行审查，保证合理合法。现阶段银行面对具有保证金或押品的内保外贷，一般会认为即使发生履约，银行也可行使追偿权，其实不然。例如，某企业交给银行的保证金或押品属于非法所得甚至是违禁品，当银行以此办理内保外贷时，企业凭恶意履约依然可达到财产转移出境的目的，而银行会因为保证金或押品的违法性，无法向企业追偿而使自己遭受损失。另一方面，企业办理内保外贷业务过分膨胀，企业规模和反担保无法匹配，银行也应提高警惕，引起足够重视。

第四，强调银行自有资金付款。108号文一方面强调了银行在内保外贷下的第一性付款责任，要求银行进一步加强内保外贷真实性、合规性审核，尽量避免发生履约情况，另一方面可以防范人民币汇率变动导致银行自身汇率风险，防止错币种带来的套利套汇现象发生。

三、108号文对银行带来的影响

我们应当看到，虽然108号文政策看似趋严，但外汇局的本意并非限制内保外贷，而是强调内保外贷的合规以促进内保外贷的良性发展，希望内保外贷能回归本源，进一步支持有真实需求的企业走出去。108号文在促进内保外贷的同时，对银行等金融机构提出了更高的审查要求及监督责任。

第一，笔者认为，这十一条内容，担保行面临最大的困难在于审核债务人主体资格的真实合规性，由于债务人和担保行分属境内外，担保行很难对债务人有深刻了解，但即使如此，了解客户、了解客户的客户是十分重要的。在今后业务中，担保行也应加强这方面的审查，可要求申请人提供详尽的内保外贷背景资料，保证确有内保外贷实际需求。如有必要，可层层深入，不仅了解债务人，还可追查至资金的最终使用人。切不可只把权责置于境内一端，而忽视了对于境外债务人一端的尽职审查。

如申请人与债务人属母子公司、控股公司等关联公司，担保行可要求申请人提供满足外汇局规定的债务人资格的说明，除此之外担保行还应着力于审查申请人提供业务基本资料（如融资合同、借款意向书等）之间内容的关联性与一致性，有条件的话，还应获得债务人借款后用于支付的合同或其他用途证明加以比对。

若内保外贷融资行为担保行的海外分行，担保行可要求海外分行核实债务人境外融资项目的真实合法性，按照融资合同约定发放贷款并对资金用途和相关交易背景进行跟踪与管理，保证担保行与海外分行之间信息互通有无，并可向海外分行收集外汇局文件规定的相关资料，海外分行亦可要求债务人提供相应的承诺保证函，保证借款资金用途合理合规，切不可因为有境内提供的担保而忽视调查债务人的还款来源。

若债权人非担保行海外分行，而申请人与债务人也非关联公司，这种情况下，担保行很难获得债务人情况、交易背景等资料，且担保行需要的信息与债权人即融资行的标准不尽相同，而债权人为防止其客户信息外泄也不一定会配合担保行审查，此时担保行也不能掉以轻心，仍应尽量要求债权人提供债务人的资信报告，保证所得款项用于债务人的主营业务。

第二，担保行应了解相关交易背景、债务人借款的用途、监督债务人借款的流向。的确，境内银行在实务中无法控制境外债务人担保项下贷款的实际用途，给银行内保外贷业务造成难点和合规风险。担保行在了解债务人主体资格的基础上，可要求申请人出具债务人资金用途及保证债务人资金流向的书面声明，如资金最终流回境内，尽量要求资金回流至担保行开立的账户，同时关注是以何种方式入境，如以外债形式调回境内，则应按规定办理外债登记，并符合全口径跨境融资宏观审慎管理和《外债登记管理办法》，如以股权投资形式调回境内，则应满足 FDI（外商直接投资）的管理规定，办理投资登记。

第三，银行应加强履约审核。担保行应尽量提供币种与融资合同一致的担保，以避免汇率波动，担保金额无法覆盖融资金额引起被动履约的可能性。对于申请人提供的押品或反担保资金进行尽职调查，做好贷后监控工作，即使为全额保证金，也应调查资金的合法合理性；关注债务人自身是否有足够的清偿能力或可预期的还款资金来源，可要求债务人提供财务报表来分析其经营状况，了解其还款能力，以避免出现履约行为而使境内资金转移至境外。

第四，担保行需重视内保外贷后续跟进。开出内保外贷后，银行应建立内保外贷跟踪表，按时对内保外贷业务进行调查。无论从担保的独立性来看，还是从外汇局的规定而言，发生违约索赔时，银行均承担第一性付款责任，须使用自有资金履约，因此银行在监督业务流程的同时，也应做好自有资金的备用，并按时做好对外债权登记。

第五，继续促进内保外贷业务在国际交易中的作用。虽然内保外贷在实务中存在部分瑕疵，但为支持“走出去”企业充分利用“两个市场、两种资源”，促进实体经济发展发挥了重要作用。108 号文的目的是引导内保外贷业务健康有序发展，虽然提高了银行审核内保外贷的要求，但银行不应畏之如虎、因噎废食，为减少监督审查投入的成本而放弃推进该业务。

（作者：於君俊，交通银行国际结算中心）

浅析独立保函不可抗力条款的影响与应用

不可抗力(Force Majeure)一词源于法语,最早在法国民法典中提及这一概念,后被更多国家在国际贸易实务中使用,指不能预见、不能避免、不能克服的,严重影响合同履行或导致合同履行不能的客观情况。独立保函是银行付款承诺,为了解决当银行受到不可抗力影响无法继续处理独立保函业务的问题,目前与独立保函有关的惯例 URDG 758 和 ISP 98 里,分别加上了不可抗力或银行因故停业的相关条款。然而此类条款在惯例中的表述较为隐晦,且实务中极少遇到不可抗力导致的银行停业情形,银行从业人员缺少复杂情况的应用经验。本文通过分析两种惯例的不可抗力条款,讨论适用不同惯例时银行如何根据不可抗力条款处理独立保函业务。

一、 URDG 758 和 ISP 98 不可抗力定义的异同

URDG 758 第 26 条将不可抗力定义为“由于天灾、暴动、骚乱、叛乱、战争、恐怖主义行为或担保人/反担保人无法控制的任何原因而导致担保人/反担保人与本规则有关的营业中断情况”。这一定义与 UCP 600 中对不可抗力的定义一致。在对不可抗力做出明确界定之后,该条后续几段对不同情形下主保函、反担保函分别如何处理做出具体规定。

ISP 98 通篇没有对不可抗力或类似术语的定义,只在第 3.14 条有对到期日停业情形的规定。该条规定,如果交单地点在最后一个到期营业日因任何原因停业,则备用证自动展期至开立人恢复营业后的第 30 天。

两相对比可以看出,URDG 758 是一个“顺序逻辑”,先有原因(发生不可抗力导致营业中断),再有结果(进行展期),而 ISP 98 则是“唯结果

论”，只要发生突发性的停业（不论是什么原因），都进行统一展期，重点落在后续的实务处理上，而不对原因进行定义或分析。

这一区别可能与两套规则对应的体系不同有关。URDG是“ICC系（国际商会，总部法国）”规则，由国际商会起草制订的一系列规则（UCP/eUCP、URC/eURC、URDG、URR、URBPO等）都明确提及并且清楚定义了不可抗力；ISP 98虽然也是由国际商会批准并出版，但其实际仍是“IIBLP系（国际银行法律与惯例学会，总部美国）”规则，规则整体的行文特点更偏实务，因而内容更加琐细但同时可操作性也相对较强。

除了区别，URDG 758第26条和ISP 98第3.14条还有一个重要联系，即落脚点都是“营业中断”，只有开立银行（交单地点）无法营业了，才能触发相应的条款。如果发生了天灾人祸或某一突发事件，但开立银行（交单地点）仍能正常开门，则无法适用不可抗力条款。

二、不可抗力/银行停业条款在独立保函业务中的应用分析

URDG 758和ISP 98关于银行因故停业后的处理原则是类似的，即发生不可抗力或突然停业后，备用证或保函都要展期，且展期时间都是30天。表面看来同为30天，但在不同的情形下，适用URDG 758的独立保函和适用ISP 98的备用证，实际延展的天数是完全不同的，开立银行的风险敞口也因此存在差异。

（一）备用证的展期风险

开立适用ISP 98备用证的银行，展期期限最长，风险敞口最大。ISP 98下备用证到期日的延展是自开立地重新营业后展30天，而且停业原因可以是任何突发原因（包括但不限于不可抗力），所以如果触发了备用证下的索赔条件，即便备用证在开立银行突发停业期间过期，受益人理论上永远有至少30天时间进行交单索赔，这一时间通常而言是足够的，ISP 98基本保障了受益人的权利在发生突发停业事件时不受到太大影响。

因此，备用证开立银行在设置担保品时需要将这一不确定因素考虑进去，有意识地在开证合同、授信把控等环节落实相应的风险缓释措施。

在恢复营业时，相应的担保措施也应至少保留 30 天。

（二）独立保函的展期风险

相比之下，开立适用于 URDG 758 的独立保函，开立银行的风险敞口会小很多。URDG 758 下，一份独立保函如果在不可抗力事件发生期间失效，则保函自原失效之日起自动展期 30 天。也就是说，如果发生不可抗力，担保人的风险敞口就是“原担保期间 + 30 天”，这是一个固定的、可控的时间段。所以，在开立独立保函时，担保人可以选择主动将担保品的抵押时间延长 30 天，将风险敞口变为风险闭口。

如果 30 天展期时间届满后不可抗力仍未结束，导致开立银行仍无法开门营业，则独立保函即宣告失效，不会再展。开立银行在恢复营业时可立即对该笔担保做闭卷处理，释放相应额度，解除自身责任。

（三）反担保函的展期风险

适用于 URDG 758 的反担保函开立银行（反担保人）的风险敞口则介于以上两者之间，且根据不可抗力导致的停业地点不同而期限敞口不同。

存在反担保函的情况下，如果是主保函开立处发生不可抗力且在此期间主保函失效，则主保函和反担保函均自原失效日起展期 30 天。此时，反担保人面临的风险敞口和只有一份保函下担保人面临的风险敞口一样，都是可控的“原担保期间 + 30 天”，不会无限制延展。

但是，如果是反担保函处发生不可抗力且在此期间反担保函失效，则反担保函要自不可抗力结束起展期 30 天，这是类似 ISP 98 下的展期规则。而且，在某种程度上而言，此时反担保人需承担的义务还大于备用证的开立人，因为 URDG 758 规定的是“自反担保人通知担保人不可抗力结束之日起展期 30 天”，也就是说，如果某日不可抗力结束反担保人恢复营业，但等到第 3 天才顾得上通知担保人，则要从第 3 天开始展期 30 天。这样的规定最大程度保护了主保函担保人的权利，可以避免发生主保函担保人已赔付受益人，但自己却得不到反担保人偿付救济的尴尬局面。当然，如果自反担保函处发生不可抗力时起至主保函失效期间，主保函下并未发生索赔付款，则反担保函无须考虑展期。

因此，开立反担保函的银行需要兼顾担保人所在地及自身所在地两处的不可抗力风险，针对这一特点，在主保函及反担保函临近失效时，反担保银行可考虑主动关注主保函下的索赔情况，从而做到及时调整担保措施，合理管理风险敞口。

三、规避无限敞口的替代方案或变通措施

根据前文分析，备用证的开立人、主保函的担保人、反担保函的反担保人在相应的惯例规则下都面临情况各异的风险敞口，但共同点是都存在不确定性。那么，开立银行有没有比较好的变通措施来尽量对冲不可抗力带来的不确定风险呢？

（一）ISP 98 中的替代方案

在备用证业务下有官方给出的变通之法。ISP 98 第 3.14 条 b 款规定，如果开立人预期备用证到期时可能发生停业事件，可在备用证中或单独的通知中规定另一交单地点，且受益人应当受此约束。这一规定给了开立人相当的自由度，可以通过变更交单地点的方式避免突发停业事件给自身带来的风险无限敞口。与此同时，ISP 98 也考虑到开立人可能的通知不及时而给受益人带来的不利影响，因此补充规定如果这一通知发出时间距离备用证到期日不足 30 天，则到期日自动延展 30 天。这样，开立人和受益人双方的权利义务得到了较好的平衡，开立人的风险敞口最多是“原到期日 + 30 天”，而不必是无法确定的“恢复营业后的 30 天”。

（二）适用 URDG 758 时如何应变

虽然 URDG 758 下没有类似的规定，遇到不可抗力时担保人/反担保人似乎只能服从惯例规定的“责任扩大原则”，但笔者认为，即便惯例并无规定且保函与备用证性质有别，但开立银行仍然可以借鉴相关做法主动规避风险。

例如，担保人/反担保人可在保函/反担保函条款中主动添加“如发生不可抗力事件则应交单至备用地点”等类似条款，前置风险，早做安排。

当然,实务中保函文本大多由双方客户事先协商拟定,不便随意增改条款,且不可抗力发生的概率较低,各方在保函文本中事先作此约定的动力与紧迫性也就不足。不过,这并不妨碍担保人/反担保在预期到将来一段时间内当地可能发生突发事件时(例如恐袭威胁、政权骚乱、行业罢工等),提前发出通知,向受益人/担保人提供另一合理的索赔地点。虽然这一"通知"属于"修改"性质,对受益人/担保人没有强制性的约束力,但是不可抗力带来的不利影响是大家都想避免的,变更交单地点可以让受益人/担保人在原先的被担保期限内及时获得赔付/偿付,同时不扩大担保人/反担保人的风险敞口,对当事各方都有利,因此应比较容易获得接受。

在预期到未来有较大概率发生突发事件时,担保方还可考虑联合指示方与被担保方提前协商,主动展期,从而绕开 URDG 758 中对不可抗力情形的展期规定,将不可控的风险敞口变为可控的延展期限。

(三) 发生不可抗力事件不必然触发不可抗力条款

需要强调的是,上述讨论的触发不可抗力条款后的各种情形,都是建立在开立银行停业的基础上。对于开立银行而言,如果在受到不可抗力影响的特殊时期(如新冠疫情期间)仍能坚持开门营业,那么即便受益人的交单索赔在一定程度上受到了不可抗力事件的实质影响(如快递延误、航路中断等),导致交单索赔文件未及时到达开立银行柜台且备用证/独立保函在此期间失效,开立银行也无须承担更多责任。

四、 总结

当前的全球政治经济格局较十年前已发生了根本性变化。中国的和平崛起给我们带来了更多机遇,也让我们面临不小的挑战。与此同时,世界版图上的其他不稳定区域也依旧不太平,不确定性只增不减,与疫情的对抗也将是一场持久战。在这样的背景下,不论是天灾还是人祸所导致的不可抗力风险在整体上会有显著上升。因此,银行在开立担保性质的对外付款承诺时,一方面要对所适用国际惯例中的不可抗力条款进行准确把握,另一方面也要对当事各方所在地的相应法律法规有所了解,在此基础上，事先合理设置担保品和风险敞口，事中事后适时调整担保措施并主动使用变通手段，尽可能将不确定、不限期的风险控制为有条件、易把握的责任，从而实现在保障基础交易的同时保护自身利益。

（作者：胡捷，交通银行国际结算中心）

不能轻视的保函通知

根据国际通行惯例，银行在处理保函通知业务时责任相对简单，一是确认保函的表面真实性，二是确保所通知内容准确反映所收到的保函条款。但从更好地服务实体客户、充分保护保函受益人利益、体现银行专业以支撑客户的角度出发，银行若能在通知保函时提供专业增值服务，将可以避免实务中潜在的争议和风险。

一、 保函通知环节风险防控的重要性

在保函业务的风险防控中，被给予较多重视的是开立阶段如何设置文本条款和产生争议时如何应对处理纠纷，而通知环节得到的关注相对较少。但业务处理中再不起眼的节点都需要扎实的专业技能及谨慎合理的流程管理，才能达到承前启后、串联整个业务的作用，同时这也意味着业务人员需要有充分的保函知识和分析能力。通知作为保函业务中的一环，只是“看上去”很简单。通知行若能在通知保函时施以足够的重视和恰当的操作，很多潜在的争议和风险便能够提前得到预警和规避。

其一，保函通知行的责任较轻，如前文所述，只须将已确认真实性的保函及时完整地通知给受益人即可。但若有行事不当，如未按照担保人指示进行操作、未及时进行通知或对相关事项进行沟通、在操作过程中出现人为错漏等等，都可能造成其他当事方的损失，通知行对此负有无法脱卸的责任。

其二，从客户服务角度看，在处理保函通知时，将对受益人不利的条款提示出来，并建议其向交易对手和担保行寻求修改，能够避免受益人在合同履行途中才发现保函中的不利因素，却因错过了能够修改的时机而

处于进退两难的地步。充分的提示能为受益人争取主动权，提升客户满意度，也有助于维持良好的客户关系。

其三，从银行自身风险防控角度讲，在通知保函的同时加强对其中条款的审核，将可能的风险隐患尽早排查出来，使隐患暴露在前端，能够在第一时间采取相应的防范和补救措施，规避了后续阶段只能被动行事甚至产生损失的风险。

可见，无论出于何种角度，从保函的通知环节开始就打开风险防控的“雷达”，处理时做到谨慎周全，是专业和服务两方面的共同要求。

二、 保函通知实务中的风险分析

（一）未确认真实性

通知行在收到电文或纸质形式的保函文本之后，首先要确定它的真实性。所谓确认保函的真实性，主要是确认发送方（一般也是担保人）的身份，以及它是否确实开立了该笔保函。未确认这两项将可能面临保函欺诈的风险。

欺诈的一种可能情况是所谓的“担保人”身份无从确定，也许甚至不是一个银行机构。它的操作方式可以是通过某些途径获得受益人的合同信息，或者以虚假身份和受益人签订合同，并根据此合同信息向受益人开立一个“保函”，套取受益人的货物，受益人即使事后发现也无处索赔。另一种可能情况是使用相似的名称或 SWIFT 代码冒充知名银行，用套取来的受益人合同信息开立虚假保函，骗取受益人的货物。

（二）保函性质判断有误

此处所说的保函性质指的是独立性和从属性的认定，保函的独立性是发生诉讼时需要首先确认的事项，因此明确保函是独立还是非独立至关重要。

独立保函的索赔不依赖于保函之外（如合同）的履行和规定，而非独立保函的赔付则受其他事项的影响和制约。在此性质上判断失误，会导致受益人对自己索赔相符性的认知出现偏差，可能会采取不当操作，无法达成赔付的预期。

(三)未甄别出特别条款

保函条款的作用主要是说明保函开立的依据和各当事方,约定可以索赔的情况及索赔的要求,使保函具备有因性和可操作性。在叙述保函各要素时,有些条款设置会明显地有利于其中一方,通知时应就需要受益人留意的条款加以提示。这些条款虽不会直接损害受益人的利益,但大多是受益人进行索赔时需满足的先决条件,本着提供专业周到服务的原则做出提示,能够帮助受益人规避一些风险。

此类条款可能出现在保函的生效部分,满足特定条件受益人才可以行使索赔的权利;可能出现在索赔条件部分,例如索赔时需要提交某些特定单据;也可能出现在保函的减额、失效等部分。如受益人对保函业务不甚了解或收到保函后疏于检查条款,同时通知行又未就相关内容提起受益人注意,可能导致受益人无法在有效期内进行有效相符的索赔。

(四)未按担保人指示行事

担保人在发送保函时,可能会随附对通知行的某些操作要求,只要不是根据适用惯例可以无视的条款(例如 please advise this guarantee only when you have collected the advising charge from beneficiary),通知行均应该按照担保人的合理要求善意行事,否则可能导致无权宣称自己是善意谨慎的,使自身在面临争议时失去有利立场。

三、保函通知风险的防范

防范通知环节的风险,应在满足一般性准则的前提下,对重点条款加以审查。

(一)一般原则

一是全面把握条款内容。从基本的保函要素是否齐全,到关于保函独立性、适用法律和仲裁管辖、惯例的规定,再到是否含有软条款等索赔门槛，需要无一例外地进行判断考察。保函要素是否齐全关系到它是否构成一个完整可操作的保函。申请人和受益人、担保及索赔的币种和金额、索赔单据和相关支持声明、失效日期和事件等等，都是必不可少的要素，如有缺失将会影响保函的可执行性。

二是关注业务合规。在完成了条款的审核之后，通知行还应该履行反洗钱和反恐怖融资等审查义务，遵循内控规定，判断该保函文本中是否存在涉及各国际组织和机构公布的制裁或高风险的地区及实体。如果有相关命中信息，则需要进一步核查命中信息的性质，例如是否与基础交易相关、是否仅仅是涉及地区/国别风险、是否会影响受益人实行索赔权等等，再根据实际情况和内外政策决定是否处理该通知业务。一旦操作不当，则可能导致受益人的索赔款无法顺利到账，甚至通知行本身也会因为参与该业务而受到牵连。

三是严格遵守操作流程。通知行在将保函通知给受益人时需保证内容的完整性和准确性，如果传递的内容存在偏差或者缺失，造成受益人未能按照条款规定提交索赔单据，或因操作疏忽出现延迟和错漏，则通知行负有不可推卸的责任，将会面临受益人的追偿。

四是合理谨慎遵循指示。根据惯例规定（主要是 URDG），通知行需要在很多时候向受益人、担保行及时告知某些事件的发生和进展。担保人在发送保函时，也可能会随在惯例允许的范围内，附带对通知行的某些操作要求，这些指示也应当遵守。如未能照做将影响对其地位和动机的判断，进而影响对其是否应当承担责任的认定。

（二）重点审查事项

1. 真实性的核实

电开保函一般通过 MT 760 报文进行发送，这是开立保函业务的专用 SWIFT 报文格式，但也存在一些通过 MT 700 发送的情况，常见于备用信用证或由操作不规范的担保人发出。无论是 MT 760 还是 MT 700，都属于加押报文，发送后未被修改的性质能够得到保证，发送人的身份也可以由其 SWIFT 代码进行核实，这种保函的真实性是容易判断的。但有些电开保函通过 MT 999 格式发送，真实性的核查就要困难得多，因为

MT 999 在 SWIFT 系统中不是加押报文格式，发送人可以未经 RMA 授权签名，也即发送人的身份可能无法核实，这便给确认发送人身份的真实性和保函的真实性带来了难度。

信开保函通常是打印在担保人（一般是银行）的信头纸上，有时还配有面函，能够知晓开出保函的银行名称及其所在地。收到此类纸质保函时，通知行的惯常做法是发送加押报文进行查询，以向对方确认是否存在对应的信开保函。

当通知行无论通过何种途径都无法认定保函的真实性时，有两种处理方式可供选择：拒绝通知该保函并告知发送人，或通知该保函并向受益人（或同时向发送人）声明，告知真实性无法确定的事项。当通知行无法确定真实性而又未履行告知义务，后续遭遇虚假保函的欺诈时，则很难宣称自己的操作遵循了善意和谨慎原则。

2. 独立性的判定

对于保函独立性的认定需要结合文本多处表达。

(1) 是否有表明保函性质是独立的，例如表述应含有 independent 类似措辞，而不能表示保函类型是 suretyship guarantee；

(2) 付款是否仅凭受益人的索赔(first written demand)及关于申请人违约的声明(statement，如有要求)，不能有索赔依据受益人违约事实的类似表述，如 depend on applicant's default in performance of its obligations under above-mentioned contract；

(3) 赔付金额是否仅以受益人的索赔为准，不应有类似索赔金额依据受益人的实际损失金额的表述，如 the amount of any loss you suffered in connection with the above-mentioned contract；

(4) 是否有条款表明申请人和担保人的关系，或申请人和受益人的基础合同变更会对保函产生影响，例如 bankruptcy of the applicant/breach of applicant's duty to pay the issuer's charge/amendment of the underlying contract/ ... will release our responsibility under the guarantee 的表述都会影响对保函独立性的判断；

(5) 保函是否适用如 URDG/ISP 等国际惯例，对国际惯例的引用（且不排除惯例中的独立性条款）一般看作担保人开立独立保函的意思表示。

在同一保函中，上述各要素的表述可能存在不一致的情况，需要结合全文整体理解进行判断。

3. 特殊条件的辨别

通常收到保函时首先需要判断是否已经生效，抑或是需要满足某些条件时才会生效。如预付款保函，通常会设置为将预付款项汇入申请人开在担保人处的某账户，并备注保函编号。类似要求需要特别提示给受益人，以防受益人的操作没有符合条件设置，从而丧失在保函下进行索赔的权利。类似地，保函何时失效也需要提起注意，一般的失效条件会设定为某一日期或某一事件或二者的结合，但如果保函未适用通用惯例，并且表示担保人有权利随时终止它的效力，将使受益人面临权益受损却无法理赔的局面。

4. 软条款的甄别

软条款的存在关系到受益人的合理索赔能否顺利实施，且最终得到赔付。最简单也最常见的软条款通常进行如下设置：索赔提交的某些单据需要由申请人副签或出具，相关表述为 the statement of applicant's breach of contractual obligation should be certified/countersigned/issued by applicant。这样的条款使得申请人掌握主动权，对受益人的索赔是否相符起到决定性作用。当申请人和受益人双方对索赔一事存在意见分歧时，受益人面临可能无法行使权力的风险。

虽然不同保函的条款之间千差万别，但重点都是围绕在构成完整保函的各要素方面，只要审核时多加留心，并对受益人进行充分提醒，就能有效避免后续的争议分歧，也能为受益人避免时间和金钱上的损失。

（作者：孙丽颖，交通银行国际结算中心）

7
前沿探索发现

区块链、大数据、云计算、人工智能等新兴技术的应用对银行业产生着极为广泛和深刻的影响，智能化转型已成为各家银行共同面对的重要课题。“一带一路”建设的推进对银行结算工具和结算单据的创新都提出了新的要求。而新冠疫情的爆发导致的全球快递停运、人员受限使得电子交单、结算流程优化、智能单证处理等议题纷纷被提上日程。

本部分精选6篇文章，主要探讨了人工智能、铁路运单创新、供应链金融、电子交单、电商平台在国结领域的发展思路等问题。当然，迈入新时代，需要国际结算人员去探索发现的领域远不止这些，保持一颗与时俱进的心，不断接触前沿问题，尝试新科技新方法，才能顺应这个时代的潮流，在变革中求得发展。

人工智能在国际结算领域的应用展望

AI即人工智能(Artificial Intelligence),是研究、开发用于模拟、延伸和扩展人的智能的理论、方法、技术及应用系统的一门技术科学。该领域的研究包括机器人、语音识别、自然语言处理和专家系统等。人工智能从诞生以来,理论和技术日趋成熟,应用领域也不断扩大,已渗入到人类生活的各个方面,发展人工智能技术也已成为当今世界各国抢占发展和贸易先机的重要方式,互联网、大数据、人工智能和实体经济的深度结合已然成为一种趋势。银行业作为实体经济中重要的支持及组成部分,应顺应和引领该趋势,将人工智能技术融入银行各项业务来提升自身的综合竞争力。

现今,以智能语音客服、智能ATM机、网点智能机器人(交互式多媒体终端)等为表现形式的人工智能技术在银行的许多业务领域得到飞速发展,但在传统的银行国际业务领域,人工智能的应用却非常有限。

一、人工智能与国际结算

国际结算是银行国际业务的重要组成部分,包括信用证、保函、托收、汇款等多个业务品种。这些业务品种往往环节多,专业性强,涉及大量单证,因此需要配置大量的人力资源来操作,同时对操作人员的知识和技能要求较高。

目前各大银行都成立了国际结算中心(或称单证中心),将大量单证业务上收集中处理。这种集中模式下业务处理具有如下明显特点:(1)业务处理频率高、业务量大。(2)人工操作重复性高、操作时间长。(3)业务操作有标准规则可遵循(UCP 600、ISBP、URDG 758等国际惯例,国际商会案例等)；且操作流程分工明确，人工业务操作的每一环节均可形成操作手册。换言之流程标准化程度高。

集中化的国际结算中心将交易、信息和人才高度集中，为我们提供了将国际结算与人工智能技术深度融合的可能性。现今的国际业务领域，世界各地贸易往来的沟通效率大大提升，国际结算业务的处理效率面临极大挑战，研究人工智能技术在国际结算业务中的应用，可以革新业务处理流程、提高业务处理效率，优化客户体验和提升客户忠诚度，也有助于加速银行国际化进程。国际结算的AI赋能将成为银行国际业务是否能引领市场的关键。

二、人工智能在国际结算领域中的应用场景设想

国际结算发展的核心目标，是实现货币收付的安全与高效、降低买卖双方的交易成本、平衡买卖双方的风险承担，人工智能与国际结算的融合必须也必然要更好地为此服务，每一项应用都将对上述的一个或多个目标有所助益。

(一)智能贸融和单证

1. 智能业务推荐

人工智能的应用场景将以大数据和区块链技术为支撑，这两项技术的支持可以使银行系统能够及时探知客户当前贸易项目的交易背景和进度，人工智能系统结合客户画像(如资金状况和交易习惯)，对比本银行的贸易融资产品，推测客户可能需要的贸易融资方面的服务，并向客户进行推送，“引导”业务需求，从而增加客户的活跃度和忠诚度，为银行带来持续的交易流。

2. 智能单证处理

当客户有单证业务产生时，信息源可能是如SWIFT电文、网银系统或导入的文档等电子形式，也可能是实体单据的纸质媒介。对于电子信息的识别和处理依赖于银行系统与外界的对接，对纸质单据信息的处理则依赖于图像识别技术，将影像信息转化为文字信息并提取特征。人工

智能系统的处理首先将这些信息分解并提取特征，与系统中预定义的内容进行逻辑匹配，使系统能够“认识”“理解”这些信息。接着根据匹配到的业务类型调用相应的操作流程，例如内容分析是否仅针对当前信息，是否需要调用关联业务记录和内容等。在确定业务种类和操作流程后，系统继续进行审证或审单等操作，将信用证条款、单据和惯例等进行判断，分辨出其中逻辑矛盾的点，并给出相应提示。整个过程都是电子化处理，将大大提升业务处理的效率。同时得益于电子媒介的大存储空间和深度学习能力，能够随时补充最新的商会意见和法律判例，在业务处理的准确性和速度上甚至可以超过人工。

（二）智能风控

1. 智能授信

大数据和区块链技术的应用能够使银行不仅限于本行交易记录，而是在更广泛的范围内了解客户，包括资产负债情况、经营情况、历史及未来现金流等，形成每一个清晰准确的客户画像。在此基础上，客户申请办理业务时，人工智能系统能够根据金额、期限、交易背景等信息判断客户资信是否良好、是否有足够的履约能力，该客户是否易无理拒付、恶意索赔，交易对手是否资信和商誉良好，从而得出授信方面的结论，判断是否叙做业务、是否需要保证金或质押物等支持。

2. 智能跟踪监控

外部风险防控也是银行风控的重要内容，然而外部因素并非一成不变，仅靠人工跟踪每一笔交易的风险变化难以实现。人工智能系统能够针对每一笔业务，实时监控各参与交易方所在国家和行业的政治、经济形势，结合交易本身的账期、运输等因素，判断风险等级，并及时跟进动态、更新预警等级，做到事前防范和事后迅速响应。

3. 智能身份核实

目前阶段，国际结算交易通常需要通过两家甚至更多银行才能完成，一方面是由于机构权限问题，绝大部分企业并不能直接与银行交易；另一方面是由于信息不对称，寄单行等负责中转的银行还起到了核实交易对手客户身份的作用。如引用智能签名和识别系统，则信用证、保函项下的交单可以由受益人直接提交至收单行(惯例允许的情况下),无须通过银行中转,节省了时间和费用,也降低了身份作假的风险。

4. 智能反欺诈

国际单证业务中常常会出现欺诈的案例——通常指身份、权利、单据中某一或多方面的作假。当前条件下预防欺诈和处理争议均存在一定的复杂度,人工智能的应用有望大大改善这一状况。智能签名系统能够使交单人、单据出具人或副签人的身份得到准确识别和判断;人工智能连接大数据和区块链系统能够得知业务处理阶段和各方责任履行情况,判断支款人是否有滥用权利的行为。当各可能方面的作假均能被高精度识别,相应的纠纷和欺诈案例将大幅减少,人工、资金、时间成本的耗费也将大大减少。

(三) 智能反洗钱

1. 智能身份识别

反洗钱客户身份识别(KYC)的关键是确定实际/最终控制人(Ultimate Beneficiary Owner)。随着人工智能的发展,传统面对面收集客户信息的服务模式已升级为线上收集客户身份信息。

首先,在充分利用内部已有数据(主要包括客户与账户的基本信息)的情况下,补充更多与客户洗钱风险相关的外部数据,如用户行为数据、舆情数据等,互联网数据覆盖人群更广,这些维度的数据可以广泛应用于客户身份识别,成为传统风控数据的有效补充。利用算法模型和深度学习,可以有效提升身份识别准确率,使反洗钱决策智能化。

其次,针对客户身份识别流程,为机器学习提供解决方案,用机器人流程自动化实现业务流程自动化。机器学习是一种相对较新的技术,几乎没有已经建立起来的、简单的流程来实现它。如果机器不知道客户身份识别流程的逻辑,不知道该去寻找什么,即使拥有海量的数据也是很棘手的。例如,如何教会一个系统识别恐怖分子的资金。有一些更成熟的管理欺诈的程序,但除了名字与恐怖分子名单的匹配之外,没有什么更全面的程序来控制恐怖主义融资。

实际上,机器人或者机器学习的解决方案,可以彼此独立存在,并且可以相互支持对方的能力。比如,机器人可以用来训练机器学习模型,而机器学习模型可以用来为机器人模型增加决策力或阅读理解能力。

2. 智能监控可疑案件

由于银行交易基数大,系统报警的可疑交易数量庞大,而人工审核后上报率低,耗费了大量的人力审核成本,这影响了案件上报流程效率以及案件审核流程信息的可管理性、可追溯性。

机器学习在执行可疑活动监视和交易监视方面则非常有用。例如,事务监控中的一个常见挑战是生成大量的警报,这又要求操作团队对警报进行分类处理。使用机器学习技术,可以教会计算机检测和识别可疑行为,并将警报分类为高、中、低风险。将算法应用到这些警报分类中,可以加速警报自动化,让人工去监督这些分类警报的机器,而不是手动筛查所有警报,这样就可以节省人力,大大提高效率和有效性。

采用人工智能反洗钱技术能够帮助银行在控制风险的同时,节省大量的审核工作量,相当于每年节省数千万的人力成本,同时能够提高可疑案件监测能力,补充漏报案件,帮助客户避免不必要的监管处罚,以及法律、声誉和经营风险,这是我们乐见的一个成果。

3. 智能迭代优化反洗钱规则体系

人工智能技术是一项可迭代的系统工程,将充分结合有监督和无监督算法,侦测新型洗钱特征,并迭代优化反洗钱可疑案件评价模型。此外,结合算法侦测的特征,运用多分类模型,还可实现智能识别反洗钱类型,并强化反洗钱可疑评价模型,实现重点可疑案件识别,进一步提高前文中提到的可疑案件监测能力。

现在,全球的金融机构之间并没有自发地建立一个全面的网络来共享客户信息,也没有正式地在反洗钱项目上进行合作。然而,监管机构越来越倾向于银行间的数据共享。随着所有权和隐私问题的解决,大量的交易数据可能会出现在银行内部的数据云中,从而使 360 度的客户视图可行性增高。

共享平台带来的高质量数据,为监视系统和分析工具提供基础,人工智能模型则可以反哺反洗钱知识库,实现知识积累,迭代优化反洗钱规则体系,并实现反洗钱审核闭环。

三、 人工智能在国际结算领域中的技术应用与现状分析

人工智能在国际结算领域的应用场景可以覆盖单证处理、授信、监控、反欺诈、反洗钱等各个业务环节，其中须结合人工智能的图像处理服务、自然语言处理、知识图谱等多项技术的应用。

以智能单证处理为例，首先通过 OCR 即图像及文字识别技术，将单据的图像文件转化为文本文件，接着通过自然语言处理，建立文本分类模型，将文本内容转化为有效的结构化数据，然后在此基础上，还须整理专业知识（例如国际结算中的术语、缩写等），专家策略（例如惯例规则、条款逻辑、审核意见等），以及风险地图（例如国家、地区、银行、企业等）等信息，建立国际结算领域的知识图谱，为业务审核的推理和计算奠定基础。简而言之，上述技术的应用让系统能够认识、理解国际结算业务，从而作出判断和处理。

目前很多大型银行和机构都在开展人工智能在国际结算领域的应用研发，但据笔者了解更多地还停留在 RPA（机器人流程自动化）的阶段，即将基于规则的常规操作自动化，两者最大的区别在于 RPA 是流程自动化，把重复的流程按照一条条规则自动完成，不需要做很多判断，而人工智能（AI）是可以像人一样做出判断。

笔者认为，这一现状的主要原因在于人工智能的各项技术尚未完全成熟。以信用证业务为例。

难点一：在图像处理服务方面。信用证业务中单据数量多，格式复杂，且大多是扫描的图片，图片质量参差不齐，这都对图像处理和识别技术提出了很高的要求。若图像变形，不但影响 OCR 的识别效果，而且即使识别出字符，也无法呈现正确的语义，无法判断出文件哪些部分有效，哪些部分实际需要。

难点二：在自然语言处理方面。即使最好的 OCR 技术也存在一定的识别错误，因此需要有针对性的纠错分词，否则无法直接无人化使用。

难点三：在知识图谱的构建方面。银行有海量的业务数据和应用场景，但存在数据零散、大多是非结构化信息的问题。另外知识图谱中最重

要的专家策略，都是线下或者人工经验，没有沉淀，这都给建立知识图谱增加了难度。

四、单证人在人工智能发展和应用的过程中的定位与方向

虽然人工智能受制于技术的瓶颈尚未完全应用于国际结算领域，但是随着科技发展的突飞猛进，我们相信人工智能的各项技术和研究都将慢慢成熟，我们前文列举的人工智能的应用场景都会逐步实现。在这人工智能发展和应用的过程中，作为单证人应该更多地关注如何进行人机协作，在拥抱科技的同时，为人工智能与国际结算的深度融合作出贡献。

所谓拥抱科技、科技赋能，是通过发展科技，应用于实务，从而提升工作效率，控制业务风险。虽然前文提到了诸多的技术问题，但是科技赋能不仅仅是技术部门做的事，也是业务部门的事情。因此人工智能如何更好地结合国际结算业务特点，与业务深度融合，还要充分发挥单证人的作用，人机协作为工作助力。

（一）单证人是构建知识图谱的主力军

构建知识图谱的难点在于：(1)大量的未做处理的非结构化信息；(2)专家经验依赖性强，大量的术语、规则、名单等都是线下或者人工经验，没有沉淀，未成体系。这些问题都需要依靠单证人对于各个环节的业务知识和规则进行整理、归纳、总结，再通过技术手段将其结构化录入系统，从而构建和完善知识图谱，为智能单证处理提供基础支持。

（二）借助科技赋能“反哺”双赢

在构建知识图谱的过程中，系统储存包括单证业务的大量案例，业务规则、国际惯例与政策法规，商会意见，行业信息以及相关风险信息汇总等数据。这也为单证人提供了一个功能强大的知识库，不但能够便利业务人员及时地查阅和参考，而且能够提供培训资源，创新培训形式，从而促进单证人的专业化发展。

（三）模型训练要花大力气

人工智能在国际结算领域的应用和发展是一个循序渐进的过程，各项技术发展和成熟的同时，机器学习和系统优化需要大量的数据来“训练”。因此在例如智能单证处理的应用过程中，单证人需要进行大量的模型训练，不断的试错与修正，从而使人工智能与国际结算业务的融合更加深入。

（作者：伍锐、孙丽颖、李霏斐、吴斌斌，交通银行国际结算中心）

从“铁路提单第一案”看铁路运单物权凭证创新

2020 年 6 月 30 日，重庆两江新区人民法院（重庆自由贸易试验区人民法院）对重庆孚骐汽车销售有限公司与重庆中外运物流有限公司物权纠纷案[（2019）渝 0192 民初 10868 号]做出一审判决，支持原告孚骐公司享有铁路提单项下货物的所有权及其提货的诉求。该案作为全国首例铁路提单纠纷案件，受到国内外贸易和单证领域人士的广泛关注，其判决结果对国际贸易和结算的创新具有重要影响。本文试通过分析案件中涉及的铁路运单及法院判决依据，探讨铁路运单物权凭证创新中存在的问题和改进建议。

一、 背景

自 2011 年 3 月首列中欧班列从重庆开行以来，中欧班列运输网络逐步覆盖了亚欧大陆的主要地区。尤其是“一带一路”倡议提出后，中欧班列业务迅猛发展，仅 2020 年 1 月 1 日—11 月 5 日，中欧班列就已开行 10180 列，通达欧洲 21 个国家、92 个城市。

通过中欧班列开展对外贸易的中小型企业普遍面临着融资难问题，为了解决铁路货运单据在融资方面的短板，重庆、成都、郑州等中欧班列枢纽节点城市纷纷开展铁路货运单据的创新。其中，重庆推出了铁路提单，成都和郑州推出了覆盖铁路的多式联运提单。2018 年 11 月，在多方调研的基础上，《国务院关于支持自由贸易试验区深化改革创新若干措施的通知》（国发〔2018〕38 号）下发，要求“支持有条件的自贸试验区研究和探索赋予国际铁路运单物权凭证功能，将铁路运单作为信用证议付票据，提高国际铁路货运联运水平”。

二、铁路运单法律与实务回顾

（一）国际铁路运输的法律适用

国际铁路货运领域有两大国际公约：由铁路合作组织（OSJD）颁布的《国际铁路货物联合运输协定》（CMIC，简称《国际货协》）和由国际铁路运输政府间组织（OTIF）颁布的《国际铁路货物运输公约》（CIM，简称《国际货约》）。其中《国际货协》是1951年由部分原社会主义国家在华沙签订的铁路货运协定，目前有成员国29个[1]；《国际货约》是欧洲各国从《国际铁路货物运送规则》发展而来，目前其成员有51个国家和一个地区组织[2]——欧盟。《国际货协》中的铁路运单简称为SMGS运单，《国际货约》中的铁路运单简称为CIM运单。

（二）国际铁路运单的权利属性

《国际货协》定义SMGS运单是铁路收取货物、承运货物的凭证，也是在终点站向收货人核收运杂费用和递交货物的依据。SMGS运单不是物权凭证，是不可转让的运输凭证。《国际货约》规定"适用于按照联运单托运的货物运输，其运程通过至少两个缔约国的领土"，CIM运单是不可转让的运输凭证，也不是物权凭证。

（三）国际铁路运单的使用与流转

国际铁路运单SMGS运单和CIM运单都只能在《国际货协》或《国际货约》签约国范围内使用。我国加入了《国际货协》，没有加入《国际货约》。但有16个国家（主要是东欧国家）加入《国际货协》的同时也加入了《国际货约》，从而实现《国际货协》成员国的货物可以通过铁路转运到《国际货约》成员国。中欧班列要实现从亚洲到欧洲或者相反方向的运输，通常需要同时经过《国际货协》和《国际货约》的签约国，因此不仅需要换轨（各国铁轨标准不同），还需要换铁路运单。

1 数据来源于 http://en.osjd.org/，2020年12月9日。
2 数据来源于 http://otif.org/，2020年12月9日。

由于更换铁路运单需要重新填写运单办理发运手续，不仅平添诸多麻烦且容易出错，为解决该问题，铁路合作组织（OSJD）和国际铁路运输政府间组织（OTIF）共同制定了国际货约/国际货协运单（也称统一运单，CIM-SMGS运单）。2012年10月，国际货约/国际货协运单开始在中欧班列（重庆—杜伊斯堡）试用。2017年5月1日起，经阿拉山口、满洲里、二连、绥芬河、霍尔果斯铁路口岸开行的中国至欧洲国家及返程方向的集装箱列车，可采用国际货约/国际货协运单办理货物运送。由于国际货约/国际货协运单要求采用铁路工作语种填写，当途径多个国家时，可能需要使用多种语言同时填写，因此并没有想象中那般方便。且国际货约/国际货协运单的性质仍是铁路运单，并不具备物权属性。

三、 铁路运单物权凭证的创新思路

我国为了解决铁路运输的贸易融资难问题开展铁路运单创新，目前实务中有两个主要方向：重庆的“铁路提单”模式、成都和郑州的“多式联运提单”模式。

（一）“铁路提单”模式

重庆使用的铁路提单，其内容与格式均借鉴了海运提单。在孚骐公司与重庆中外运物流公司物权纠纷案中，铁路提单不是由实际承运人签发，而是由作为货运代理人的重庆中外运物流公司签发，其铁路提单的格式由重庆物流金融服务股份有限公司监制。另外，由实际承运人向货运代理人（即中外运公司）签发国际铁路联运运单。为了约束各方权利义务，中外运公司、物流金融公司、委托运货方英飒公司还签订了另外一份《铁路提单汽车进口业务合作协议》，约定铁路提单为无争议的排他性提取货物凭证，仅能凭单提货而不能凭身份提货，且通过铁路提单本身及协议表明铁路提单具有可转让性。重庆自由贸易试验区人民法院认为英飒公司通过交付铁路提单向孚骐公司转让提货请求权有效，并确认孚骐公司享有案涉车辆所有权的诉讼请求。

从上述案件资料可知，重庆模式的“铁路提单”不同于海运提单。海运提单之所以是物权凭证,在于对货物的控制,“必须是记录了有关货物是在某人的实质托管下的文件”[1],应由承运人出具。案件中所称铁路提单,实为中外运公司作为货代出具,与海运提单类比则应是货代提单而非海运提单。那么中外运公司有没有可能以承运人身份来出具铁路运单呢?在多式联运及无船承运人实务中,货代也可能是合约承运人。上述案件中,铁路提单及合约里虽然使用了“货运代理人”的称谓,但在其定义中载明了“保证向铁路提单持有人交付货物”。从这一点上看,重庆的铁路提单更类似于无船承运人提单。

(二)“多式联运提单”模式

根据《联合国国际货物多式联运公约》,多式联运提单是由一位多式联运承运人向货方/发货人以合约形式做出承诺去执行全程运输,且全程运输需涉及多于一种的运输方式。2017 年 4 月 6 日,国内首张中欧班列多式联运提单在成都青白江铁路港片区签发。成都和郑州中欧班列的铁路运单创新都采用了多式联运提单。关于多式联运提单是否是“提单”,目前尚存在争议,且多式联运提单的物权凭证属性同样存在争议。此外,仅通过铁路一种运输方式不可称为多式联运,中欧班列因结合了集装箱运输和铁路运输,勉强算得上多式联运。

(三)物权凭证属性

“物权凭证”被中国人熟知,更多的是从“提单是物权凭证”而来。因此我们可以看到,在铁路运单物权凭证创新中重庆借鉴的是海运提单,成都和郑州借鉴的是多式联运提单。

海运提单在全球被作为物权凭证接受,并被英国普通法承认是一份物权凭证,并不是法律强加的结果,而是长久以来的习惯做法被法院认可的结果。除了提单,仓单(warehouse warrant、warehouse certificate 等)也可能具有物权凭证属性。但决定一份单据是否为物权凭证,并不取决于其名称,正如“记名提单”通常就不被作为物权凭证接受。

---

1 杨良宜、杨大明:《提单与其他付运单证》,大连海事大学出版社,第 47 页。

重庆创新的铁路提单以及成都和郑州创新的多式联运提单是不是物权凭证呢？因目前笔者较难获取成都和郑州创新的多式联运提单的具体内容(包括承运条款及可能有的补充条款或协议)，本文以重庆铁路提单为例进行讨论。

普通法下的物权凭证，应满足四个条件：(1)能够控制货物，只有在无法或去转让"占有"十分困难时，才会需要一份物权凭证；(2)必须可以流通/转让；(3)必须是"最后单证"；(4)能够证明是习惯做法。

重庆中外运公司出具的铁路提单，在正面记载了简单的承运条款："除非另有说明，已接收如下所述的外表状况良好的货物。承运人依照本提单条款的规定：(1)负责履行或设法履行货物从接管地至本提单指定的交付地的全程运输及(2)承担本提单所规定的运输责任。提取货物时应交出经背书的一份正本提单。接受本提单者兹明白表示接受并同意本提单及背面所载一切印刷、书写或打印的规定、免责事项条件。"而法院判决书显示该提单背面没有印刷、书写或打印的规定。

该提单未明示是否可以流通/转让。各项要素均已填写完整，且根据协议和单据表面规定可以凭铁路提单提取货物，对货物有控制权，属于最后单证。中欧班列每条运行线路都在几千公里以上，最长线路全程13 052公里，运行时间约21天，客观上需要一份物权凭证。至于习惯做法，由于是铁路运单的创新事项，暂且不作讨论。因此铁路提单成为物权凭证的关键在于可以流通或转让。而这一点恰好被重庆中外运公司淡化了，无论是协议还是提单表面均未明确表明可流通或可转让。重庆自贸区法院判决书中说明铁路提单具有可转让性时，亦没有引述详细的证据，仅陈述"协议及铁路提单本身表明了铁路提单具有可转让性"，并推出允许提货请求权的转让。

四、关于铁路运单物权凭证创新的建议

根据上述分析，当前铁路运单物权凭证创新最大的难点在于可流通/转让性。一份单据可流通/转让的特点并不能由单据的明示条文单独决定，而应由单据背后的行业实践推动并形成。为了更好地在中欧班列铁

路运单领域培育此类实践,建议增加以下几方面考虑。

(一) 正名:明确铁路提单签发人的承运人身份

中欧班列创新实践中的铁路运输物权凭证,不管叫铁路提单还是多式联运提单,目的只有一个,即使其成为一份物权凭证。在上述案件中,出具这份单据的重庆中外运公司,自身并不控制任何一段铁路的运营,但其负责安排全程运输及仓储,实际起到了合约承运人的作用。然而该公司在规定了具体承运条款的《铁路提单汽车进口业务合作协议》中却自称货运代理人,但在铁路提单预先印就的内容里又出现了承运人的字样。这种在货运代理人和承运人之间摇摆的态度十分不可取。重庆中外运公司的经营范围包括无船承运人,作为具有一定实力的货运代理公司,重庆中外运公司在签发物权凭证时,理应明示其承运人的身份。

(二) 肃纪:完善承运流程和单据承运条款

目前铁路提单尚处于初创阶段,但承运条款的完善刻不容缓。铁路提单在物权凭证创新过程中,一是要加强全流程管控提升控货能力,二是要根据实务完善铁路提单上的承运条款。国际铁路联运需途经多个国家,各国政策和区域安全情况都不一样,比主要运程在公海上的海运增加了更多风险。因此中欧班列承运人只有不断提高控货能力才能累积起良好信用。再者,国际货运存在非常多的不确定性,如:目的地无人提货、迟付不付运费等,承运人应充分考虑各种可能情况,并在承运条款或补充协议中予以书面明确,才能减少后续纠纷。以上两者不可偏废。

(三) 立法:完善国内法律、推动国际规则制定

反观海运提单的发展历史,其被全世界广泛接受不仅因提单本身,更有提单背后国际规则和各国法律不可磨灭的功劳。国际货运的承运人承担非常大的风险,诸如货物在运输途中灭失等。海运提单有《海牙规则》等国际公约明确承运人的权利和义务,同时又有船东互保协会提供一定风险保障,且有各国众多法院判例珠玉在前,为海运提单的物权凭证属性提供了强大增信,因此成为接受程度最高的物权凭证。铁路提单也需要

加紧国际规则、国内立法等方面的建设。

（四）推广：不仅国内用之还需国际用之

目前中欧班列的铁路提单和多式联运提单主要在进口业务中使用，国外使用得非常少，因提货环节在中国时，中国有支持运单创新的氛围和环境，更容易被接受。但如果国际使用问题不解决，则该单据仍然无法成为跨国贸易结算的常用单据。目前实践中还有一个问题，就是参与者太少，使用铁路提单的公司就那么固定的几家企业，运输的货物、使用的承运协议也大同小异，应用场景过于单一，非常不利于铁路提单的创新和完善。只有通过大量使用、在不同的场景中使用，才能够更快地发现不足、完善铁路提单的设计，最终实现自由流通和转让，成为名副其实的"提单"。

（作者：梁佳丽，交通银行国际结算中心）

基于全球供应链视角对贸易融资的思考[1]

近年来，虽然供应链融资作为新型贸易融资产品，不断被提及，但自开创以来，其发展并不尽如人意。ICC 2017 全球贸易金融调查显示，2017 年供应链融资仅占贸易金融需求的 7%。究其原因，主要是实务中存在一些障碍：一是目前的技术不足以支撑全流程供应链融资；二是所涉及的物权转让等方面的法律尚不够完善；三是融资主体在思想上仍受传统贸易融资模式的束缚，并没有真正站在供应链的视角来重新审视国际贸易融资产品。

实际上，供应链融资只是贸易融资的延伸和深化，因此银行的首要角色仍然是资金提供者，这一点和传统贸易融资并无差别。但是供应链融资的视角则突破了买卖双方形成的基础贸易交易关系的局限，使融资活动沿着产品的供应链将生产商、供应商、第三方物流机构、金融中介机构、分销商以及消费者联结在了一起，通过对整个供应链乃至供应链相互交叉形成的供应网络中的资金流进行合理的安排与管理，提高整个供应链中流动资金的效率，从而可为供应链各方提供多赢的融资解决方案。

一、 供应链融资的突破

作为贸易融资的延伸，供应链融资与传统的贸易融资具有以下两个共同点。

第一，银行授信企业的信用评级不单纯强调企业的固定资产价值和财务指标，而强调企业的单笔贸易真实背景和购买方企业的实力和信用

1　本文发表于 2018 年 3 月 15 日《中国外汇》2018 年第 6 期。

水平。

第二，银行围绕贸易本身进行操作程序设置和寻求还款保证，具有封闭性、自偿性和连续性特征。

然而，供应链融资又有一些与传统贸易融资不同的特点，主要体现在以下方面。

第一，从融资产品看，在银行的传统贸易融资产品中，信用证仍然占据主流地位，银行用自身的信用保证交易的顺利进行。但在供应链融资中，由于交易双方基于长期合作所产生的了解和信任，对银行信用中介的需求降低了，赊销成为了主要的交易形式。这就意味着，供应链金融产品是以大量赊销为前提去满足供应商的融资需求，遂使保理业务、存货质押融资和应收账款质押融资等资产支持型贷款，成为主要的供应链融资产品。

第二，从融资风险来看，供应链融资比传统贸易融资具有更大的风险。以存货质押融资为例，传统贸易主要是原材料和产成品，其产品价值比较容易通过市场价格得到体现，而且当出现信贷风险时也容易通过担保物品的销售来收回货款；但是，供应链融资中的存货大部分是中间产品，具有很强的专业性，因此不容易通过市场来评估其价值，也不容易在市场上变现。

第三，从风险控制来看，传统贸易融资强调的往往只是特定交易环节供需双方企业的信用状况和贸易的真实背景；而供应链融资不但要强调这一点，而且更加强调整个供应链风险的监控和防范，对各个交易环节潜在的风险都要加以识别与控制。所以，供应链融资的风险控制更加复杂，相应的要求也更加全面。

由此可见，供应链融资虽是在国际贸易融资下发展起来的，但却要求金融机构跳出传统基于国际贸易结算方式下以产品为导向的融资策略，跳出对某个企业财务和经营状况的关注，面向客户所处的供应链全程，判断供应链整体的管理水平、产业稳定性和同核心企业交易关系的稳定性，提供适合中小企业的定制化服务。

二、 对供应链融资的思考

目前，国有商业银行和股份制银行都不同程度地开展了国内的供应链融资业务，然而，在国际贸易融资领域却很少引入供应链概念。国内银行大多提供的仍然是基于单笔交易合同的自偿性贸易融资，并没有形成涉及多个企业和适应不同阶段的供应链融资要求的组合融资方案。主要问题在于供应链涉及大量的资产支持和权利转让的授信技术，其中动产或未来货权的抵押、质押是控制信贷风险、确保还款的重要手段；但这类物品的流动性很大且构成复杂，监管过程很难控制。因此，怎样在供应链贸易融资产品中实现对物流、资金流和信息流的有效监控，如何跟踪和体现不同供应链主体在不同交易阶段的个性化融资需求，是在未来融资产品设计上需要思考的问题。笔者认为，可以从以下三方面入手。

一是要了解供应链核心企业的业态和所处行业的特点。处于流通环节的核心企业和生产制造性的核心企业，其上游供应商的特点有很大的不同，采购物资门类的差异性也较大。同样，不同行业供应链上，企业间物流、信息流和资金流的相互交织关系，以及其核心企业所处的供应链位置也各不相同。对此，银行首先需要找准“链条”上的关键环节，即对核心企业要有充分的了解和把握，然后再有针对性地定制融资方案。如中国工商银行以支持沃尔玛供货商为背景的“核心企业供应商融资解决方案”，面向沃尔玛公司认可的供应商，对其供货历史、履约能力、信用记录等直接影响货款回笼的因素进行审查，通过审查的客户，无须提供抵押担保，即可获得该行提供的融资。

二是要充分利用互联网信息技术和物联网技术作为技术基础和保障。贸易环境下的供应链融资技术对金融信息系统提出了更高的要求。这就要求构建一个以银行信息网络为中心的，能够集成现有的金融行业、物流企业、融资客户及公共信息平台且相互衔接的多层级业务电子平台，以便实时提供供应链活动中触发融资的信息，包括订单签发、按进度的阶段性付款、供应商管理的库存的入库、存货变动、指定货代收据的传递、付款责任等，以配合供应链订单周期各阶段能随时调度资金。这其中有两层含义：首先，要建立跨国银行间的资金清算和金融信息传递体系。如SWIFT组织2007年4月正式投入运行的“SWIFTNet TSU”（新型贸易服务设施系统），就是针对赊销（O/A, Open Account）贸易日益发展成为国际贸易支付方式主流的变化趋势而专门开发的银行间标准化数据处理通信平台。该系统通过从订单、运输单据和发票等贸易相关单据中提取核心数据，使之标准化和计算机可读，并加以集中化匹配处理，以便于银行掌握进出口各个环节的信息，实现对整个贸易供应链的实时监控，从而提高了款项收支预测的准确性，可有效控制客户的风险。其次，要实现核心企业和物流企业的信息化平台与银行的对接。核心企业与物流企业作为监管合作方在供应链金融中起着担保和监管作用，与银行的内部风险控制机制相辅相成：通过核心企业提供信息沟通和必要的担保，通过物流企业掌握质押物情况，能为供应链融资的贷后监控提供及时的观察窗口。供应链融资银行和核心企业、物流企业间可以通过组建战略合作关系，形成互动良好的监管和控制机制，为及时应对可能出现的风险提供保证。在物流与银行对接方面，现代物联网技术已经能够为货物的全程监控提供技术支持，比如通过 GPS 定位系统等跟踪装置，可以实现对货物的全程跟踪；还有许多大型企业也已经将无线通信技术应用于仓储管理中。

三是需要推动立法的统一，通过国家立法以及相关国际规则、协议，来保障物流单据的物权效力，确保物权的认证和转移获得国内、国际法律法规的普遍认可和保障。比如铁路多式联运提单，现在还不具备物权凭证的效力，而随着“一带一路”的推进，我国与欧洲以及沿线国家的经贸合作将越来越多地依赖铁路运输，如果铁路运单无法像海运提单那样方便地进行买卖流转、质押融资，必然会抑制铁路贸易的进一步发展。若通过立法赋予铁路运单物权凭证功能，则上述问题就能迎刃而解。再比如仓单，虽然在我国和欧美各国法律上其均具备物权效力，可以背书转让，也可以作为质押融资的担保物，但由于我国的港口、仓储服务、技术标准各方面较落后，我国出具的仓单法律风险较大，很少用于国际贸易融资。这也抑制了我国大宗商品的仓单交易。今后，若能通过立法，统一仓单的货物验收、质检服务和出具标准等，就可以使其更加广泛地用于国际、国内贸易，在供应链金融中发挥更大的作用。

（作者：石燕峰，交通银行国际结算中心）

信用证下EMAIL交单适用UCP与eUCP之比较

2020年伊始，突如其来的新冠肺炎疫情在全球范围肆虐，各国政府相继出台多项措施限制人员流动，保障人民生命安全。但是这些举措使得国内外贸易物资流动频繁遭到限制，在此背景下以单证作为基础的信用证结算方式受到了一系列的挑战：印度、新加坡、巴基斯坦等多个国家的单据流转受到限制，受益人无法按时交付单据，议付行无法转交单据的问题频发。为了解决当下困境，以EMAIL交单为主的交单方式成了不少人的选择之一。

EMAIL交单主要指的是扫描正本单据后的交单，但在严格意义上来说它是电子交单的一种（非纸质）。国际商会针对信用证下电子交单于2019年7月推出新版eUCP 2.0，虽然它的前身——UCP 600的附录eUCP 1.1很少被人使用，但考虑到当前贸易和结算的发展方向，国际商会坚持认为eUCP 2.0的推出有其顺应时代的必要性。

结合以上特殊背景，可以发现，审核信用证电子交单的国际惯例已然存在，同时，世界范围内电子交单的需求也不断涌现，那么这两者是否能适时搭配起来呢？本文从EMAIL交单这一视角切入，尝试探讨这一问题。

一、适用于UCP的EMAIL交单

目前绝大多数的信用证适用于UCP，即使信用证允许EMAIL交单或者传真交单。在UCP下，惯例没有明确信用证下电子交单问题，因此一旦允许EMAIL交单，一些相关内容需要重新规定。通常来说EMAIL交单和普通纸质交单的主要区别包括在信用证条款中加入接受EMAIL

交单的条款，并附上收单的EMAIL地址，同时，根据客户需求，还伴随着对于正本提单的电放处理，以及邮寄恢复后的补寄要求。虽然说EMAIL是一个国际通用的电子交流工具，但是在传输过程中的风险依然存在，包括单据格式的可阅读性，单据提交的完整性，数据丢失的可能性以及通过EMAIL寄送来的单据是否符合开证行自身系统信息留存方式的相关规定。此外，开证行审单的开始时间以及据此计算的最晚拒付时间没有详细规定；如果拒付，开证行该如何处理电子单据也不是UCP规定的内容；正本扫描版电子提单或者电放提单的审核标准没有规定等等。以上这些电子交单下的问题在现有UCP框架下并不能完全覆盖，若想完全规避风险，需要对细节进行深入推敲。

当然，目前阶段，EMAIL交单主要是一缓兵之计，一旦恢复单据流通，银行和客户还是倾向于纸质交单，所以，一些风险不一定会暴露，一些问题也能通过各方协商予以解决。但是新冠疫情的发生确实推动了贸易项下无纸化发展，不论是银行还是客户都看到了受制于传统物流的单据流转的弊端及低效。疫情结束后，相信会有更多机构及公司愿意向电子化单据发展。

二、 适用于eUCP的EMAIL交单

eUCP是天然为信用证下电子交单而制定的国际惯例，因此在对电子交单的适配性上强于UCP。但是EMAIL交单并非真正意义上端到端的电子交单，而是基于纸制单据的一种电子交单，因此，eUCP在此类交单下的适配性是否强于UCP？是可以规避一些UCP无法规避的风险，还是会增加操作的复杂性？下面我们将逐一分析。

（一）数据证实与表面真实性

eUCP对于电子记录（electronic record）有严格的定义eUCP 2.0第e3条b款iii段[以下简称为e3-b(iii)]，即只有发送人的表面身份、其包含的数据的表面来源及其是否保持完整和未被更改可以被证实，并且能够根据信用证条款审核其相符性的才是所谓的电子记录。因此，在这样严格

的条件下,EMAIL 交单的发送方、其信息的完整性以及来源的可证实性是能够得以保证的。也就是说,如果 EMAIL 交单的一方显示邮件已发送成功,而开证行方没有收到,或者无法打开和阅读,或者部分附件没有接收成功,那么将视同为单据没有被提交。

但是需要注意的是,这样的保证被限制在了 e13 框架内,即除通过使用数据处理系统接收、证实和识别电子记录即可发现者外,银行审核电子记录的表面真实性的行为并不使其对发送人身份、信息来源、完整性或未被更改性承担责任。也就是说,在 EMAIL 交单下,指定行能够审核确认真实的是该扫描的电子单据从受益人/受益人银行端邮箱发送过来,而其所扫描的单据是否为正本、是否完整,都不在其认证的责任范围内,需要信用证额外规定。

eUCP 中明确,无论是否按指定承付或议付,指定行转递电子记录的行为表明其已确信电子记录的表面真实性[e7-d(i)]。但这种认证同样受限于 e13,也就是说,如果 EMAIL 交单下的指定行转递了电子记录,也无法确保提交的单据扫描件确实是正本单据的影像版本,最多只能确保 EMAIL 曾从受益人方的邮箱发出。因此可以说 eUCP 中的证实对 EMAIL 交单这一情况并不能很好地匹配起来。

eUCP 所针对的证实主要是纯粹从生产端到银行端的电子记录,即电子化的单据,而非 EMAIL 交单下由纸制单据重新制作而成的电子记录。所以即使适用 eUCP,对于单据影像是否确认为受益人正本单据的扫描件这个工作需要与指定行在惯例以外额外约定。

(二) 电子单据的格式与可阅读性

eUCP 对于电子记录的格式(format)有严格要求,适用于 eUCP 的信用证必须规定所要求的电子记录以何种格式提交。在 EMAIL 交单中,适用于 eUCP 的信用证除了允许 EMAIL 交单外,还应该明确单据以何种格式被提交,以防止提交的电子单据无法打开或被阅读,例如扫描件的常见格式 JPG、PNG 或 PDF 等等。在规定格式的同时,开证行应确保自身接收系统中的相关软件已更新到最新版本,可以阅读此类格式的文件。

此外，eUCP 对于提交的电子记录发生损坏进行了规定(e12-a)，如果指定行、保兑行或开证行收到的电子记录看似受到了数据损坏的影响，银行可通知交单人要求再次提交电子记录，同时审单时限中止。这一规定让银行在遇到数据损坏时有了操作空间，保护了银行的利益。

不过需要注意的是，如果使用 eUCP 的信用证中允许 EMAIL 交单，且存在指定行，并且信用证规定了电子单据的格式，那么如果指定行审核电子单据确认单证相符并议付，而后将电子单据以 EMAIL 的方式发送给开证行。此时，如果开证行无法审核这些电子单据也不能以此拒付(e7-c)。因此，适用于 eUCP 的 EMAIL 交单信用证应考虑这部分风险：一是要确保自己能够准确阅读并审核按照信用证规定格式制作的单据；二是可以在此类情况发生时以数据损坏为由，要求对方重新提交(e12-a)；三是可以通过修改议付条件的方式保护自己，例如在开证行同意承付之前，指定行不要对电子单据进行议付；四是修改该条款，即只要开证行无法审核电子单据，则可以此拒付(不太建议如此)。

在单据的可阅读性方面，eUCP 对银行的保护要好于 UCP，因为在纸制交单时，不存在无法阅读的情况。当然与纸制单据丢失一样，电子单据也可能损坏，在这方面，eUCP 和 UCP 的偏向性是一致的，即保护议付行。

(三) 运输单据的审核

eUCP 电子运输单据的审核标准与 UCP 下正本运输单据一致，唯一不同的是 eUCP 对于电子运输单据的装运日期有额外规定，即：如果证明运输的电子记录没有表明货物装运或者发送或接管或已被收妥待运日期，电子记录的发出日期将被视为货物转运或发送或接管或已被收妥待运日期(e11)。这是 eUCP 和 UCP 在运输单据方面的重要区别。

这一区别对于熟悉 UCP 的人来说需要特别关注，由于 eUCP 着重于端到端的电子单据，那些真正意义上由船公司签发的电子提单其发出日期即为装运日期。而 EMAIL 交单下的电子运输单据则不同，它的发出日期基本不可能是装运日期，因此，在电放提单下(正本运输单据通常有装船日期)，开证行可能根据单据发送时间判断装船时间。

另外，由于 eUCP 下不考虑运输单据正副本的问题，即使信用证要求副本提单也会按照正本运输单据要求审核，因此信用证要求副本提单时应确保其签发时 UCP 运输单据下的各项元素都能满足。如果是电放提单等特殊副本提单形式的，开证行可以在开证时明确放宽对于电放提单的审核标准。

整体来说这部分 eUCP 的规定只要注意了它与 UCP 的区别，其对于电子单据审核的严谨程度要优于 UCP。

（四）拒付及电子单据的处理

eUCP 中对电子记录的处理有详细明确（e8）。与正本提单不同，EMAIL 交单下的电子运输单据通常没有货权，因此无须像 UCP 那样处理单据，如果开证行以电子单据上的不符拒付并发出拒付通知后，若在 30 天内没有收到对方的处理指示，则可以任何方式处理电子记录而不承担任何责任。在 EMAIL 交单下，电子单据的作用是让开证行确认单据上记载的信息与信用证条款相符，其本身并没有作用，所以在处理时，除非交单方有其他指示，否则 30 天后开证行对此类信息的处理不承担责任。

当然考虑到部分 EMAIL 交单下后续有补寄正本单据的需求，在这一背景下单据的处理会更为复杂，因为后续开证行会将 EMAIL 的电子单据与正本单据相核对，如果两者有偏差或实质性矛盾则可能作为纠纷的证据之一。因此，在有补寄正本单据需求的 EMAIL 交单下，一些问题需要各方协商，包括如果电子单据与正本单据不一致的情况下如何处理等等，这些都超出了 eUCP 的范围，但是 eUCP 依然给予银行在一定条件下自由处理电子单据的权利，这点上是优于 UCP 的。

（五）系统故障免责

eUCP 对于接收电子单据的系统遇到不可抗力时，是有免责条款的，也就是说在极端情况下，开证行由于包括网络攻击、停工、设备故障等原因（e14）无法接收电子单据时，开证行不对此负责。在疫情状况下，这一条款为银行增添了多一份保障。

（六）其他

eUCP下还有一些额外的特殊要求，例如交单结束通知[e6-c(i)]，标注关联的LC[e6-d(i)(ii)]，这些要求主要是为端到端电子单据而设计的。在电子交单下，开证行可以根据风险情况予以修改，以减轻工作量。需要注意的是，如果取消对结束通知的要求，那么需要额外规定审单时间的起始时间，因为eUCP 2.0第e7条a款i和ii段对于审单时限的起始和顺延都与交单结束通知有关。如果不删除交单结束通知，在对方没有提交该通知时，开证行应及时提示对方提交或确认，以便开展后续工作，避免耽误业务处理进程。

三、小结

总体来看，由于EMAIL交单虽然带有电子交单的属性，但是其实质是单据传输方式的一种变化，在与eUCP的适配性上并不那么融洽。但是相比UCP，eUCP还是给予了开证行、指定行以及受益人更多保护，部分调和了电子单据与UCP条款之间的不匹配。当然，由于eUCP与UCP的差别，如果适用于eUCP，在EMAIL交单下，一些其他风险和问题也需要开证行在拟定条款时予以考虑，并进行调整。

EMAIL交单是信用证下电子交单的一次机缘巧合般的尝试，但这一步带给我们的思考空间是巨大的，如何在目前条件下改善纸制单据的不便，如何在基础设施不完善的情况下利用现有工具开展电子交单并防范风险从而进一步推进电子交单的发展，我们的思考将会使得需求更加明确细致，也将更有目的地推动科技向我们希望的方向发展。

（作者：归雯婷，交通银行国际结算中心）

中巴经济走廊贸易机会与风险[1]

随着"中巴经济走廊"建设的不断推进，近年来中国和巴基斯坦两国贸易往来取得了长足发展。现阶段，中国出口巴基斯坦的产品主要为机电商品、大型机械设备和钢铁。此类商品的交易金额一般都比较大，贸易实务中对银行等金融机构的融资需求较为迫切。本文通过几个在中巴贸易或者融资中遇到的实际问题，来分析在两国贸易和融资领域中可能存在的风险并提出一些在实务操作中可有效降低风险的建议。

一、 通过两则案例透视中巴贸易与融资风险

案例一：客户不诚信风险和银行不真实声明风险

我国 W 公司与巴基斯坦 H 公司签订了《巴基斯坦境内水泥生产线合同》。根据合同约定，W 公司负责生产线的工程设计、设备供货和履约测试。W 公司向我国 G 银行申请开立以 H 公司作为受益人的履约保函。由于整个项目分阶段完成且金额较大，针对合同中工程设计服务和设备贸易部分，W 公司要求使用信用证进行结算，因此 H 公司通过巴基斯坦 L 银行开立了以 W 公司为受益人的两个信用证。

两年后，H 公司通过 L 银行向 G 银行发出原履约保函项下索赔通知，并提供了书面证明，声称 W 公司在信用证项下交单均存在不符点，W 公司的履约并未完成。W 公司拒绝该次保函项下的付款并向法院提起诉讼。根据法院的调查结果，W 公司已提交了 L 银行开立的信用证项下要求的单据，包括 H 公司出具给 W 公司的工程设计图签收证明和证明

1　本文于 2021 年 5 月修订，原文《CPEC 贸易融资篇：未雨绸缪》发表于 2018 年 5 月 15 日《中国外汇》2018 年第 10 期。

设备出口发运的全套单据，且L银行收到相符交单后也如期付款。这一事实证明，W公司已完成了合同约定的设计和供货义务，且W公司一直在积极配合对方完成尚在进行的车间测试。因此H公司和L银行对W公司违约的指控不属实，法院判定保函下止付。

“中巴经济走廊”框架下有大量巴基斯坦工程项目建设，中方作为基建服务和大型机电设备的提供者，有很大的保函或者信用证业务需求。但由于涉及的工程项目一般都具有复杂度高、时间跨度长、项目进度和服务质量的度量维度不一等特征，保函纠纷或信用证纠纷时有发生。根据2020年世界银行发布的营商环境排名，巴基斯坦在190个经济体中排名108位，企业资信普遍堪忧，特别是中小企业的经营和资信情况更不乐观。根据巴基斯坦中央银行的报告，2015—2016财年前三季度的整体不良贷款率中，中小企业的不良贷款率高达28％。

上述案例中折射出的风险，在中巴贸易和融资实务中并不鲜见。中方企业和银行首先要警惕巴基斯坦企业在保函项下进行无理索赔，必要时在保函中要求巴方受益人在索赔时提供第三方出具的保函基础交易违约证明；同时，也要警惕上述案例中L银行应H公司的要求做出不真实的“信用证项下来单存在不符”声明等类似情况的发生。

案例二：开证行信用风险和融资难问题

巴基斯坦的A公司通过X银行向中国B公司开立180天远期信用证，主要进口化工产品。B公司在收到信用证通知后按期组织生产并在发货后向国内的Y银行交单，同时申请融资。Y银行在审单后虽认为交单相符，但在综合评估了受益人B公司和开证行X银行的资信后并未直接同意做出口押汇，而是建议B公司投保出口信用保险，并先将单据寄往开证行。

10天后，Y银行收到X银行发来的承兑电文，B企业再次向Y银行申请融资。Y银行在综合评估开证行及巴基斯坦国家整体风险之后没有直接叙做福费廷，但为了解决B公司资金周转的困境、维护银企关系，且考虑到B公司已经投保出口信用保险，遂对该笔业务做了福费廷转卖业务，由一家德资商业银行作为包买商对该笔承兑后的信用证款项做了无追索权买断，以帮助B公司提前收取款项，解决资金周转问题。

本案例中Y银行的顾虑真实地反映了当前制约中巴之间贸易融资发展的原因：一方面，巴基斯坦的国家风险相对较高，国内政治斗争激烈，政治局势动荡，且恐怖主义蔓延；另一方面，其本土银行的整体实力欠佳且经营状况一般，在国际上的信用与口碑皆不尽如人意。巴基斯坦国内排名前五的商业银行在世界银行业排名相对靠后。评级机构穆迪对其前五大银行的长期风险等级评定为稳定。但在实务中，巴基斯坦本土银行在信用证下错误拒付、电文交涉长时间得不到回应的情况十分常见，当地银行业务人员的专业能力和工作效率不容乐观。

上述案例在警示风险的同时，更给实务操作带来以下启发：企业在受到国别风险、开证行信用风险等因素的制约而难以获取贸易融资时，不妨转换思路，通过信用保险等产品进行增信；而银行则可通过选用合适的融资产品、加强银行机构间合作等方式，寻找更多的融资机会。

二、 多途径化解中巴贸易与融资中的风险

随着"中巴经济走廊"的不断推进，越来越多的中国企业希望进入巴基斯坦市场。鉴于巴基斯坦特殊的国情，在实务操作层面，中方应加强客户和交易背景调查，通过依法合规经商、选择可靠的金融机构、运用合适的金融工具来降低风险，顺利开展贸易与融资。

一是加强客户背景调查，防止违约风险。巴基斯坦是信奉伊斯兰教的国家，须重点关注中巴两国文化和习俗的差异。在与巴方企业开展贸易前，中方企业应仔细了解对方的实际贸易诉求，避免因文化差异导致货不对路的情况；同时，还需多了解巴基斯坦有关贸易、海关的特殊规定，避免在发生争端时因为对政策不了解而处于弱势。这方面，通过商务部、贸促会、驻巴基斯坦大使馆经济商务参赞处等官方网站，能够查到巴基斯坦的部分营商信息；必要时还可以联系驻巴基斯坦大使馆经济商务参赞处的工作人员，或聘用熟悉巴基斯坦经济法律的律师。同时，切勿轻信巴基斯坦电子商务网站显示的产品和公司信息，因为当地商务平台注册门槛较低，无法保证信息的真实性。

二是依法合规经商，避开贸易陷阱。近年来有部分中方出口商在拓

展巴基斯坦市场的过程中，为了顺应巴基斯坦客户的要求，采取了一些不规范的操作。最典型的例子是配合巴基斯坦进口商利用报关与清关分别使用两套单据这个漏洞来降低关税。此类行为表面上有助于维护客户关系，实则容易陷入贸易纠纷的陷阱。根据最新消息，巴基斯坦海关在2018年4月30日正式上线了“中国—巴基斯坦原产地电子信息交换系统”。依托该系统，巴基斯坦海关将对进口商申报的进口金额与中方出口商向中国海关申报的出口金额进行核对，并在核对一致后才予清关。中方出口商需要清醒地认识到向海关申报虚假信息的后果，如果后续仍有巴基斯坦进口商要求中方企业向中国海关低报出口商品价值以达到与巴方低报进口金额相匹配的目的，必须坚决予以拒绝；同时，还要坚持合规申报、准确填写FTA原产地证中的所有要素，特别是第9栏的货物离岸价格信息（FOB价格）。否则，一旦遇到贸易纠纷，将无理可申，不但可能面临中国海关的严厉惩罚，还可能受到中国法律的制裁。

三是善于运用结算方式降低贸易风险。巴基斯坦有许多靠赚取佣金的外贸中间商。遇到市场价格对他们不利时，这些中间商很可能会弃货。鉴此，中国出口商应优先选择预付款结算。但依据巴基斯坦目前的规定，只有以下五类进口商品，银行可在未经巴央行审批的前提下，对外汇出不超过1万美元的预付款：基本药品和医疗器械、航空器配件、教育机构自用的实验用品、报纸杂志书籍、制造业企业进口自用的原材料和零部件。另外对预付款结算的流程也设置了较多限制。对此，中方企业还可选择信用证结算。巴基斯坦的信用证条款通常较为复杂，且其本土银行对国际惯例的使用不成熟，或对惯例的理解有误，错误拒付的情况时有发生。因此，在采用信用证结算时，要关注交易对手银行的整体经营能力、风控能力和信用评级，要求进口方优先选择专业且严格遵守规则的开证行，例如花旗银行等国际知名银行，中方银行在巴基斯坦的分行，或National Bank of Pakistan等排名靠前、经营相对稳健且有较多国际业务经验的巴基斯坦本土银行。与此同时，中方出口商应重视单证的制作，严格做到相符交单，防止巴方进口商借机敲诈。

四是合理使用金融工具来转化风险。当前，对巴基斯坦政治局势不稳和恐怖分裂活动高发给中巴贸易带来的威胁不可小觑。鉴于巴基斯坦客观存在的国别风险高，以及当地银行信用欠佳导致融资难等问题，中方企业可以考虑单独或者组合使用贸易融资工具和信用保险工具，以保障贸易收益的顺利实现。例如可通过传统的信用证项下的出口押汇业务，或出口信保项下福费廷业务（即在投保出口信用保险后，凭基础贸易单据、出口信用保险投保凭证、赔款转让协议等资料向银行申请无追索权融资），来实现贸易款项的提前收汇，以有效降低交易对手及其国家风险。具体可根据自身和对手的交易情况，选择适合自己的产品，来实现风险转化和融资需求。

（作者：金欣然、梁子平、吴晖，交通银行国际结算中心）

探析银行系电商发展之路[1]

互联网时代，无处不在的电商深刻地影响着人们的生产生活方式和思维行为模式。借助电商平台以及社交媒体兴起的第三方支付机构，短短五年内就在我国建立起了全球最大和最先进的移动支付市场，几乎覆盖了 B2C 零售业务的方方面面，进而又搅动了 B2B 对公业务。拥有支付牌照的电商平台更是如虎添翼，成为普惠金融的生力军。面对电商支付机构的强势崛起，各大银行也在积极谋新谋变，主动适应互联网的多元化变革。银行系电商平台的出现，正是这一系列变革的产物之一。经历了这几年发展之后，银行电商的经营业绩如何，有没有达到预期的目标，值得我们回顾和思考。

一、 电商平台崛起的逐鹿之争

在以淘宝、京东为首的几大巨头摧枯拉朽般的推动下，本着平台为先、流量为王的理念，各大电商平台如雨后春笋般崛起。然而在高歌猛进的同时，平台也迎来了重重考验。

首先是支付清算的关卡。根据人民银行在 2010 年 6 月发布的《非金融机构支付服务管理办法》，只有银行类金融机构和持牌第三方支付机构才能开展资金支付结算金融服务。也就是说，没有支付牌照的电商平台仅能作为商品展示和交易撮合的平台，而无法独立完成交易的支付结算，这导致许多平台因违规从事支付业务而吃了罚单。市场主体在取得《支付业务许可证》之前所从事的支付业务均属于架空监管的二次清算。由

1 本文发表于 2020 年 10 月 15 日《中国外汇》2020 年第 20 期。

于支付牌照难以申请，许多电商平台在为众多中小型商户拓展销售渠道的同时，很难避免由于集中代收代付款项产生的二次清算问题，其交易资金走向一般为“消费者——一次清算机构—电商平台（二次清算机构）—商户”的路径。由于缺乏有效监管，电商平台二次清算下沉淀的资金形成游离于监管之外的资金池，难免存在资金挪用、信息泄露、交易篡改、为洗钱等违法犯罪活动提供便利的风险。因此，央行2017年8月4日发布209号文《关于将非银行支付机构网络支付业务由直连模式迁移至网联平台处理的通知》，规定自2018年6月30日起，支付机构受理的涉及银行账户的网络支付业务，需全部通过网联平台处理，使平台资金在网联的备付金体系内流转，受到监管约束。网联的出现意味着第三方支付机构直连银行的模式被彻底切断，即使像支付宝、微信支付等持牌第三方机构，也必须通过“网联支付平台”处理。

其次是对公业务的限制。依赖C2C、B2C消费市场迅速崛起的电商平台，在进军B2B领域时不得不放缓脚步。目前，在B2B领域，90%以上的支付仍然由银行结算。究其原因，主要还是受到监管限制。一是严令禁止支付通道查询企业对公账户余额。二是严令禁止第三方支付公司开展大额对公账户代收代付业务，且税务机关对第三方支付公司出具的付款凭证不予认可，不予开具增值税发票；而企业无发票则无法正常入账。三是严令禁止企业间大额往来资金脱离央行金融清/结算系统开展清/结算业务。如以电子形式支付，必须使用对公账户的银行支付网关（网银）；如委托第三方支付公司进行支付，则第三方支付公司必须调用相应的银行支付网关（使用第三方支付时依然会提示你跳转网银操作），以确保资金在央行金融清/结算系统流转。

最后是跨境反洗钱及合规的挑战。由于跨境电商的模式和资金收支灵活、分散，如小包、快递等国际物流，无法取得海关报关单等合法凭证，缺乏与资金流相匹配的货物流数据，增加了外汇监管的难度。而且跨境业务不仅要符合中国相关部门的监管要求，更要兼顾目标市场当地政府的法律法规、金融监管与反洗钱政策。随着支付机构外汇结算业务的放开，必然会有一小撮人利用虚报交易或采用蚂蚁搬家的方式，通过跨境电商平台变相洗钱、合谋逃汇，或者向境内外转移资金。对此，仅合规操作这一项，跨境电商要满足国际反洗钱的要求，就得斥资购买第三方机构的反洗钱数据库。而银行系电商，依托银行强大的反洗钱系统和专业合规人员，无疑具备了领先的优势。

二、 银行系电商的现状与局限

根据中国银行业协会关于银行系电商的统计数据，截至2018年年底，自建电商平台的银行共有23家；2018年当年，银行系电商交易总额为20 098.04亿元。但自2019年来，各大银行系电商平台在年报和相关报告中均未披露关于交易额的数据，而其他电商平台则发展迅速；2019年“双十一”，天猫用了21秒交易额就突破10亿元，京东年交易额超2万亿元，拼多多超1万亿元。

银行开展电商业务的主要模式与传统互联网电商基本一致，即作为电子商务平台经营者，在从商户入驻、买家注册到最后产品/服务交付的过程中为交易各方提供信息发布、交易撮合等服务。不同之处在于，银行更期望用流量发展金融服务，通过在电商业务各个环节引入金融增值服务来增强平台在吸引商户入驻、提升消费者粘性方面的竞争力，如为平台用户提供信用贷款、消费分期等金融服务。可惜这方面几家持牌电商平台在布局中已先行一步，银行系能否后来居上尚未可知。

目前银行自建电商平台主要分为两类，一类是综合性商城服务，另一类是信用卡服务。两种电商支付业务形式在本质上没什么不同，只是切入的服务场景不同：前者直接面向线上的消费诉求，后者则基于信用卡面向持卡客户的服务诉求。电子银行网2019年的一项调查研究显示，在我国现有的已经开展电商业务的银行中，46%为信用卡商城类型，15%为综合性商城类型，7%为综合性＋信用卡商城，其余的无明确类型。以信用卡服务为核心的服务，基于高频特性以及持卡人的天然忠诚度，很快找到了服务定位；但线上综合性商城在独立平台化发展中，却遭遇了种种挫折。自2012年前后经历了一段时间的蓬勃发展后，银行的电商战略一路收缩，多数银行将电商服务合并至手机银行，或与信用卡应用合并；剩下为数不多的银行，则通过常年补贴刺激，勉强支撑着电商服务。至于是否盈利、带来了多少衍生业务贡献，就不得而知了。

尽管银行本身具有“支付中介”和“信用中介”的身份，在支付结算领域拥有传统的优势，依托电商平台可以在灵活结算基础上进一步提供融资服务，增加服务的维度；但在电商领域毕竟是后起之秀，其局限性也是显而易见的。一是可能存在的法律合规风险。电子商务业务领域的法律法规对银行开展电商业务提出了新的要求，比如平台的设立是否需要取得增值电信业务牌照；平台内对经营者的审核是否包含需要取得特殊许可或进行备案；产品的推广是否符合《广告法》《商标法》；网络交易判断合同生效、风险转移的规定是否符合《电子商务法》《网络交易管理办法》；平台的隐私政策、网络安全、数据保护、物流配送、售后及纠纷解决等一系列规章制度和文本建设是否完善等。二是在商品流通领域的不擅长。交易过程中庞杂的进销库存等供应链管理和售后服务，对银行来说也是一种挑战。据了解，银行基本都是没有库存的，只做代销模式，由入驻商家自主负责发货、售后等环节。这对消费者而言，购买商品有可能得不到有力的售后保障。三是支付方式的局限。银行电商平台更关注对本行银行卡和银联支付的支持，而较少支持第三方支付。也就是说银行服务的对象多为存量客户，很难进一步拓展新的客户。四是入驻商户的丰富性有所欠缺。由于消费者对银行的天然信任感，要求其合作商户必须拥有较高的信誉和商品质量，因而为防止零散劣质的商品损害银行的品牌形象，银行电商平台的入驻门槛和品质要求均较高，致使商品的丰富性无法做到“海纳百川”；而对于个体消费者来说，商品的多样性和低价往往是吸引和留住他们的关键因素。五是平台的互相割裂。目前各大银行自建的电商平台都是互相割裂、各自为营的，无法满足消费者在一个平台上一次性完成比价选购的便捷需求，加上消费习惯形成的路径依赖，除了积分兑换，很少有人会想到去银行电商平台购物。这就使得电商平台的流量和活跃度都差强人意；而流量的匮乏又会进一步恶化价格，靠补贴来拉升平台的活性显然是不可持续的。

三、融合发展的建议

然而对于银行电商平台的发展现状而言，涉足电商平台与其说是借助新兴渠道挖掘潜在客户和获取流量，不如说是被新技术和更高的服务要求裹挟着不得不进行的尝试。在市场的浪潮中，永远都是逆水行舟不进则退，银行只有给客户更安全稳定、高效便捷的体验，才能在竞争激烈的支付市场中谋得立足之地。如今，互联网正全面渗透到产业的全价值链，并推动其生产、交易、融资、流通等各环节进行改造升级，形成丰富的全新场景。大型国有银行正在通过加强金融科技服务于未能被传统业务所覆盖的中小微企业，中小银行也在通过更丰富的支付选项以及提供更好的客户体验，来增强自身的竞争力。银行系电商平台所扮演的角色，绝不仅仅是撮合商品、服务买卖双方，而是应把金融服务融合到互联网业务中，以完善金融体系，进而搭建起完整的产业生态圈。

由于银行在商品流通领域的弱势，加上服务C端的电商平台已成鼎足之势，笔者认为，在2C领域，银行更适合与现有的电商平台合作，为其提供支付结算服务，从而取得一部分中间业务收入。当然，平台的设计不可能只对接一家银行，银行需要自主开发一套支付系统，向外输出电子支付解决方案。而在2B市场，银行自建电商平台具有一定优势。一方面可利用互联网新型支付结算方式补充传统的结算方式，给客户提供更加全面灵活的支付选择；另一方面还可以发挥风控和合规的专业优势，给客户提供支付安全保障。通过搭建电商平台，银行不仅可以增强客户的粘性，获取真实的交易数据，还可以进一步开拓为客户提供金融服务的应用场景。在进驻模式上，品牌直营可能更符合银行电商的商户策略，可努力抓住一类或几类明确的用户群体，继而深耕在金融服务上的特色服务。由于电商在普惠金融方面的特长，一部分银行可以将电商作为扶贫的主要抓手。

银行通过电商平台对接订单、仓储、物流系统，可以获取成千上万小微企业的具体交易信息。这对于征信尚未完善的社会，无疑具有核心价值。根据真实交易背景提供融资服务，会使放贷由此变得更轻松；而通过与“关检汇税”等政府主管部门系统的互联互通，还可以进一步提供通关、汇兑、退税等方面的便利。由此，借助电商平台的“创新高地”，完成场景、订单、数据和支付体系的构建，所有参与者的交易行为被数据化，再透过信息流、物流、资金流，形成有真实背景的产业生态圈。在其中，银行可以为更多的中小微电商企业提供快捷、阳光化的金融服务；同时，也能更好地配合国家做好“反洗钱、防热钱”的金融监管，形成新的更高效、灵活的交易和服务体系，为实体经济的发展提供更有力的支持。

（作者：石燕峰，交通银行国际结算中心）

后记

交通银行开展国际结算业务已有30多年历史，并于2013年成立国际结算中心（其前身是2007年成立的单证中心）。自成立以来，交通银行国际结算中心一直秉承刻苦钻研和卓越服务的精神，以专业服务客户、服务分行为己任，深耕国际结算业务领域。

国际结算是一项传统的银行业务，随着数字经济的不断发展，近些年国际结算领域显现出巨大的创新活力。新的参与方不断加入国际贸易活动，国际惯例和贸易规则不断更新，银行国际业务人员需保持学习，不间断充实业务知识并提升风险防控能力。交通银行国际结算中心在很多年前就意识到提升员工专业技能的重要性，鼓励员工开展专业研究，引导员工在日常业务中主动思考，并在2015年开办“i国结”专业微信公众号，推送员工撰写的业务文章。

本书是“i国结”公众号开办以来推送原创业务文章的精选和汇编，内容涵盖单证实务、运单风险、审核释疑、典型案例、制裁合规、保函业务、前沿探索等多个方面，也是对交通银行国际结算中心近年来业务思考的一次较为全面的总结。将本书结集出版，既是对国际结算中心员工多年研究的回顾，也是为了与同业和客户进行更直接的业务交流，以期未来能有更多的沟通与合作机会。

厚积而薄发，行稳以至远。我们深知从事国际结算业务需要沉心静气、脚踏实地，不断将理论运用于实践，再从实践中总结经验升华成理论，才能将业务做精做好、满足客户的需要。再次，要特别感谢交通银行为我们提供的学习和实践平台，感谢各级领导对专业研究的重视和支持，感谢国际结算中心和分行同事们多年如一日孜孜不倦地在专业上精益求精，感谢曹旭华、陈懋豪、陈哲铭、党晓慧、葛俊、归雯婷、金欣然、李霏斐、陆成荫、吕玉琦、宋莉、孙丽颖、王成蓓、於君俊、张晨辰、张珏怡、张秋晨、张禹、朱琦华等一众同事在汇编过程中提供的帮助。

本书内容仅代表作者个人观点，不代表交通银行国际结算中心同意其观点及承担相关法律责任。由于水平有限，加之时间仓促，书中若有不当和错误之处，请广大读者批评指正。同时也欢迎各位读者访问我们的公众号“i 国结”，留言与我们开展业务探讨。

2021 年 11 月

图书在版编目(CIP)数据

国际结算:实务、前沿与案例/交通银行国际结算中心编著.
—上海:上海三联书店,2022.1
ISBN 978-7-5426-7572-9

Ⅰ.①国… Ⅱ.①交… Ⅲ.①国际结算-中国
Ⅳ.①F832.63

中国版本图书馆 CIP 数据核字(2021)第 216429 号

国际结算
实务、前沿与案例

编 著/交通银行国际结算中心

责任编辑/李 英
装帧设计/梦溪设计
监 制/姚 军
责任校对/张大伟

出版发行/上海三联书店
(200030)中国上海市漕溪北路 331 号 A 座 6 楼
邮购电话/021-22895540
印 刷/上海展强印刷有限公司

版 次/2022 年 1 月第 1 版
印 次/2022 年 1 月第 1 次印刷
开 本/640mm×960mm 1/16
字 数/350 千字
印 张/22.75
书 号/ISBN 978-7-5426-7572-9/F·848
定 价/76.00 元